U0641290

泰山学院学术著作出版基金资助出版

# 中学语文教学设计理论与实践探究

于亚楠 著

山东教育出版社
·济南·

**图书在版编目（CIP）数据**

中学语文教学设计理论与实践探究／于亚楠著．— 济南：山东教育出版社，2021.10

ISBN 978-7-5701-1868-7

Ⅰ．①中… Ⅱ．①于… Ⅲ．①中学语文课－教学设计 Ⅳ．① G633.302

中国版本图书馆CIP数据核字（2021）第218433号

ZHONGXUE YUWEN JIAOXUE SHEJI LILUN YU SHIJIAN TANJIU

中学语文教学设计理论与实践探究

于亚楠　著

主管单位：山东出版传媒股份有限公司

出版发行：山东教育出版社

地址：济南市市中区二环南路2066号4区1号　　邮编：250003

电话：（0531）82092660　　网址：www.sjs.com.cn

印　　刷：济南万方盛景印刷有限公司

版　　次：2021年10月第1版

印　　次：2021年10月第1次印刷

开　　本：710毫米×1000毫米　1/16

印　　张：15

字　　数：220千

定　　价：45.00元

（如印装质量有问题，请与印刷厂联系调换）印厂电话：0531-88985701

# 前　言

新课程的实施改变着我们传统的语文教学，新课改下的语文教学发生了许多变化，新的教学理念和教学模式不断涌现。但仍有部分教师固守传统的教学思想，教学设计较为单一，无法提高学生的学习兴趣，影响了学生学习能力的提高。

中学语文教学是语文教学的一部分，旨在提升中学生的语文学习能力，使他们在听、说、读、写各方面得到综合性发展。为了做好中学语文教学，需要对课堂教学进行专门的设计，对教学内容展开合理规划，使理论与实践相结合，有效提高中学生对语文知识的学习兴趣，增长阅读、写作、口语交际等能力。教学中也要做好评价处理，以更好地提升语文教学的质量。

针对中学语文教学，作者翻阅了大量的资料，同时结合自身的工作经验，对中学语文教学设计进行了总结。本书逻辑合理，层次分明，适宜师范类院校学生阅读，也能为中学语文教师提供教学参考。

本书的知识模块分为语文课程的相关内容，语文课堂教学的具体实施过程，中学语文教学在阅读、写作、口语交际等多层面的设计，以及对中学语文教学的评价。首先，本书对语文课程的性质和特点进行论述，同时分析了语文教学的目标，也对语文教学设计的任务、内容等进行分析，可以使读者对语文教学和教学设计有更好的认识。其次，对语文课堂教学的具体实施展开分析，并探究了语文教学中现代信息技术的运用。再次，通过论述语文知识教学，进一步探索中学语文教学在阅读、写作、口语交际、综合性学习等方面的教学设计，给出相应的优化策略，便于读者在阅读过程中将教学理论与教学实践相结合。最后，从学生和教师两方面探索中学语文教学评价，有效地提升语文教学质量。

限于作者自身水平，同时时间紧迫，本书难免存在着不足之处，敬请广大专家与读者给予批评与指正。

于亚楠

2020年4月

# 目　录

# 第一章　语文课程的相关概述

　　语文课程博大精深，要想学好语文课程，就需要把握好该课程的相关特点，更需要教师在语文教学中制定合理的教学目标，设计好教学内容，使学生提升学习兴趣，养成良好的学习习惯。本章概述了语文课程的性质和特点，同时分析了语文教学的目标和相关教学内容的设计。

## 第一节　语文课程的性质与特点

### 一、语文课程的基本性质

　　"语文"一词出现于19世纪末。[①]科举制度在1905年被废除，在此前后，新式学堂开始在全国各地得到兴办。在当时，新式学堂所教授的课程大都是从西方引进的，只有"国文"课是专属于我国本土的，主要讲授的是古文。随着新文化运动的爆发，国内开始提倡白话文，主张取缔文言文，这给国文课带来了重大的冲击，于是小学的国文课变成了国语课，不再用文言文讲授，而使用白话文或儿歌等授课。但中学依然开设国文课，只是增加了白

---

　　① 张毅：《六十年"语文"史论（1887—1950）》，载《教育学报》2013年第6期。

话文的比重，鲁迅、冰心等新文学作家的一些作品也被选入教材中。进入20世纪30年代，"语文"的概念由叶圣陶等学者提出，同时为编写新的语文教材而不遗余力地尝试着。

凡认识一个事物，必先了解其性质，进而明确其功能，从而确定对这一事物的态度。对语文课程亦如此。那么，先来了解一下语文课程的性质。

语文课程的性质是一个老生常谈的话题，历史上出现过多次论争。在新课程背景下，我们又该如何去认识它呢？

语文在人类文化中是最不可缺少的部分，其构成了人类交流、交际的桥梁，是人类得以向前发展的重要工具。语文具有一定的课程性质，同时也带有工具性，是人文性同工具性的融合与统一。另外，语文"是人类文化的重要组成部分"，其本身既是文化，又是传承文化的载体。

叶圣陶先生对语文总结出一种"工具论"。他认为语文可以拆开来解释，"语"和"文"分别是口语和书面语，当将它们连在一起时，就成了语文。[①]叶圣陶的"工具论"将语文作为工具，是在学习其他学科之前必须掌握的工具。当人能够将语言熟练运用后，就可以进行表达、交流、阅读、书写，进而学习其他学科的知识。

新课标中规定要面向全体学生开展语文教育，让学生具备一定的阅读、书写、表达能力。这也在一定程度上体现了语文所具备的工具性。这种工具性是要让学生能够在语文的基础上获得学习其他学科知识的能力，并养成良好的品格和素质，获得全面的发展。

语文具有工具性，同时也具有人文性，且二者不可缺一或偏废，必须综合在一起。如果缺少任何一种特性，语文将不再是语文。在人们看来，语文的工具性和人文性是一种融合的关系，而不是简单的相加。可以从不同的角度去看，如工具性和人文性是语文的"表"和"里"，没有离开工具性的人文性，也没有离开人文性的工具性。除了工具性与人文性，语文还具有其他的特点，但这些特点依然建立在工具性和人文性的统一上。

---

① 纪正海：《叶圣陶先生关于"语文"含义的论述》，载《人文社会科学学刊》2012年第9期。

　　语文教育在人的发展中起到了重要的作用，其作为一门基础学科，让学生获得了识字、阅读、交流等能力，从而有了学习其他学科知识的基础，使其能够获得更全面的发展。不仅如此，学习语文也让学生的智力和非智力因素得到了相应的进步，这对学生巩固已有知识、学习其他知识也有极大的帮助。

　　教师在课程实施的过程中如何有效把握"工具性与人文性的统一"，是一件难事。语文特级教师、人民教育家于漪认为，人们不应用陈旧的目光看待语文，将语文当作只是同读写有关的小事情，而应该将语文作为培养人的重要工具。因为人的情感、思想是同语言一起产生的，语言不仅承载着人类文化，同时也构成了人类的思想、意识等。因此，不可以忽略语文的重要性，更不能割裂语文学科的完整性。[①]教师需要全面认识语文课程的特点和形态，这样才能在语文课程的教学中更好地为学生传授语文知识，让语文的特点得到全面展现。而且教师也要重视对学生语文综合能力的培养，使学生在掌握语文知识的同时，感受到语文文化的魅力熏陶，从中培养出人文思想和文化情怀。

　　那么，教师在教学中应怎样体现语文的工具性呢？最关键的是要把这个"工具"本身研究透彻，好好学习语文，达到掌握并使用它的目的。我们到底研究学习它的什么呢？第一，让学生学会利用语言，并通过语言抒发自己的情感。语文学习中，学生先学习字词，然后才是语句，通过不断积累，从听懂语义到学会读写，最后能够同他人交流，自如地抒发自己的情感。第二，让学生学会用语言进行交际。语言最主要的功能是交际功能，过去我们在语文教学中对于语言的交际作用重视不够。新课标"总目标"中明确提出："具有日常口语交际的基本能力，学会倾听、表达与交流，初步学会运用口头语言文明地进行人际沟通和社会交往。"[②]因此，在学习语文的过程中，我们需要培养学生的口语能力，更要培养他们的书面语言能力，进而能

---

　　① 马世卫：《简单语文从理念到文化的建模》，载《考试周刊》2014年第11期。

　　② 中华人民共和国教育部：《义务教育语文课程标准（2011年版）》，北京师范大学出版社2012年版，第7页。

够更好地与他人交流。第三，要让学生学会积累语言。学生要想利用语言进行交流，将自己的真情实感充分表达出来，同时还要尽量生动形象，这就需要学生自身掌握大量语言元素。而语言元素的掌握不是一朝一夕即可完成的，需要长时间的积累。教师在教学过程中，要教导学生掌握并积累语言元素，并不断丰富自己的语言表达能力。学生只有学会了如何积累语言，并让自己的表达丰富多彩，才可以在其他领域中进行更有效的交流。

由于语文的工具性对其他学科的学习具有辅助作用，所以工具性具有提高语文成绩和其他学科成绩的一箭双雕的作用。因此，在语文教学中，我们除了要让语文走出课堂、走进生活外，还要把各种学科同语文有机结合，利用语文知识把其他学科中存在的问题加以解决。利用语文知识解决问题，一般是通过阅读、书写等能力来体现的。例如解决数学问题，学生就要对数学题目进行阅读和分析，从而采取最有效的解决方案。因此，学生有效掌握了语文的阅读能力，就可以在数学题目的解答中有更好的分析能力，这在解题时与计算能力同等重要。可见掌握的语文知识越丰富，归纳、概括能力就越强，这在学习其他学科时也更占优势，有利于学习成绩的提高。但是，在与其他学科联系的时候一定不要丢失语文课的本质特征，不能将语文课上成纯粹的道德与法治课、数理化史地生等课，而是要从语文的角度（语言的理解、感悟和运用角度）去理解这些课程的内容，重在阅读理解和概括表达。

语文还具有人文性，这使语文成为一门特殊的人文学科。在新课程理念下，语文教师在指导学生学习的过程中，要将人文教育思想放在首位，注重以人为本的理念，对学生的关注要逐渐上升。不过也不能将语文教学纯人文化，这虽然让语文教学展现出一定的浪漫性，却容易让语文成为学生学习中自娱自乐的工具，缺失了最重要的实用性。这对学生未来的学业和人生发展没有积极作用，只会产生不利影响。语文课程带有一定的人文性，语文教学可启迪学生智慧，开发学生的思想、审美、文化，让学生的素质得到全面提升。同时语文也要重视学生学习的情感态度，重视学生的个性特征和个性差异在语文学习中的作用，重视学生的主体作用，重视学生的可持续学习与可持续发展。语文教师应该对学生进行语言文字的训练，这有利于培养学生的思想情感。经过语言文字训练，学生就可以将所看、所思、所感融入语言文字中，从而点燃情感的火花，充分发挥出艺术美、形象美，形成一篇篇充满美感的文章。教师也应利用文情并茂的语文教材为学生提供指导，让学生接受艺术的熏陶，自主与语言文字进行情感上的交流，从而获得更深层次的体悟，让自身的语文素养得到培养和提高。

为适应语文教学的人文性特点，教师在语文课堂上应注意三点：一是注重朗读，熟读成诵；二是注重学生的整体感悟、整体理解；三是注重学生的精思、自悟、融会。如果不注重朗读，对知识的理解就不会深刻，自然不能形成相应的感悟，从而无法学会精思，难以将知识融会贯通。因此，教师在教导学生学习语文知识时，应该引导学生去关注文章中的语言文字所体现的含义，使他们学会深入思考，从而从语句中感悟到一定的思想或道理，获得人生中更为重要的感想。

那么，在具体教学中如何实现二者的统一呢？具体做法是：要根据实际的教学需要，适当选择偏重人文性还是工具性，这样才能让学生在学习带有人文色彩的散文中感受到情感的重要性，在实用的应用文中学会如何使用语言。无论是人文性的文章还是工具性的文章，都应该让学生重视语文人文性和工具性的重要性，不可过分偏重一种而忽略另一种，导致无法充分发挥其复合功能。

## 二、语文课程的特点

《语文课程标准》将语文教育的特点进行了概括，并重点强调了人文性、实践性、生活性、民族化等特点，因为在教学中，这几类特点是非常容易被忽略的。

语文具有人文性，因此是人文学科的一类，人们在学习语文时，能够深刻影响到精神领域的发展。在语文课程教学中，教师应充分发挥语文对学生的熏陶作用，使学生在学习语文作品时能受到感染，体会其中深意，进而培养自己的人文素养和情感。学习语文不能同学习数学、物理等学科一样只根据知识点进行联系，这样难以对语文中的人文内涵进行深刻体悟，也就失去了学习语文的意义。教师在教学时，要选择合理的教学内容，充分发挥语文作品的感染力，使学生的正确价值取向得到培养。

语文给人的影响不是立竿见影的，而是一种长期的潜移默化的影响。学习语文需要学生接触大量的语文知识，从而在长期的积累中形成一种文化建构。因此，教师在语文课程教学中，应保持培养学生品质、素养的态度，为其未来发展着想，为国家的人才培养计划着想，正确选择教学内容，让学生能够在合理的语文教学中受到熏陶，奠定其发展的基础。教师也要认可学生的多元反应，对学生独特的体验报以尊重，鼓励他们去自主感悟语文知识给他们带来的深刻感受，并学会如何运用和表达，这既对学生的成长发展有利，也有益于学生深入了解语文知识的内涵。

语文是人文学科，这并不代表语文教学没有实践内容。其实语文课程的阅读和表达就是实践，也是培养学生实践能力的重要方式。在开展语文教学时，教师需要对学生的阅读、写作、口语交际等实践能力进行培养，同时也要提升学生信息采集和语感处理的能力。在实际的教学中，教师只凭借课堂讲授的知识无法让学生的阅读能力得到充分提高，应该让学生多读书，养成读书的兴趣，这对提升阅读能力十分有益。教师也要教授学生写作的方法，并鼓励学生自主学习写作，这样才能提升其写作能力。口语交际能力的提升也不是只学习语法、语境、语感等知识就可以的，而是需要大量的实际语言交流和书面写作，这样才能让语感获得提高，形成良好的交际能力。实践是检验真理的唯一标准，不经过实践的千锤百炼，知识是无法转化成实用能力的。因此，要培养学生的语文实践能力，必然要让学生参与语文实践。在小学、初中阶段，必要的语文知识是不能缺少的，但可以减少对语法、修辞等知识的关注，不必过于苛求知识系统的完整性。因为此时学生还处于形象思维阶段，应该使他们多参加朗诵、写作、口语练习等活动，从中感受语言的特点，掌握相应的语感，把握一定的规律，这样才能提升自身的听、说、读、写能力。

语文是母语课程，每个人在入学前都已掌握一定的母语基础，这是其生活中的学习资源。因此，语言的培养需要实践和生活的系统结合。学习语文与学习外语不同，因为有着充分的语言环境基础，所以能够更轻松地掌握词汇、语法等。这些都与人们的生活环境分不开，生活中几乎时时处处都为学习语文提供了资源和机会。学生在学习语文时，应抓住机会利用这些资源，使自己的语言元素得到积累，利用阅读和交流来提高自身的表达能力，从而增强语感，提升人文素养。可见，长期的生活实践为学习语文提供了重要的物质基础。不少只读过小学、初中而成为作家的人，并未首先系统学习字词知识、语法知识，而是直接学习生活中的语言，并通过读书感悟，结合自身体验的生活进行大量的写作，从实践中获得语言和写作能力。这类例子不胜枚举，如作家陈永林等。

教师在开展语文课程教学时，需要考虑语言文字的特点会对学生在阅读、写作、口语交际等方面产生哪些影响，从而结合这些特点来做好语文教学实践，培养学生的语文实践能力，促进其语文思维的发展。

语文教学不应该将英语教学方法照搬照抄，将语法作为教学的重点，而是应该重视实践，让学生多读、多写、多说，通过长期的积累和感悟来培养能力和情感。语文学习是一个长期的过程，不可能依靠短时间的教学就达到立竿见影的效果，因此应以平和的心态去对待，戒骄戒躁，杜绝急功近利。培养学生的语文能力和素养是语文教学的重点，必须使用科学的教学方法，而不能将西方分析思维法直接挪用，这不利于培养学生的整体能力。西方的一些教学方法过于强调操作性，让过程变得琐细，这很容易导致简单问题复杂化或复杂问题简单化。语文教学应该重视对学生的感染和熏陶，重视对语感的培养和感悟。但这些都不是简单的操作，而是需要通过长时间的读、写、说来积累的，是一种复杂的过程。

《语文课程标准》提出了将学生作为语文学习的主体，应结合学生自身的发展和特点制定相符的语文教学课程，根据学生的差异化和不同需求组织语文实践活动，使学生的求知欲望和好奇心得到培养，让学生在学习过程中培养出自主、协作的精神和能力。在语文课程教学中，应采取综合性学习的方法，能够让学生在学习中对感兴趣的内容进行自主学习，教师应采取科学的教学方法和评价方式进行引导，使学生养成自主、协作、创新的精神，培养出更加全面的语文素养。因此，在新课程改革中，应对学生的学习方式进行改进，采取自主、协作、创新的学习方法。这既体现了语文教学的特点和规律，又是语文生活化和实践性的有机统一。

# 第二节　语文教学的目标与设计内涵

语文教学是教师的重要工作，是国家民族的教育事业之一，必须有其具体目标。对于这一点，老师们都理解，只是说者容易做者难，恐也有一到课堂就随意教学，忘了向着教学目标前进的举动。为此，我们要加强对语文教学目标的认识和科学的设计，以使语文教学目标明确，实施科学，易于达成，体现出课堂教学的有效性，从而提高课堂教学的效益和效度。

## 一、语文教学的目标

根据《语文课程标准》，语文教学需要实现的三个维度分别是知识和能力、过程和方法、情感态度和价值观，[①]而这也是语文教学需要实现的目标。语文教学目标的实现，是对语文课教学好坏的衡量标准。在语文教学的三个维度中，核心内容是知识和能力，这是对人才培养的主要目的；过程和方法是实现其他维度的手段，只有采取合适的过程与方法，才能真正实现对知识和能力、过程和方法的培养；情感态度和价值观则是一种内在的动力，能够对实现知识与能力、过程与方法形成激励。对于这三个维度，需要将其紧密融合在一起，不能缺少任何一种，否则将难以有效达成对语文教学的有效设计，更难以达成语文教学的目标。因此，在设计语文课程时，应充分结合这三个维度，使语文课程的教学效果更加科学、有效。

---

① 杨琳：《中学语文课堂阅读教学目标达成策略》，河北师范大学硕士学位论文，2008年。

对三维目标的开发和设计应注重他们的作用和特性。

**（一）在"知识和能力"这一维度上要突出工具性**

知识和能力是语文教学三个维度中的核心维度，因为学习语文就是要掌握语文知识，提升语文知识的运用能力，这也是语文教学的根本任务。要想突出知识和能力维度的工具性，就应该结合实际的教学情境，采取合理的教学内容设计。例如，在识字教学中应加入字理教学，这能够让学生更好地了解字形、字义，从而加深对汉字的理解和记忆。如果无法根据字理来解析汉字的形与义，那就应该结合生活实践，对汉字的字义进行灵活解析，这样对文字的理解和识记也会更加深刻。语文阅读是语文教学的主体内容，通常需要学生对词语、句子、段落进行逐步分析品鉴，通过不断阅读来感悟其中的深刻含义，经过不断积累形成自己的感想，能够在阅读、写作等实践活动中灵活运用。掌握语文课的理论知识需要长期的积累，这离不开语文知识的学习和语文能力的训练。学生只有扎实地掌握语文知识并能够熟练运用，才能达到语文教学的目标，体现知识和能力的工具性。

**（二）在"过程和方法"这一维度上要增强主体性**

在过程和方法的维度上，需要让学生把握学习的全过程，从学习中学会独立自主、与他人协作，同时也要不断创新，总结出适合自己的学习方法，从而能够不断积累知识。在这个维度中，重要的是如何去享受学习的过程和掌握学习的方法，而不是获得知识。教师在教学中要学会运用合适的评价方法，不能只做终结性评价，也要做形成性评价，使所有的学生都能自由主动地参与到学习过程中，相互协作完成对新知识、新方法的总结。如此，教师在教学过程中成为学习方法的引导者，而不再是直接灌输者。

**（三）在"情感态度和价值观"这一维度上要渗透人文性**

和其他两个主要体现工具性的维度不同，情感态度和价值观重点地表现出来的是人文性，是在情感上对学生产生滋润和启发。在教学中，需要保持以人为本的理念，采取合适的教学方法，引导和启发学生自主学习，端正学习态度，培养出健康的学习情趣，从而形成科学的价值观和人生观。教师应保持对学生的尊重态度，能够以心换心地为他们着想，通过激发学生对语言文字的热爱，同时也要利用语文的人文性引导学生建立起正确的价值观和人生观，让他们正确对待人生，树立高尚的道德品质，为成为社会所需要的高素质、高能力人才而努力学习。

在语文教学中，要依据上述三个维度对课堂教学内容进行设计，真正做到以学生为本，使他们热爱语文，掌握科学的学习方法，获得综合素养的提升。

## 二、语文教学设计的内涵

在开展语文课程教学前，教师需要对课程进行相应的教学设计，这是教师教学的准备工作，也是教师帮助学生认知语文知识、学习语文技巧、感受语文情感的重要途径，是一个系统的工程。通过教学设计，教师可以规划出最合理的教学方案，同时制定相应的教学目标，让学生能够获得学习语文知识的方法，掌握语文学习的规律。而教学设计就是为了开发出适宜学生学习的教学方案。

对语文课程的设计是开发出能够让学生认知语文知识结构、情感品质、行为技能的课堂教学内容，从而根据课堂教学总结出相关的经验，形成语文教学理论。根据教学对象的特点，结合教师自身的教学经验，系统地对课堂教学中存在的问题进行梳理与分析，并给出合理的解决方案，最后形成系统的教学流程。

语文教学设计应充分利用教学设计的原理，分析学生对语文学习的需求，确定学生的学习行为，制订课堂教学任务，让学生在课堂中的行为更具操控性、检测性，便于观察学生语文知识、情感等方面的变化情况。语文教学设计还可对教学策略进行规划，采取全面的教学评价，从而提升课堂教学的效率。

# 第三节　语文教学设计的任务与特征

教师备课的核心工作是教学设计。教学设计的水准如何，直接决定着课堂教学的效果。为此，我们必须弄清它的任务与特征，增强语文教学设计的科学性，以提高语文课堂教学的效率。

## 一、语文教学设计的任务

教学设计涉及分析教学内容、确定教学方法、指导教学实施、修改教学计划以及评价学生学习的整个过程。教学设计的目的是运用已知的教学规律去创造性地解决教学中的问题。很明显，教学设计是面向教学系统、解决教学问题的一种特殊的设计活动。它关注的是"学"的方案，是把教学理论贯彻于教学实践的中介，它具有方法论的性质。比如，作为学生，在一堂语文课中，我要去哪里？我如何去那里？我怎样判断自己已经到达了那里？这个路线图，其实就明确提示了教学设计中必须涉及的目标、策略和评价三项基本内容。

可见，语文教师在进行课堂教学前，必须进行教学设计，这是一种课前准备。教学设计将课堂教学中的各个环节进行设定，融入教材、教师、学生等各个因素，将这些因素进行相互连接。同时，教学设计还设定相应的教学内容和教学方法，并制定合理的教学目标。

## 二、语文教学设计的特征

### （一）合理处理"学"与"教"的关系

虽然在语文教学中确立了"以学生为主体"的原则，但长久以来，这一原则在实际的教育教学中并没有得到良好体现。很多学校的教学依然是围绕着教师中心开展的，学生只能被动地获得知识。教师在课前教学设计上，没有体现出学生的主体地位，没有实现师生间的互动，使教学设计缺乏主旨，教学过程变得盲目和随意。语文教学设计是语文教师在教学时的提要，应该简单明了，方便教学过程的顺利开展。根据加涅（Robert Mills Gagne）的"为学习设计教学"的理论，教学设计应使教学过程得到划分，形成学习事件和教学事件两部分，并把学习事件作为教学活动的中心。教师教学是学生学习的外在条件，应该推动学生对语文知识的学习，确立学生在语文学习中的主体地位，教师则只起到引导作用，这样就能够防止教学过程中的盲目性，防止出现"一言堂"的情况，从而使"教"与"学"的关系得到有效优化。

**（二）针对学生需要来确立教学目标**

在语文教学设计中应明确具体的教学目标，使教学的目的、意图等获得转化，形成特定的可观察、可操作的结果，从而对教学目标做具体说明。通常，教学目标的说明包含三部分内容：行为（做什么）、条件（在什么情况下）、标准（所达到的要求）。

当前语文教学设计中，在表述教学目标时，应使用具有明确含义的行为动词，不可含义模糊不明。例如，"对全文进行通读后（条件），请在文中找出（行为）两处（标准）使用了对比手法的地方"。设计这样的教学目标，方便对学生的学习过程进行观察、检测，也有利于教师核对学习的内部事件和外部事件。当前的语文设计非常注重技术性因素，加强开发教学环境，使教学活动得以循序开展。在以前，语文教学设计是没有固定方法的，只是根据教师个人的喜好和经验；当前的语文教学设计则更加系统和科学，要求教师自身有着扎实的教学经验，能够娴熟地使用语文理论知识，还要能够为学生制订合理的学习任务，设立教学目标，使学生在合理的教学流程中学习知识。教师也要根据教学目标为学生设定相应的检测项目，从而便于教学效果的评估。所设定的教学活动程序应能够激发学生的学习动力，使学生深入思考，达成学习目标。教学设计还要涉及评估和课后作业，使学生的学习效果得到反馈，并加深对知识的掌握。

可见，现代语文教学设计是建立在传统语文教学之上的，是对其内容的进一步拓展，是教师教学同学生学习的有机结合，应避免二者产生脱离，影响教学目标的达成。通过划分学习事件和教学事件来进行语文教学设计，可以使教师设计更为合理的教学程序，设定更为有效的教学策略，让学生更加投入学习语文知识，有利于教学目标的达成。

# 第四节　语文教学设计的内容与要求

## 一、语文教学设计的内容

### （一）设计课堂教学目标

课堂教学目标是课程目标的具体表现，教师通过课堂教学目标是否达成对课堂教学展开评价。在教学过程中，制定课堂教学目标，能够规范具体的课堂教学内容，有利于约束学生的课堂学习行为。教师在对课堂教学进行设计时，应该以三个维度作为目标，这是教师开展教学、进行评价的重要依据，同时也能够促进师生间互动性教学的开展。语文教学应该以此为导向，在设计课堂教学目标时，首先，考虑课文内容对学生的影响表现在哪些领域中；其次，分析每一领域学习内容的学习水平；最后，用具体的行为动词陈述课堂教学目标。

### （二）设计课堂提问

提问是课堂教学的常用方法，当然也是语文教师的常用方法。课堂提问可以让教师与学生进行更深入的探讨和交流，让教学内容得到有效展现，教学效果也可获得提高。首先，通过课堂提问，教师可以获得学生对问题的回答，从中发现教学中存在的问题，进而对教学程序进行调整。学生回答教师的提问，能够对学习信息进行反馈，同时获得教师的讲解与评价，也有利于学生发现自己学习中存在的问题，从而对学习计划进行调整和修改。通过课堂提问，教师与学生可以获得同步提高。可见，提问是一种重要的教学方法。其次，课堂提问是师生双向活动的桥梁。语文课堂教学历来重视师生互动，一堂语文课的成功与否，一个关键的尺度就是师生互动的情况如何。课堂提问的质量较高时，便于教师灵活运用教学手段，调动学生的积极性，使他们自主参与到学习中，加快课堂教学目标的实现。

美国喀麦隆大学教授肯尼斯·莫尔（Kenneth D. Moore）在《课堂教学技巧》一书中，将提问分为事实性问题、经验性问题、创造性问题和评价性问题四类。[①]教学中需要设计不同类型的问题，并注意各类问题在课文教学过程中的分布和在学生中的分配。课堂提问根据效果可分为两种：一种是重要提问，另一种是徒劳提问。重要提问是教师深入研究教材后根据学生的具体学习状况所总结的提问，这样的提问具有很强的启发性，能激发学生的学习兴趣，引导学生深入思考和探索，可以帮助教师实现教学目标。

**（三）设计教学策略**

为了达成教学目标，需要在教学活动中采取一定的方法、程序等，以促进教师教学过程的顺利开展，而这些方法、程序等因素的总体就是教学策略。教师设计教学策略，应结合不同的教学对象和教学内容，结合教学理论、教学经验，使教学中出现的问题得到有效解决。教学策略是教师在教学活动中对学生的心理引导，根据学生的认知心理来设定相应的策略，激发出他们想学、乐学的学习兴趣。

**（四）设计导入新课**

好的导语就如同一块磁铁一般，可以吸引人们的思维，让发散的思维有效聚拢；又如同火花一般，点燃思想，激发学生的思维，使人不断奋勇向前。[②]奥苏贝尔（David Pawl Ausubel）提出的先行组织者理论，将学生学习新知识前的引导性材料作为先行组织者。根据这个理论，可以在学生原有认知的基础上，架起一道桥梁通达新知识，让学生通过这道桥梁来学习新知识，完成学习任务。当然，在架设这座桥梁之前，需要明确区分先行组织者

---

① ［美］肯尼斯·莫尔：《课堂教学技巧》，刘静译，人民教育出版社2010年版，第197页。
② 周建陵：《浅谈初中语文课堂导入式教学设计》，载《中学课程辅导：教学研究》2015年第9期。

与新课导入语，这样才能确保学生顺利学习新知识，达成学习目标。

### （五）设计结束新课

结束新课即对课文教学进行小结，它不是教学过程的简单重复，而是从教学目标出发，对教学的重点和难点所作的及时整理和回忆。新课小结如果得当，有利于巩固新知识，促进学习的有效迁移。根据罗耶（James Royer）的迁移二维结构观，迁移可分为近迁移与远迁移和字面迁移与比喻迁移两个层面四种类型。在课堂教学结束时，教师要引导学生运用已有的知识去探索新知识、解决新问题。抓好新课小结这一环，能使教学前后连贯，知识环环相扣。

### （六）设计课文板书

语文板书是辅助性地完成课堂教学任务的重要手段之一。语文板书要求教师在黑板上用清晰的文字或符号来描绘出最简洁的课文内容，使学生能够从板书中对所讲授的知识一目了然。教师使用板书将教材中复杂的知识内容具体、直观地展现在黑板上，方便教师有序地讲解教学，也让学生能够加快对知识的理解和巩固，更利于学生进行笔记整理与知识点归纳。在设计课文板书时，教师需要结合板书的内容、形式等确保板书设计能够使教学目的得到体现。

### （七）设计教学媒体

教学媒体是教学过程中从信息源到接受者之间携带和传递信息的载体。它直接介入教学活动，沟通教与学两个方面，对教学的效果和效率都有很大影响，是教学的重要辅助手段。教师要认识教学媒体的作用、分类和优化运用，还要特别注意教学媒体的功能与教学内容和教学任务的有机结合。

### （八）设计语文教案

教案是教学设计的书面表现形式，不仅是教学设计的书面结晶，而且是课堂教学的主要依据。语文教案的整体结构通常分为课题教案和课时教案两大部分：课题教案是指一个单元或一篇课文的整体教案，一般包含课题、课型、重点难点、教学方法、教学媒体、课时安排等内容；课时教案是指一节课的完整教案，一般包含课时、教学要求、教学要点、教学进程、板书设计、作业布置、教学后记等内容。教师尤其要特别注意编写教案的基本规范。

## 二、语文教学设计的要求

### (一)明确教学目标,熟悉教学内容

在语文教学中,教师首先要确定明确的教学目标。教学目标的确立能够让教师对教学系统形成全面的认识,从而对基本教学精神有所领会。在整个教学过程中,应根据语文教学的三个维度进行设计,划分为整体性教学目标和阶段性教学目标。通过对学生识字、阅读、写作、口语交际、综合能力提升等方面的培养,让学生参与到整个学习过程中,并在各个学习阶段掌握科学的学习方法,积累相应的语文知识,从而形成自主学习能力,最终提升自身语文素养,获得综合性能力。因此设定教学目标可以引导语文教学,有利于学生对语文知识和学习方法的获得。在人的发展中,语文素养是必不可缺的,因此语文教学中设定的目标必然要以人的终身需求和发展需要为基础,实现人文性和工具性的融合。制定这样的目标就要以学生为主体,尊重学生的个性发展,并结合实际教学采取最合理的教学方案,促使教学目标的实现。除了制定教学目标,在语文教学中也要求教师对教学内容进行合理安排,对语文资源进行开发和利用,推进语文教学的顺利开展。

### (二)满足学生需求,促进学生发展

语文的教学就是要在语文课堂上有效解决学生学习中遇到的各种问题,让学生对语文知识的需求获得满足。教师应选择合理的教材,因为教材是为教学进行服务的工具,既要满足个别学生的个性培养,同时也要符合全体学生的一般学习需求。教师的科学教学方法是加快学生掌握语文知识的手段,帮助和引导学生自主参与到对学习方法的探索中,积累丰富的知识内容,培养出全面的语文素养,最终实现人才培养的教学目标。

### (三)发挥教师特长,充分利用资源

学生是语文教学的主体,而教师就是引导者和指路人,其作用是帮助学生学会学习方法,掌握语文学习规律,不断提升自我素养。因此在语文教学中,一定要根据教师的能力进行教学课程设计,使教师的个人专长得到体现

和发挥，有利于学生更好地适应课堂，激发学习热情。在设计语文教学时，还要对各项教育资源加以充分利用，不仅包括物质资源，也包括人力资源。

**（四）预想教学过程，制订最优策略**

在过去，语文教学依靠程式化的教学步骤，让学生根据教师的灌输学习语文知识，这种传统教学模式让师生间缺少足够的互动，并不适合当前的语文教学要求。当前语文教学已经对教学方式进行了改革，制订了新的教学模式与策略，这极大地丰富了学生的学习实践，也让教师与学生、学生与学生之间能够积极互动，相互协作，完成对语文知识和方法的探索与掌握。

语文教学设计应结合学生的需求规划出合理的教学过程。教师在进行语文教学设计前，需要制订最合理的教学流程，对教学过程中的各个环节进行预想，预设学生可能会存在哪些问题，进而制订相应的教学预案。由于学生的个性和喜好不同，因此在教学过程中的反应会存在差异，这是很正常的。教师不要过于苛求学生反应的一致性，而应理解这种反应的多样性，并针对不同情况给出相应的解决方案，这样才能让学生的学习需求得到满足，让教学设计更具针对性和有效性。

教师所做的语文教学设计应采取最优的教学策略。教学设计应以学生为主体，教师要作为引导者引导学生自主参与到语文知识的学习中，并学会相互间协作。教师与学生彼此互动，让知识的传播不是强硬地灌输，而是自然而然地被学生主动接收。教师要开展实践性教学，让学生在实践中学习，学会质疑与探索。通过创造一定的教学环境，使学生主动参与其中，激发出学生的积极性，满足不同个性学生的学习需求，使他们在教学中能够学习到有效的学习方法，培养优秀的语文素养，在人生发展的道路上不断前进。

# 第二章　语文课堂教学的实施

　　语文课堂是教师为学生传授语文知识的重要场所，可以在教学中让学生学习到语文知识，培养语文核心素养。本章重点论述了语文课堂教学的实施内容，对语文课堂教学的情境创设、课堂提问等进行分析，并探讨了现代信息技术下的语文课堂教学。

## 第一节　语文教学基本理念

　　语文课程是一门学习语言文字运用的综合性、实践性课程。语文是以语言为核心的，包括文字、文章、文学及其文化的多元体系。

### 一、坚持工具性与人文性的统一

　　语文是最重要的交际工具，是人类文化的重要组成部分。工具性与人文性的统一，是语文课程的基本特点。

　　语文是什么，历来有争论，有人认为是语言和文字，有人认为是语言和文章，有人认为是语言和文学，有人认为是口头语言和书面语言，凡此种种，有十几种解释。厘清这个问题，有一个关键的问题需要回答，即语文的物质基础是什么。

语文的核心是语言，因为语文的物质构成是语言，是以物理声波形式存在的口头语言和以抽象符号形式存在的书面语言。语言是一种符号系统，其物质基础是语音和文字，基本单位是词汇，运行规则是语法。语言是运动的，其动态形式就是言语。作为语言运动过程和结果的言语，有两种形态，即言语过程和言语作品，由词到句，由句到段，由段到篇，最终的系统化呈现方式是文章和文学。又由于语言的本质是人类交流的媒介，因此语文也具有交际工具性。

语言不是独立存在的，语言是思维的外壳，语言是物质存在与文化存在的综合体。也就是说，语文在以语言存在的同时，还具有负载文化的功能。但是，这种负载功能是有限度的，不可以无限地夸大，其他学科也具有负载文化的功能。人文性是语文课程与其他课程共同拥有的特性。

## 二、以语文实践为核心，全面提升语文素养

语文是最重要的交际工具，熟练掌握任何工具都需要大量的实践，因此语文课是实践课，语文教学应以语文实践为核心。

在语文实践中，语文素养要全面培养，既不能顾此失彼，又不能眉毛胡子一把抓，要统筹兼顾，要重点突出。语文教学的核心任务是熟练掌握并运用语言，因此识字写字能力、阅读能力、写作能力、口语交际能力，是语文的专门能力，可以称作语文核心素质。品德修养、审美情趣、良好个性、健全人格，是语文课程和其他课程共同培养的素质，可以称之为语文一般素质。在语文教学中，语文核心素质和一般素质不是非此即彼的二元对立，而是和谐统一的，因此要重视语文综合素养的培养。

## 三、语言教学与言语能力培养相辅相成

语言，是指一套具有规则的完整的符号系统，而言语则是语言符号系统的动态生成形式，是人们对语言符号系统掌握与运用的过程及结果。语文教学活动，就是在教师的指导下，学生在言语活动中认识和把握语言规

律、发展和完善言语能力的活动。语言教学与语言能力培养应该是相辅相成的关系。

语文教学作为母语教学，应该遵循着"言语—语言—言语"这种习得模式。基础教育阶段的语文学习，最终目标不是掌握系统的语言知识，而是掌握运用语言的能力，也就是言语能力，而语言在这一过程中是桥梁和纽带。只有指导学生在言语活动中认识发现语言规律，掌握语言规律，才能提高学生的言语能力。

### 四、言语内容和言语形式统一

"文道统一"是我国语文教育的传统，"文"就是指言语形式，"道"就是指言语内容，言语形式和言语内容相互依存。言语内容决定了言语形式，言语形式又为言语内容的表达服务，两者是一体两面，是有机统一在一起的。

语文教学过程就是从形式到内容，再从内容到形式的循环往复。因文解道与因道悟文是辩证统一的，语文教学要引导学生依据对语言文字的理解掌握课文的意旨，在对思想内容有了较深刻的理解之后，再去品味语言文字运用的妙趣，感悟言语形式之美，进而提高言语能力。从语文素养培养的角度来看，文与道也是统一的，语文专门能力的培养要同人文素养的培养相结合。基于听说读写基本能力的语文教学，与基于情志熏陶的德育和美育，也应是辩证统一的。

### 五、书面语言和口头语言协调发展

听和说的能力是口头言语能力，读和写的能力是书面言语能力，听、说、读、写的语文能力要协力共振，阅读、写作和口语交际要协调发展。

叶圣陶先生曾经解释"语文"一词的由来："口头为'语'，书面为'文'，文本于语，不可偏指，故合言之。"①听说能力的训练有利于读写

---

① 叶圣陶：《叶圣陶语文教育论集》，教育科学出版社1980年版，第138页。

能力的学习，反过来，读写能力的学习又能促进听说能力的提高；口头言语能力和书面言语能力应互相影响，互相促进。要坚持全面、和谐的语文能力发展观，避免重视读写、轻视听说的教学倾向。

### 六、课堂语文学习与生活言语实践结合

语文教学要坚持大语文的观念，课内外语文学习不仅是互通的、互动的，而且要成为一个有机的整体。

语文教学要重视生活中的语文，与生活言语实践相联系。语文教学是母语教学，母语环境能为语言学习提供丰富的资源，语文学习的外延与生活的外延相等。在生活中，无处不是语言学习的训练，非常有利于学生语言能力的提高。课外生活中的言语活动，在数量上和范围上超过了课堂言语活动，所以课堂语文学习要同生活言语实践相结合，提高学习效率。

语文教学要坚持课内外相联系的语文整体观。学校、家庭、社会活动中，语文无处不在，语文学习应随时随地进行，不必画地为牢式的圈定语文学习领域，不必固化语文学习形态，应以言语实践为核心，融通学校、家庭、社会活动中的语文要素，在动态的实践中学习动态的言语，动态生成并建构自己的语文存在。只有这样，才能突破课堂语文学习的局限性，才能无限延展语文学习的外延，学生的言语能力培养也才能真正落到实处。

# 第二节　语文教学的情境创设

### 一、语文教学情境

语文教学情境是指教与学的过程中客观存在的与语文教学内容密切相关的教育场域。一方面是教师、学生、文本、编辑等主体间的多重对话所形成

的教育场①；另一方面是教师为了完成教学目标，以教学内容为依据，从学生的需要出发，创设出形象可感的、引人入胜的景象、场景或境地。

## 二、创设语文教学情境

### （一）创设不同类型的教学情境

教学情境可分为实体情境、模拟情境、想象情境和推理情境等。

创设实体情境，可以关注自然的体验，引导学生到大自然中去，在自然的实景中感悟人们所描绘的自然。如在济南的冬日里领悟老舍先生所描绘的《济南的冬天》，在万物复苏的春光里领悟朱自清先生所描绘的《春》，春水、春草、春木、春花、春虫、春风、春雨等。此外，语文课文所描绘的内容丰富多彩，创设实体情境还要重视实物展示对学生的触动，如学习《核舟记》，就可以让学生观摩核雕的实物，甚至可以触摸核雕作品，进而深切体会课文所描绘的核雕艺术与核雕文化。

模拟情境是对真实情景的再现，创设模拟情境是为了尽可能还原实景的信息，可以通过图画再现、音乐渲染、角色扮演等方式实现。例如，讲授《北京胡同》，就可以通过大量的老北京胡同的旧照片，强化学生的感性认知；讲授《送元二使安西》，就可以播放阳关三叠，渲染"西出阳关无故人"的送别氛围。

创设想象情境，要以人生阅历和生活经验为基础，通过合理的联想和想象，使虚拟情境入情入理。例如，柳宗元的《江雪》，"千山鸟飞绝，万径人踪灭。孤舟蓑笠翁，独钓寒江雪"。教师就可以引导学生联想，万壑群山间是否曾有飞鸟？山野小径是否曾有路人经过？水面之下是否还有游鱼？一翁一舟，飞雪漫天，他在坚持什么？这样就可以在形象化的含英咀华中深化对诗句的理解。

创设推理情境，要以问题意识为出发点，强调问题情境对学生的启发。

---

① 教育场，是由多种能产生教育影响的资源，以动态能量、信息或物化状态方式交互作用，形成具有时空统一性的立体组合式的教育资源存在形式及其在认识主体中投射的心理状态和意识形态。

孔子说："不愤不启，不悱不发。"[1]朱熹曰："愤者，心求通而未得之意。悱者，口欲言而未能之貌。启，谓开其意。发，谓达其辞。"[2]创设推理情境，就是要引导学生尝试着进行简单的判断与推理，引发思考以达成愤悱状态。例如，李白的《静夜思》，"床前明月光，疑是地上霜。举头望明月，低头思故乡"。床是什么床——井床、胡床，还是普通木床？窗是什么状况——是窗开而月光照入，还是窗闭而月光透过？窗上是白纸还是其他什么？写的是秋月还是夏月？秋季月圆之时，有何节日引人思乡？教师创设的这些推理情境，可以引导学生深入思考。

**（二）运用不同的方式创设教学情境**

用朗读感受情境。高声诵读可以激发学生的情感体验，可以唤起学生对课文形象的想象。在外在形象与内在情感的融合中，朗读体验使学生如闻其声、如见其人、如临其境，在头脑中所浮现的情景里，感同身受，产生共鸣之感。

用语言描述情境。例如，教师讲授《岳阳楼记》，用自己的语言描述文中洞庭湖如诗如画的晴明美景：风和日丽，所有的景物都是那样的明媚，湖面上水波微微荡漾，天空碧蓝如洗，万里无云，绿水与蓝天相映。水中鱼儿悠游嬉戏，湖面水鸟翩翩飞翔，岸上青青翠草，花香怡人。

用音乐渲染情境。例如，讲授《安塞腰鼓》，就可以让学生观看一段安塞腰鼓的视频，那有力、铿锵、雄浑的鼓声，会使学生直观感受到陕北的鼓乐文化。在教授《黄河颂》时，师生可以一起高歌《黄河大合唱》，"风在吼，马在叫，黄河在咆哮……"激昂的旋律、豪迈的情志、磅礴的气势，使学生在情景交融中感受对黄河的礼赞，体会这史诗般的颂歌。

用图画再现情境。课文插图、专用挂图、简笔画以及特殊的绘画作品等都可以用来再现课文情境。例如，讲授张继的《枫桥夜泊》，"月落乌啼霜满天，江枫渔火对愁眠。姑苏城外寒山寺，夜半钟声到客船"。就可以勾勒此情此景，江水、古城，星空、月落，枫树、乌啼，江中红色的渔火，江上

---

① 康有为：《论语注》，广西师范大学出版社2016年版，第26页。
② 朱熹：《四书章句集注》，浙江古籍出版社2014年版，第75页。

白色的冰雾，还有孤舟客子，以及文人仰慕的寒山寺。

用表演体会情境。一是进入角色式，二是扮演角色式，前者是以角色自居来体会人物，后者是以角色扮演来展现人物。教师要指导学生进行课本剧表演，例如《子路、曾皙、冉有、公西华侍坐》，教师上课伊始就可以让学生进行课本剧表演，利用教室中间走道两排座椅间隔较大的特点设计舞台表演空间，总共五个人物，孔子居中坐在椅子上，子路、冉有、公西华、曾皙四人分别立于两侧。对未参与表演的学生提出观赏要求：判断表演的同学对文章的理解、翻译是否准确；判断表演同学的表情、动作、语言是否到位，是否能够展现出人物性格。

# 第三节　语文课堂提问与组织

提出一个问题往往比解决一个问题更重要，语文课堂提问是课堂教学技能训练的重点与难点。重点是因为其既贯穿于各项教学基本技能的运用之中，又能统领各项教学基本技能需要，从而实现教学目标。难点是因为问题的设置，既要与课文和课堂教学紧密联系在一起，又要使问题之间存在内部逻辑关系，而且每个问题按照不同的需要又有不同的表现形式。提问贯穿于课堂教学的整个过程，是联系师生思维活动的桥梁，也是开启学生智慧之门的钥匙。课堂上，教师的提问是教学中重要的一个环节，有时甚至会起决定性作用。如集中学生的注意力、激发学生学习的兴趣、复习与巩固旧知识、引出新知识、及时了解学生学习状态等。

课堂组织是一名教师最基本的技能。课堂组织技能是指教师在课堂教学中需要时不时地组织教学、维持学生注意力、管理纪律，进而激发学生学习的兴趣，刺激学生主动学习的积极性。课堂组织技能是为了能够建立和谐的教与学的环境，创立良好的课堂氛围，帮助学生更快、更好、更有效地达到预定的教学目标和建立行为标准的一种教学行为方式。这种技能是课堂教学的"支点"，是课堂教学得以顺利进行的重要基础，不仅影响着整个课堂教学的效果，而且还关系着学生思想、情感、智力的发展。

　　课堂提问与组织可有效地调节师生之间、生生之间的关系，一方面可调动学生学习的积极性，另一方面让师生处在和谐的教学环境中，从而高效地完成教与学的任务。教师在语文课堂教学中，要根据教学目的、教学内容和学生的学情，用各种方法唤起学生的注意力，激发学生学习的兴趣，活跃学生的思维，从而使学生自觉、主动、积极地参与到课堂教学中来，体会收获知识与提高能力的快乐。在语文课堂教学中，教师既是知识的传授者，又是课堂教学的组织管理者。

## 一、语文课堂提问

　　课堂提问是指在课堂教学的过程中，教师根据教学节奏与需要，向学生适当地提出问题的一种教学方式。在课堂教学的过程中，师生之间需要频频交流，通过这种交流感受彼此的想法与状态。提问是一种使用最多且最有效的交流方式，教师通过提问能够即时了解与感知学生的动态。很多教育学家有一个共同的观点，提问得好就是教得好。语文课堂中的提问虽然不能算作教学方法，却是众多教学方法中的一种最基本的构成要素。教师需要在提问方面多加练习，学会如何在恰当的时机提出问题，观察学生回答的反应方式，促使学生参与到学习中来，不时地了解他们的学习状况，进而帮助他们理解知识，检查他们知识掌握的情况，启发他们的学习思维。这个过程会有效锻炼教师的教学能力。简而言之，课堂教学提问就是教师通过课下精心设计的问题实现课堂教学目标的一种教学行为。这种行为是师生在课堂中交流思想最主要、最直接的方式。语文课堂提问能够帮助教师实现课堂教学目标，实现有效教学方式，这个行为贯穿于整个教学过程，是维系教学活动的重要桥梁。

### （一）按认知水平进行提问的设计

1. 回忆水平的提问

回忆水平的提问主要是指教师在课堂中要求与帮助学生回忆旧知识，进一步达到对过往所学知识的再现与再认识。一般是温故知新，帮助学生回忆旧知识，复习巩固旧知识，并且为将要学习的新知识做准备。这种提问一般不要求学生进行深入思考，他们只需在适当的时候解释概念与术语，回忆学过的文学常识、修辞与语法知识，背诵课文等。例如，学习鲁迅的《从百草园到三味书屋》，教师问："百草园是鲁迅儿时玩耍的地方，在童年鲁迅眼里，百草园是什么样子的？"关于这个问题，文中有明确记述，学生只需要简要转述即可。百草园的景物是那样新奇有趣，故事是那样惊险诱人，游戏更是那样惊心动魄，百草园在童年鲁迅的眼里充满了无穷无尽的欢乐。

2. 理解水平的提问

理解能力是阅读能力的核心，理解水平的提问不仅可以培养学生敏锐的洞察力和抓住事物本质特征的能力，而且还能提高他们的语言表达能力。学生若要回答好此类提问，就需要将所学的知识进行重新整合，并做进一步阐释。

教师要依据阅读理解的不同情况进行有针对性的提问设计。一般性理解的提问，教师可以要求学生用自己的话对已有的事实与发生的事件等进行描述，比如说用自己的话复述课文。纵向深入地理解提问，教师可以要求学生用自己的话讲述一个事实，或讲出对某一句段的理解，或对文章进行概括。横向深入的理解提问，教师可以进行比较教学设计，让学生比较某一事件或事实，或者对同一类型不同的课文进行比较，从而锻炼学生较深的理解能力。例如，学习鲁迅的《从百草园到三味书屋》，教师问："本文题为《从百草园到三味书屋》，你从这个题目中得到了哪些信息？"这需要学生理解之后回答，一是意味着地点的变化，从百草园到了三味书屋；二是时间的转变，小时候在百草园，随着年龄的增长，要到三味书屋了；三是生活变化，从有趣到枯燥、乏味，百草园是美丽的、有趣的，三味书屋都是读不懂的古书，是枯燥的、乏味的。

3. 运用水平的提问

运用水平的提问是指让学生运用所学知识来解决新的问题，比如让学生用相关的语法与修辞知识来分析文章的语句、段落，或者是用学到的构词知识，并联系上下文语境解释新的词语。在杜甫的诗"两个黄鹂鸣翠柳，一行白鹭上青天。窗含西岭千秋雪，门泊东吴万里船"中，诗人看着四川的群山，为什么会联想到长江中下游的东吴？请运用知人论世的方法来分析作品。回答这个问题要先搞清楚杜甫的出生地和原籍、杜甫是哪个地方的人、杜甫的爷爷杜审言是哪个地方的人等问题。查阅文学史资料，可知杜甫是河南巩义人，杜审言是湖北襄阳人。再深究历史资料，就明白了：湖北襄阳是诗人原籍，河南巩义是他的出生地。年迈的杜甫愈发地思念故乡，他是要回河南巩义，还是回湖北襄阳？叶落归根是国人的文化情结，宗祠、祖庙、祖坟，这说明国人的选择是回归故里。襄阳位于汉江之滨，而汉江为长江的支流，顺汉江可直抵长江，由此顺流而下便联想到了江南的东吴，是思乡之情，叶落归根，要回归故里。

4. 分析水平的提问

分析水平的提问主要是为了培养学生分析问题的能力而设计的提问，要求学生能够识别问题的条件、状态与原因，能够找出问题之间存在的条件与联系，进而找出事物之间的本质关系。例如，学习《从百草园到三味书屋》，教师提问："文章第二自然段描写百草园，是从哪几个角度来写景的？"这个问题只要进行简单的分析即可，从视觉角度，写了菜畦的碧绿、桑葚的紫红、菜花蜜蜂的金黄；从听觉角度，写了鸣蝉的长吟和蟋蟀的弹琴；从味觉角度，写了又酸又甜的覆盆子。再如，都德的《最后一课》，在塑造韩麦尔先生这一形象时，作者用了哪些描写方法？作者借助肖像、语言、动作描写来表现韩麦尔先生的心理活动和性格特征。肖像描写："我们的老师今天穿上了他那件挺漂亮的绿色礼服，打着皱边的领结，戴着那顶绣边的小黑丝帽，这套衣帽，他只在督学来视察或者发奖的日子才穿戴。"动作描写："坐在椅子里，一动也不动，瞪着眼看周围的东西，好像要把这小教室里的东西都装在眼睛里带走似的。"神态描写："窗外又传来普鲁士兵的号声……韩麦尔先生站起来，脸色惨白，我觉得他从来没有这么高大。"语言描写："亡了国当了奴隶的人民，只要牢牢记住他们的语言，就好像拿着一把打开监狱大门的钥匙。"

5. 综合水平的提问

在分析的基础上，还要进行综合。综合水平的提问，就是要引导学生在学习中，将对象的各个部分、各个方面、各种因素都能普遍联系起来，进行整体的认识。综合水平的提问，关注的焦点是整合，是融合，是融会贯通，而不能局限于对各个构成要素的认识的简单相加。

例如，丹麦作家安徒生的童话《皇帝的新装》，讲述了一个皇帝被两个骗子以具有甄别功能的新衣愚弄的荒唐故事，骗子说这件新衣服会让某些人看不见，但实际上这件衣服根本不存在，最后上演了皇帝穿上新衣赤裸游行的丑剧。教师进行综合水平的提问，可以这样设计：《皇帝的新装》这篇课文是围绕一个"骗"字展开的，看一看不同人物与此相关的行为与心理活动。人物有骗子、皇帝、大臣官员们、老百姓和那个小孩，学生们要从文中筛选出信息要点，故意骗人的是骗子，而且是设局来骗人；皇帝是受骗的对象；官员们和老百姓们都是既受骗又骗人；只有那个小孩把骗子的谎话揭穿。骗子行骗，皇帝受骗，官员助骗，百姓传骗，小孩揭骗，在围绕核心点"骗"将人物行为梳理清晰之后，教师可以引导学生进一步挖掘人物的心理，骗子行骗心理，皇帝受骗心理，官员助骗心理，百姓传骗心理，小孩揭骗心理。这样学生将形成一个主题性的完整认知，对于谎言的编织、瞒骗与揭穿，会有一个全面而深刻的认识。

6. 评价水平的提问

评价水平的提问鼓励学生对不同的论点进行辨认与批驳，学会讲出自己的观点，同时对自己推导出的判断与观点提出理由或提出解决问题的方法。回答评价水平的提问是一种高级的思维活动，学生的回答可能是片面的，甚至存在错误的观点。因此，教师在提出这些问题时首先要进行正确的引导，让学生意识到问题的复杂性，帮助他们多角度、全方位地理解问题。其次，教师可以通过解答此类问题，有意识地帮助学生树立正确的人生观、世界观和价值观，提出判断的原则，找出评价的依据。

例如，《皇帝的新装》一课，如何评价大家都被骗了而只有一个孩子没有受骗这件事？学生们要找出骗子高明的骗局设计，"这种布不仅色彩和图案都分外美观，而且缝出来的衣服还有一种奇怪的特性：任何不称职的或者愚蠢得不可救药的人，都看不见这衣服"。这种认识是归因于骗子的欺骗性太强。有的学生认为：皇帝、官员和百姓，都有自认为不足够称职或聪明、又不愿意让他人发现的心理。有的学生认为是爱慕虚荣的心理，有的学生认为是生存压力大、人性被扭曲了，教师引导学生在分析与综合的基础上进行评价，不要忘记那个孩子，不是所有的儿童都讲真话，要时刻保有赤子之心。坦率、真诚、纯净的赤子之心，有还是没有，是解读人物的钥匙，也是评价这个故事的关键。

**（二）按问题结构进行提问的设计**

1. 总分式提问

总分式提问是先将一个大问题分解为若干个小问题，然后按照由大到小或由小到大的顺序进行提问设计。

例如，讲授鲁迅的小说《孔乙己》，要引导学生理解为什么说孔乙己是"大约的确死了"，就要将其分解为两个问题，即为什么说孔乙己"大约死了"和为什么说孔乙己"的确死了"。在此基础上，为理解"大约死了"，可以继续分解小问题：孔乙己处在怎样的社会环境中？孔乙己有怎样的社会身份？哪些人取笑他？为什么取笑他？为理解"的确死了"，也可以根据需要分解小问题：孔乙己两次出场，在外貌、神态、动作、语言上有哪些变化？为什么会有这样的变化？

2. 台阶式提问

台阶式提问又称层次式或递进式提问，指将几个密切联系在一起的问题按照由易到难的顺序依次提出，最大的特点就是前一个问题是后一个问题的基础，后一个问题又是前一个问题的升华。在台阶式提问的引领下，学生的思维也将一步一个台阶地提升。因为像攀登者攀登台阶一样，需要步步提升，因此，此方法被形象地称为"台阶式"提问。

例如，杜甫的《绝句》"两个黄鹂鸣翠柳，一行白鹭上青天。窗含西岭千秋雪，门泊东吴万里船"写了哪些意象？一般来说，学生能回答：黄鹂、翠柳、白鹭、西岭、雪、船。东吴，是不是意象，尚存疑问。有的学生认为是意象，因为从对仗的角度来看，西岭对东吴，千秋雪对万里船，西岭是意象，那么东吴也应该是意象。有的学生认为不是意象，因为从语法的角度来看，诗句的意思是指从东吴来的船，东吴只表示方位，不是真实的眼前之景。教师此时要引导学生进一步品读，意象是否有虚实之分？想象中的意象尽管是虚写，但也是意象。诗人杜甫的出生地是河南巩义，原籍是湖北襄阳，他看到江边的船，就联想到家乡的方向，因为襄阳在汉江之滨，而汉江为长江支流。正如李清照写鸿雁，"雁过也，正伤心，却是旧时相识"，满纸尽是思乡之情。教师还可以进一步引导学生，意象有虚实之分，是否有显性意象和隐性意象之分？黄鹂、翠柳、白鹭、东吴、西岭、雪、船，不管是虚写或实写，都是显性的，诗句中明确写出来的。诗中还有明确写出来的隐性意象，窗含是什么意思？门泊是什么意思？从窗里能看到"西岭千秋雪"，从门里能看到"东吴万里船"，这就涉及行为的主体——人。对本诗中人物这一隐性意象的分析，会让学生更深切地体会到诗人从西岭到东吴的联想，从异乡到家乡的思念。

3. 连环式提问

连环式提问又称追问，指教师根据知识之间存在的内在联系，设计一种"以疑引疑、环环相扣"的一系列问题，根据这些问题进行提问。有时是教师提出一个问题后，学生回答，然后根据学生的回答，再提出另一个问题。这样就首尾相连，一追到底。有时是提出一系列相关的问题，学生一起进行探讨。无论哪种提问方式，连环式提问都是一连串的提问，并且每一个环节都是环环相扣、步步推进的，由此及彼，拓宽了学生的思路，对学生全面深刻地认识问题具有促进作用。

例如，语文特级教师李卫东在教授现代作家鲁彦的散文《听潮》一课时，读到"海在我们脚下沉吟着，诗人一般"这一句时，教师发问："为什么把它比作诗人呢？咱们把它比作学者一般、战士一般行不行？"学生回答："这表现了海的艺术美。"教师追问："那学者有没有艺术美？战士有没有艺术美？"学生回答："它们各有各的艺术美。"教师再追问："那诗人的艺术美有什么特点？"学生回答："深沉。"教师结语："哦，深沉，多情，感情丰富。"①

#### 4.插入式提问

插入式提问又称插曲式提问，指在教学过程中暂时中断课堂教学的主线，插入一个与之相关的内容，完整叙述该内容之后再提出问题。这种提问方式是为了帮助学生更好地理解课文，为了防止不认识某个词或不了解某项知识导致的对课文或者问题的理解偏差。

例如，著名特级语文教师钱梦龙老师在教《愚公移山》时有这样一个片断：

师：我们再来看一看称谓。愚公妻称愚公什么？

生（齐声）：君。

师：那么智叟称愚公——？

生（齐声）：汝。

师：这两个词有区别吗？

生："君"表示尊敬，"汝"很不客气。

师：好！我再把这个"汝"字简单地讲一讲。长辈对小辈，地位高的人对地位低的人，一般用"汝"。平辈之间用"汝"，就有些不尊重的意思。智叟称愚公为什么用"汝"啊？

生：智叟看不起愚公，因为他觉得愚公笨。②

在这段教学中，如果不插入对"汝"的进一步解释，学生的认识只是停留在表面，甚至可能会有偏颇的理解，有的学生认为"汝"就是不客气的意思。钱老师插入对"汝"的讲解，并提问"智叟称愚公为什么用汝"，使学生对该语境中的"汝"为什么含有"不客气"与"瞧不起"的意思，能够理解得更为深刻与准确。

#### 二、语文课堂组织

课堂教学是教学活动中最基本的组织形式，每节课的教学过程都是在教

---

① 李卫东：《名师讲语文：李卫东讲语文》，语文出版社2007年版，第166页。

② 钱梦龙：《〈愚公移山〉实录片段》，载《中学语文教学》2008年第4期。

师的精心组织下进行的，每一堂课都不同程度地反映着教学过程的各种复杂因素及其相互之间的组织关系。例如，就学生掌握知识技能来说，首先需要激发学生对学习的需求，还要帮助学生不断地巩固与运用知识，并对学习成果进行检查、评价与反馈。通过这一系列的课堂教学过程，师生之间、生生之间就知识与技能持续地交流经验，同时伴随着人际交往、心理沟通与社会文化交流，这些都会对学生产生潜移默化的影响。

**（一）语文课堂的管理性组织**

"管理"一词有管辖、控制、处理的意思，教师在语文教学中要对时间进行管理。一节课的时间之内，有多少时间用于自读课文，有多少时间用于同学之间的研讨，有多少时间用于让学生将学习成果展示出来，有多少时间用于教师的讲授或点拨，有多少时间用于课堂秩序的组织，等等。还要考虑与课前时间和课后时间的协调，课前预习需要多少时间，课后作业需要多少时间。

教师在语文教学中要对学生进行管理，如预习完成情况、课堂纪律与秩序、学习热情度、研讨参与度、任务完成度、目标达成度，以及愉悦度、幸福度等。

教师在语文教学中要对教学任务和内容进行管理，如单位教学时间内所完成的教学的质与量；教学是否偏重于一般性任务，而忽视有一定难度或挑战性的任务；阅读与写作之间的教学安排是否能达成平衡；等等。

**（二）语文课堂的专业指导性组织**

语文课堂的专业指导性组织是指教师对语文课程进行方向性引领，对语文学习进行方法论指导，对听说读写的具体教学活动进行有效地组织。一方面要对阅读、写作、口语交际、综合实践活动做具体指导，另一方面要对新课程改革所倡导的口语对话的学习形态进行指导。

学生与文本的对话，要指导独立性的阅读活动。阅读中要进行批注的指导，也可以对阅读时间进行限制，以促进思维速度和敏锐度。

生生之间的对话，要指导讨论的组织。首先是讨论题目的提出、筛选和确定；其次是小组讨论的组织形式，如何分组、如何发言、如何记录、如何倾听、如何总结并形成小组意见；最后是班级讨论的组织形式，小组与小组之间如何进行组际讨论，如何选出小组代表向全班汇报展示，以及小组代表们如何磋商，以形成班级的专题研讨。

**（三）语文课堂的情感与心理的引导性组织**

在语文教学中，教师对情感与心理的调控也是一种课堂组织形态。教师在教育教学过程中，针对不同的学生，如自尊心强的和自尊心差的、学习优良的和学习困难的、性格外向的和性格内向的，都要注意其不同的情感与心理倾向，有针对性地采取不同的沟通方式。

鼓励是进行情感与心理引导性组织的基本原则。每当学生有些许进步或突出表现时要立即鼓励，教师要用鼓励肯定学生的成长。青少年正处于生命的快速成长时期，特别期盼教师把未成年的他们视作成年人。一般来说，他们心理敏感而自尊心强，教师要保护他们的自尊心，时时鼓励他们积极上进。该表扬时要表扬，要抓住契机，促进学生良性趋势的转变；要注意表扬有度，要尺度适当，还要分析准确，这样才能触动学生、启迪人生。该批评时也要批评，但是不能一味训斥，甚至讽刺、挖苦，要讲究方式方法，要让学生感到客观公正，教师是一视同仁的。不能只是批评而没有一点肯定，批评要与肯定相结合，要使学生感受到老师对自己的关心与爱护。这样批评就能起到警醒与鼓舞的双重作用，激发出奋发向上的情感。

# 第四节　语文课堂教学的收束

如果说好的开始是凤头，那么好的结束就是豹尾，语文课堂的结束应该与课堂教学的开始一样精彩。课堂教学的收束主要是对本节课教学基本内容的梳理，对主要内容的概括，以及由课上向课下的延展，此外还包括对教与学过程的反思。

## 一、语文课堂教学收束的要点

梳理与回顾。对课堂教学的脉络进行简单梳理，对教学内容做简要回顾。

提示关键点。在对本节课进行归纳总结的基础上，需要对教学重难点再一次进行强调。

明示固着点。新旧知识要联系，新学习的知识要成功纳入学生的认知结构中，就需要找准新旧知识相联系的固着点。

明确迁移点。学以致用，要指导学生将新学习的知识应用于新的情境，迁移点的设计至关重要。

点拨反思点。要指导学生对本节课的学习过程进行反思，开展元认知活动，对认知过程要有所认知。

拓展延伸。课堂语文学习要与课下语文实践联系起来，书本语文要与生活语文联系起来，语文学科的语文要与其他学科中的语文联系起来。语文课堂教学要打开一扇窗，引导学生走向广阔天地。

## 二、语文课堂教学收束的基本要求

时间要求简短。尽管对语文教学的收束需要多长时间没有统一的标准，但是一般来说，以两三分钟为宜。不要拖堂，要控制好时间，准时下课。

内容要求精准。知识点的归纳要准确，概括要精练，并与认知结构相联系。

反思要简明。只要促使学生对学习过程有所认识即可，不必烦琐复杂。

延展要自然。不要为迁移而迁移，不要为拓展而拓展，在对语文的学习中，语文要素的联系要自然。

作业布置要适当。数量的多与少、内容的难与易、耗时的长与短等方面都要适宜。

## 三、语文课堂教学收束的方法

### （一）归纳式收束

语文课的归纳要重视对语理的总结，除了对知识点进行总结之外，还应重视对阅读方法、写作方法、口语交际方法的点拨，对语文学习方法也要点拨。此外，还要针对文选型教材的特点，依据文体或文法某一方面的特点进行分门别类的梳理，以篇带篇，以典范文章引领一类作品的学习；也可以针对文章内容的特点，对主题进行归纳，由个别抽象到一般。

例如，宁鸿彬老师在教授《中国石拱桥》时进行了这样的收束："这篇课文的标题是《中国石拱桥》，而课文主要写的是赵州桥和卢沟桥。这切题吗？既然课文写的是中国石拱桥，并不是具体的哪一座桥，一个例子都不举行不行？"通过上述问题的研究思考，宁先生得出了一个令学生信服的结论："赵州桥和卢沟桥，它们既有自身的特点，同时又有中国石拱桥的一般特点，它们独有的特点叫'个性'，它们具有的中国石拱桥的一般特点叫'共性'。共性是存在于个性之中的，共性也就是一般，个性也就是个别。个性之中存在着共性，或者说个别之中存在着一般，正如赵州桥和卢沟桥体现着中国石拱桥的共同特点。如果你们今后在分析问题的时候，能够从个性看到共性，那就深刻多了。"[1]宁鸿彬老师由赵州桥和卢沟桥到中国石拱桥，由石拱桥的个别特征到共同特征，由个性到共性，引导学生从对课文具体内容的理解逐渐上升为哲学的思考，提升了学生认识事物的能力。

（二）延伸式收束

阅读的延展是语文课由课内向课外的延伸中的一个主要的类别。可以是由某一节选的课文向全文阅读的延伸，例如，施耐庵的《智取生辰纲》，学生意犹未尽，很是关心故事的下文，以及晁盖、吴用、杨志等人的命运。于是教师可简要地介绍一下《水浒传》，然后说："要知详情，请同学们课后阅读《水浒传》相关原文。"

阅读的延展也可以是由某一篇课文向某一类文章进行群读式延伸。例如，北京十一学校李希贵校长倡导主题阅读活动，七年级语文课本里有成长主题单元，他就以此开展主题式群读活动，推荐了65篇与青少年成长相关的文章，让学生自主阅读。其中的一个主题是"成长，原来如此"，有《成长

---

① 宁鸿彬：《〈中国石拱桥〉教学实录（下）》，载《中学语文教学》1998年第8期。

是一件怎样的事》《童年笨事》《乡野童年》《雪地贺卡》《独自的风景》《不要小看自己》《背着石头去上学》《花脸》《系在风筝上的童年》等文章。

语文课除了由课内向课外的延伸，还有语文思考的延展。例如，语文特级教师程翔在讲授李白《梦游天姥吟留别》时，以白居易的《李白墓》一诗来收束："采石江边李白坟，绕田无限草连云。可怜荒垄穷泉骨，曾有惊天动地文。但是诗人多薄命，就中沦落不过君。"李白诗歌的瑰丽与白居易对诗人的感伤，形成了强烈的思想撞击，激发学生持续思考，由课内到课外，由书中的诗歌到历史的人生，再到生命的哲思，在无限遐思中，余音绕梁，三日不绝，课堂教学的韵味悠长。

### （三）画龙点睛式收束

写文章讲究卒章升华，语文课的结束也有画龙点睛式的，在结尾处发出振聋发聩之语，正如德国的第斯多惠所强调的："教学的艺术不在于传授知识，而在于激励、唤醒、鼓舞。"例如，《我若为王》一课，一位教师是这样设计结束语的："'普天之下，莫非王土；率土之滨，莫非王臣。'文章以'我若为王'的假想，痛斥了可恨的王权、可恶的奴才性格。可身处21世纪的我们，却还有王权意识、奴才思想存在，想想这应该吗？在日益推进中国特色社会主义民主的今天居然还有这种现象，不可思议啊！值得大家好好想想。"

### （四）悬念式收束

语文学习中兴趣是重要的，好奇心是需要培养和爱护的，在课与课之间如果巧设悬念，对语文学习心理会产生积极的影响。例如，俄国作家契诃夫的小说《装在套子里的人》的主人公别里科夫是一个封闭保守的人，有形的套子和无形的套子使他与鲜活的生活隔绝开来。一位教师抓住恋爱这一需要相互走进对方心灵的事情，在不同课时之间进行教学设计。第一课时收束时，教师让学生先分别概说别里科夫和华连卡的性格特征。别里科夫是那样的封闭，生命就像被硬硬的壳包裹一样；华连卡崇尚无拘无束，她随时随地都会发出爽朗的笑声。然后教师巧设悬念："装在套子里的别里科夫与呼吸自由气息的华连卡会谈恋爱吗？是单相思，还是相互倾慕？别里科夫为什么不追求另一个也装在套子里的女性，而偏偏喜欢与之反差如此之大的华连卡？这种恋爱会成功吗？"这样的收束就紧紧地抓住了学生的好奇心理，促使学生积极思考，主动探究，也为第二课时做好了准备与铺垫，前后课相互关涉与关联，从而形成一个完整的整体。

**（五）练习式收束**

讲练结合是现在课堂教学的基本要求，当堂的即时反馈也是提升课堂教学效率的手段，教师要重视练习，但是又不能局限于课后习题。语文课应该更多地设计语文实践活动，使学生在语文实践中成长。

例如，法国作家莫泊桑的《我的叔叔于勒》，小说文本的想象空间很大，教师在进行结尾设计时，可以让学生进行创意性改写。原小说主人公于勒，早期时，挥霍钱财，被扫地出门，被迫闯荡美洲；中期时，在美洲发了大财，其兄长菲利普一家盼望于勒回来；晚期时，于勒穷困潦倒，宁愿独自栖居船上，也不回故乡。在组织改写活动中，教师可以引导，假如于勒有钱时就荣归故里；假如于勒有钱以后就不再理睬菲利普一家；假设于勒晚年穷困潦倒时依然回到故乡，但是光鲜外表的背后是骗局；假设于勒在船上首先看见其兄长菲利普；假设若瑟夫与于勒在船上叔侄相认……这既可以增进对小说主人公的深层次理解，又是一次创意写作的实践，读写结合的训练会增进学生语文经验吸收与转化的效率。

# 第五节　现代信息技术支持下的语文教学

## 一、现代信息技术在语文教学中的优势

现代信息技术集图示、绘画、摄影照片、录像影像、动画于一体，使课文中用语言文字所描绘的情景，直观形象地呈现在学生的眼前，在令学生感到语文学习更有趣的同时，也在一定程度上帮助他们克服由理性与抽象所引发的认识困难。例如，陶渊明《归园田居》"暧暧远人村，依依墟里烟"，

可以通过古村落的图画，使学生体会古代乡村的宁静；运用多媒体技术为古村落的图画添上炊烟，袅袅炊烟和远远的村人，使学生在宁静中体会动态的韵律，感受田园生活的趣味。

现代信息技术集文本、图画、音频、视频于一体，以图文并茂、声像并茂、多感官刺激形成丰富的信息汇集，既调动了学生的学习兴趣，又提高了教与学的效率。例如，《兰亭集序》一课，王羲之的生死观是学生理解的难点，教师可以在教学中以空灵、空寂、空杳的音乐，来帮助学生感悟古代文人由佛学而参悟的空意，这对理解由乐转悲的情感和"一死生为虚诞"的观念会有所帮助。

现代信息技术可以进行虚拟再现，突破现实中难以实现的某些视觉呈现困境，以虚拟现实的方式逼真地呈现在学生的眼前，再现事物的本来面目，进而使教学活动突破教学难点。例如，《蝉》一文中写道："它等了17年，才等到一个夏天。就只有这个夏天它从泥土里出来，从幼虫成长过来……"如果能用直观的方式使学生了解这一漫长的过程，对于理解课文里所讲的"蝉的生命意义"会有极大的帮助。

在现代信息技术条件下，可以基于网络平台进行教学活动，一方面可以汇集、选择、使用巨量的信息，提高教与学的有效性；另一方面人机交互、师生交互、生生交互的活动，可以突破时间与空间的局限，使教与学的活动可以随时随地开展。

## 二、语文教学中应用现代信息技术的误区

### （一）过度使用多媒体课件，忽视语文学习的一般规律

如果语文课里情景再现的影像资料过多，就有可能不利于学生再造想象能力的培养，因为语文训练的一项基本功就是依据语言文字材料进行信息还原，这尤其涉及对细节的体察和感悟。

如果语文课里背景资料或影像资料过多，甚至用影视剧的放映代替对文本的解读，可能就会在营造视听盛宴的同时，忽略了对文本的把握，而语文训练的基本功就包括对文本的阅读、理解与感悟和对语言文字的咀嚼、揣摩与应用。

**（二）过度依赖多媒体教学，忽视语文教学的一般规律**

语文教学是学生、教师、文本、教材编写者多重对话的过程，如果单方面强调多媒体教学，就有可能在单位时间里出现信息量过大的情况，学生很难适应信息的漫灌，遂无法达成有效的对话。

单方面强调多媒体教学，还会造成教师由于忙于操作设备而忽略与学生的对话，教师也很难依据师生互动的具体情况，对教与学的过程进行随机调控。在课堂教学中出现过这样的情况：教师课前做课件，课上放课件；教师看着课件讲解，手下点击鼠标和键盘；学生眼盯屏幕，边看课件边记录。如此一来，教师成了课件的播放者，学生成了课件的记录者，师生之间缺乏教与学的互动交流。过度依赖多媒体教学，会造成教学的片面化，教师很难在学生、教师、文本等多主体之间进行多重对话的和谐调控，更难于达成教学的共振效果。

**（三）过度重视多媒体技术，轻视传统媒体技术**

多媒体技术是指通过计算机对文字、图画、音频、影像等多种媒体信息进行综合处理，从而使人与计算机能进行信息交互的技术。在语文教学中经常出现教师重视由计算机多媒体大屏幕呈现的板书，而忽视在黑板上使用粉笔进行书写的情况；经常出现教师重视由计算机多媒体音频呈现的课文朗读，而忽视在课堂情境中教师现场进行范读的情况。多媒体技术与语文传统媒体技术之间本没有优劣之分，不应该厚此薄彼。

如果语文教师能手写漂亮的板书，学生就多了一种视觉的审美享受，多了一种现场学习的机会。如果语文教师能声情并茂地范读，学生就多了一种听觉的审美享受，也多了一种现场学习的机会。亲其师，信其道，语文教师源自本身的感染力始终是教学魅力的源泉，学生也会从教师身上直观而真切地体会到语文的魅力。

## 三、做好信息技术与语文教学的融合

**（一）基于新型交互关系的语文教学环境**

由于信息技术的飞速发展，当下人们的交际方式发生了深刻的改变，这也使语文教与学的环境发生了变化。以现代信息技术为基础的沟通交流平台，能突破时间和空间的限制，能突破传统纸质读写材料的限制，以流媒体的方式实现移动学习，这样学生就可以利用零碎的时间进行碎片化学习，语文教学也处于更加开放的状态，教与学的及时性、互动性、针对性以及多样性和广泛性，都有了巨大的改变。

例如，微信是一种即时通信工具，具有跨平台沟通的特点。用户可以通过手机、平板、电脑快速发送语音、视频、图片和文字等文件，便捷了教学活动。教师可以建立班级微信公众号，通过微信公众号平台向学生推送阅读资料；可以建立班级阅读群，在群中添加"阅读全文"的网页链接；可以给学生推荐精品订阅号，让学生通过关注订阅号的形式拓展阅读。微信的另一大优势是即时记录功能，教师可以借此进行语言表达的训练，通过引导学生对社会生活事件表达感想，深化学生对生活的理解；通过对他人精彩言论的感悟，磨砺思想与语言。

微信对于改善教学的组织结构也很有益处。例如分层教学，教师可以通过微信群消息功能，依据不同的学习内容和不同的能力结构，组建不同的学习小组，向各个学习任务组发送与之相适应的学习任务，充分发挥各小组的特长，完成各有特色的学习任务，使学生学有所长。再如，语文教学和翻转课堂教学，教师可以设计在线测试题，也可以进行在线问卷调查，来了解学生的需要；在此基础上安排课下学习任务，这样各学习小组经过组内协作学习，可以整理出学习成果，在课堂进行交流，也可以在课堂上探讨解决疑难问题。

**（二）基于网络的语文教与学方式变革**

基于网络的学习，有信息量大和自由选择的优势，也有网络内容太过庞杂、学生专注力易分散的弊端，教师可以进行专题网站的建设来兴利除弊。例如第一层级语文网站建设，可以进行写作网页、阅读网页、口语交际网页等建设；第二层级语文网站建设，可以进行主题阅读网页、写作素材积累网页、精美言语赏析网页、口才展示与欣赏网页、时事评论网页等建设；第三层级语文网站建设，可以进行文本与画意网页、文本与乐感网页、语文跨界网页等建设。此等的语文学习的网站建设，可以满足不同学生的不同学习需要。这就突破了教科书的局限，使学生的语文学习天地更加广阔。此外，在进行语文学习网站建设时，要让学生积极参与，以学生为主体开展以网络为载体的语文实践活动。

### （三）语文教学内容的信息化处理

语文课文所涉及的内容是庞杂的，可以说无所不包，这就对语文教学资源库的建设提出了较高的要求，运用信息化手段，能较好地完成这一工作。"电子白板"目前已经广泛使用，利用这一信息化工具，教师可以灵活地把上课需要用到的各种教学资源，包括文字、图片、动画或课件等，保存到电子白板的资源库随时调用。例如讲授《送元二使安西》，可以播放著名的古代乐曲《阳关三叠》，使学生在诗与乐之间徜徉，在互通之中互见。再如，讲授《夏感》，可以用金黄的麦浪、郁郁葱葱的树冠等图片，让学生从视觉上感受；可以用蝉与蛙的鸣唱，让学生从听觉上感受；还可以让学生倾听周杰伦的《夏天的味道》，然后述说对夏天的自我感受；也可以将此篇课文与梁衡的《夏感》做比较，在丰富的语言感受中体会夏季给予人的触动。

### （四）基于多媒体技术的语文教学方式变革

在现代信息技术条件支持下，教师可以加大学生课下自学的比重，翻转课堂是一种大胆的尝试。学生可以借助课文注释以及教学参考书进行自学，也可以进行在线泛在学习。遇到问题，先寻求自我解决，课堂上再利用多媒体技术进行高效的对话。如电子白板是可以随时在原有课件上批注、写字和画画的，学生可以边将圈点批注展示出来，边讲出自己的思考和理解。例如朱自清的《背影》一课，让学生讲解父亲买橘子攀爬月台的背影，教师将事先输入的课文相关语段在白板上展示出来，学生用书写笔直接在白板上画出重要的动词，用"——"将描写父亲爬铁道买橘子的句子画出来，然后谈论自己的读书感悟。

# 第三章　中学语文知识教学

在语文学科中，对语文知识的教学可以划分为独立的体系。本章对语文知识教学进行了分析，阐述了语文知识教学的内涵和内容，同时也分析了语文知识教学的相关要求和程序。

## 第一节　语文知识教学的内涵

### 一、语文知识教学的地位

语文知识是语文学科内容的一个组成部分。近代以来，无论在初中还是高中，它多半被编在阅读课本之中。它虽被阅读课文间隔开，形成穿插分布的格局，却独立于阅读单元之外，自成系统，具有一定的独立地位。但从语文学科的整体看，从它同语文能力的关系看，它占有的是从属的地位。

关于语文知识教学的地位，认识上存在两种偏颇：轻视和过分强调。[①]

轻视者，对语文知识特别是语法和逻辑知识的学习是否必要持怀疑乃至

---

[①] 刘志聪：《走出新课程语文教学的误区》，载《甘肃教育》2008年第23期。

否定的态度。的确，学习语文知识是否一定有利于理解听到或读到的话语，是否就能说出或写出合乎语法和逻辑的话语，一向是个有争议的问题。但在基础教育阶段，语文学科里一直包含语文知识教学内容，这是因为：

第一，学习听说读写虽不一定以语文知识为前提，但学习语文知识却可使听说读写更为自觉，进程更快。对于已具有一定文化素养的中学生来说，更利于语文能力的提高。

第二，即便不具备语法规则和逻辑定律的知识，应对一般生活中的听说也并无困难，但是听说读写四种语言功能是靠着综合、联结而扩充和深化的，有了语法和逻辑知识，就会加速扩充和深化的过程。从这个意义上看，学习语文知识是很有必要的。

过分强调者，过于崇信语文知识对于提高语文能力的作用，以为增强语文学科的知识性是语文学科科学化唯一正确的选择。[①]依照他们的看法，语文教学的科学化，首先意味着知识化，而知识化又要求体系化，因而主张加大知识的广度和深度，主张以知识统辖能力。

殊不知，如果这样做，那就颠倒了知识和能力的关系，导致语文学科性质的改变，变技能学科为知识学科了。从理论上看，这牵涉到抽象和具体、主体和从属部分间的关系问题。从实际上看，这会导致语文知识凌驾于读写能力之上。

语文知识在语文学科中拥有不可或缺的地位，但也不能对其过分强调。它在有着一定的独立性的同时，有时也从属于其他知识体系。因此，每一个教师都应该坚持这样的语文知识教育地位观。

## 二、语文知识教学的意义

语文知识教学的意义是多方面的，主要有如下三点：

首先，要想培养学生的语文能力，就要先使其掌握足够的语文知识。每个人在社会中生存，都应该懂得语言的性质、功能，也应该遵守关于语言

---

① 张宏：《再谈语文知识教学》，载《小作家选刊：教学交流》2013年第4期。

的法律、规则等。通过语文知识教学，可以帮助学生更深入地发现语言的特质，掌握语言的规则，让自身在语言方面的能力得到提高，从而能够自如地使用语言进行阅读、协作、交流。语文知识让人类发现了语言在社会中的功能，只有自觉地加以运用，才能在社会中得到更好的发展。[①]

在开展语文知识教学时，其目的是提升学生的听说读写能力，使学生能够识字、阅读、写作、交流，因此，语文知识教学和语文能力培养具有相同的意义。对语文教学中各项能力的培养，不能割裂开来，而要有机地结合在一起，这样才能充分发挥出语文知识教学的作用。

其次，通过开展语文知识教学，有利于语文学科整体的学习。基础的知识，其适用性更为广泛。复杂的句式是由简单句式构建起来的，在对复杂句子进行分析时，应该先将其分解为基础的知识，把握其中的主干内容，这样就可以轻松解析。比如，指导学生阅读《海燕》《白杨礼赞》一类作品，只有在他们已有拟人、象征等修辞格知识的基础上，他们才可能准确地理解作者的用意所在。

再次，对语文知识的教学，是学生未来学习的基础。学生和文学评论者对课文内容的评价是不一样的，特别是在深度、广度上存在着差异。学生因为没有学习到专门的评价知识，所以在评价课文时只能依靠所学的基础知识；文学评论者掌握了专业的评价知识，因此其评价更有深度和内涵。但专业知识也是从基础知识发展而来的，不掌握基础知识，就无法学习专业知识。因此，学习语文知识是为未来学习奠定基础，是不断发展前进的基石。

# 第二节　语文知识的具体内容

语文知识应包括哪些内容，涉及哪些范围和达到何种程度，过去虽有不

---

① 傅丹萍：《语文知识教学方法创新研究》，华东师范大学硕士学位论文，2008年。

少争论，却无定论。比如逻辑知识长期被列为重点内容，但修订后的现行教学大纲对此已不再涉及。[①]

修订后的教学大纲重新划定了语文知识的范围，既有总体安排，又有基于年级区别的具体安排。它使教师有可以遵循的内容范围和可以依据的教学顺序。

其内容范围如下：

（1）文字知识。文字是记录语言的工具，在传播文化、发展文明方面作用重大。在文字教学中，要使学生掌握现代常用汉字，能区别开常用的同音字、形似字、多音多义字，还要使学生适当地了解文字的演变历史，并学会使用日常应用的字典和词典。在文字教学中，还要培养学生清楚、工整地写字能力和习惯。

（2）词汇知识。词汇是语言的建筑材料，丰富学生的词汇、提高学生的词汇运用能力，是语文教学的重要目标之一。词汇教学要教给学生一些关于词汇的基础知识，如词的构成、词的类别、词和词组等。为了丰富学生的词汇和提高学生运用词汇的能力，在词汇的理解和运用方面，主要是要求在阅读中丰富词汇和在写作中运用词汇。

（3）语法知识。语法是词法和句法的综合，学好它是正确理解语言和正确运用语言的关键的一环，同时也是培养逻辑思维能力的有力手段。语法教学要使学生了解基本的语法特点、句子成分和各类句子的基本结构规律，以及句式的变换和句与句间的关系等。语法教学是语言知识教学中的核心部分，也是学生感到难学的部分。这就要求教师既要有相应的语法知识根底，又要讲求教学方法。

（4）读写知识。语文知识教学从根本上说是要教学生一些有关阅读和写作的基础知识，以从整体上提高学生的读写能力。读写知识主要是关于记叙、描写、说明和议论等几种表达方式以及综合运用它们的知识。这类知识的学习应从低年级一直到高年级做循序而又交错的安排。

---

① 张宏：《再谈语文知识教学》，载《小作家选刊：教学交流》2013年第4期。

（5）文学知识。文学知识包括文学体裁知识和文学史知识。文学体裁知识包括诗歌、散文、小说和戏剧知识；文学史知识主要是指我国现代文学和古典文学的知识。在语文知识教学中，教给学生一点这方面的知识，既可以帮助学生更好地领会文学作品，也可以指导学生课外欣赏文学作品。

（6）文言文知识。语文知识短文中还有三篇有关文言虚词、词法和句法的知识短文，目的在帮助学生理解文言文。

上述语文知识的类别、内容和年级顺序可列表如下：

表3-1　中学语文知识的类别、内容和年级顺序分类表

| 知识类别 | 语文知识短文内容 | 年级 |
|---|---|---|
| 读写知识 | 记叙的要素 | 初一 |
| | 观察和记叙 | 初一 |
| | 记叙和顺叙 | 初一 |
| | 记叙的中心和材料 | 初一 |
| | 记叙的详略 | 初一 |
| | 前后一贯，首尾一致 | 初一 |
| | 阅读提要和写作提纲 | 初二 |
| | 描写和说明 | 初二 |
| | 说明事物要抓住特征 | 初二 |
| | 说明的方法 | 初二 |
| | 记叙、说明、议论 | 初二 |
| | 论点和论据 | 初三 |
| | 立论和驳论 | 初三 |
| | 几种表达方式的联合运用 | 初三 |
| | 比较复杂的记叙 | 高一 |
| | 说明文的科学性 | 高一 |
| | 论证的方法 | 高二 |
| | 怎样学习语言 | 高二 |
| | 谈修改文章 | 高二 |

续表

| 知识类别 | 语文知识短文内容 | 年级 |
|---|---|---|
| 语法知识<br>（文字、词汇、语法） | 形声字 | 初一 |
| | 同音字、形似字、多音多义字 | 初一 |
| | 双音合成词 | 初一 |
| | 词和词组 | 初一 |
| | 陈述和陈述的对象 | 初一 |
| | 肯定和否定，全部和部分 | 初二 |
| | 形容，限定和补充 | 初二 |
| | 复杂的单句 | 初二 |
| | 词义 | 初二 |
| | 词的不同色彩 | 初二 |
| | 复句 | 初三 |
| | 多重复句 | 初三 |
| | 句式的变换 | 初三 |
| | 句与句之间 | 初三 |
| 文学知识 | 谈谈诗歌 | 初二 |
| | 谈谈散文 | 初二 |
| | 谈谈小说 | 初三 |
| | 谈谈戏剧 | 初三 |
| | 我国的现代文学 | 高三 |
| | 我国的古典文学 | 高三 |
| 文言知识 | 常见的文言虚词 | 初三 |
| | 文言词的一些用法 | 高一 |
| | 文言句法的一些特点 | 高二 |

纵观上表，可以发现以下特点：

（1）它所列的内容是基础性的，从文字知识到文学知识，基础性的语文知识大都齐备，是基础教育阶段所必需的，也是日常的听说读写所必需的，

47

具有实用的价值。

（2）内容的选择、顺序的排列具有科学性、系统性。它是按照由简到繁、由易到难的原则把所要讲授的语文知识编排成系统，既符合语文知识的构成，又符合学生的学习心理过程。

对语文知识的这种安排，我们不应做刻板的理解。每位教师都可以从自己的教育对象出发，对其内容范围做必要的调整变动。这是因为：第一，语文知识内容范围的确定，并不简单，既要对其做切实的分析，又要对学生和教学现状进行周密的调查研究；第二，大纲所规定的内容范围，并不一定适合所有对象，也不是固定不变的。各个地区、学校、班级的情况不同，不同时期的情况也不同。

此外，我们还要十分注意基础知识的界限，即一是要区分开语文知识和非语文知识的界限，二是要区分开语文基础知识和非基础知识的界限。虽然这两种区分不同，前者要区分的是性质，后者要区分的是程度，但同等必要。

在语文学科的内容中，也有许多虽是语文知识，却不属于基础知识的内容。①离开阅读课文的需要，过多介绍作家和作品的知识，就超出了基础知识的范围；古典诗词的一般性知识，是基础知识，却不能当作基本能力要求学生掌握。

## 第三节　语文知识教学的要求和程序

### 一、语文知识教学的要求

语文知识教学有如下一些基本要求。

---

① 程永明：《语文内容知识的有效教学方法》，载《学语文》2011年第4期。

**（一）目的性**

语文知识教学的目的是听说读写水平的提高。因此，虽然首先要求的是理解，更重要的却是掌握。常有这种情况：学生能说出词的定义，却不能对词做出分类；能从道理上说出什么是句子，却分不出单句和复句；能说出什么是判断，却不清楚判断句和陈述句的区别。这种导致学生只会谈论知识而不能运用知识的教学，从根本上减弱甚至失去了教学的目的性。

**（二）科学性**

语文知识是科学知识，科学知识必定用名词术语来表达。从什么是文字开始，就少不了名词术语，到了语法部分就更多更严密了。没有这些名词术语，含义就表达不清，性质就阐述不透。在语文学科中，语文知识部分是科学性最强的部分，也是名词术语较集中的部分。这就要求教师做到：

1. 使用名词术语应和大纲、教科书相一致（需要区别或易于混同时，可同时告诉学生相同、相似的称谓）。可以用其他名词术语解释，但不能代替。这一点是和专业的学术讨论有区别的。

2. 对名词术语含义的解释要准确无误。可以在严格周密的定义之外，用通俗易懂的词语做解释，甚至可以使用比喻，但都不能影响其科学上的准确程度。

**（三）统一性**

语文学科中的语文知识是个整体，前后应有一定的关联、照应。这个原则让大家接受不难，但对它的实际解释和具体运用，可能就有难度了。在实际教学当中，语文知识常常变得枝枝节节，前后各不相干，看不出承接性和完整性。教师应该避免这种现象。

**（四）趣味性**

学生普遍感到语文知识特别是语法知识和逻辑知识单调枯燥。这有知识本身的问题，也有编写者对知识的表达方法问题，同时也有教师的问题——知识根底、对知识的态度和教学方法等问题。单从教学方法方面来说，教师应意识到：第一，趣味化的根本方法，能使学生感到切实有用；第二，用生动有趣的实例去说明知识的定义，用感性去补充理性认识是不可缺少的方法。

## （五）生活化

对学生来说，语文知识的学习，不仅是知识的学习，而且是能力、习惯和态度的学习。后者只有通过实践才能获得。教师应让学生多运用语言，在运用中养成习惯，形成态度，而不是一味地就知识论知识。

## 二、语文知识教学的程序

一篇语文知识短文的教学程序，可分为三个阶段。

第一阶段，导入学习。可默读课文全文，使学生了解内容要点，明确学习的课题。同时注意和之前的知识短文学习的衔接。

第二阶段，理解学习。就课文内容重点提出理解性问题，联系课文和作文实例进行思考。可以采取适当讲解、提问、举例、图解等方法，必要时组织讨论。

第三阶段，应用练习。指导学生联系自己的听说读写实际进行练习，即在自己的语言环境中练习，使知识转化为能力，使学生产生学习的必要感、紧迫感。练习的量不宜多，但要经常进行，主要是理解性的练习。

经历了上述三个阶段，才算是完整的语文知识教学过程。其要点可归结为：导入要明确，理解要切实，练习要有效。

# 第四章　中学语文阅读教学设计

阅读在语文教学中属于中心环节，是语文知识的综合运用的过程。阅读能力是学生语言能力、思维能力和思想水平的综合反映。做好语文阅读教学的设计，将会有效提升学生的听说读写能力，培养学生的美的品德情操。本章分析了中学语文阅读教学的内涵，同时从文学类文本、论述类文本、实用类文本入手，对语文阅读教学设计进行详尽探索，并给出了语文阅读教学的优化策略。

## 第一节　语文阅读教学的内涵

阅读教学是各国中小学母语教育的重要组成部分。由于阅读教学具有工具性、基础性、多功能的特点，也由于阅读教学主要是通过引导学生研读一篇篇中外名篇佳作来进行的，因此阅读教学的内容在语文教学中所占比例最重，需要花费最多的课时与精力。如果想要提升语文教学的质量，首先就要提高阅读教学的质量。

### 一、阅读教学的地位

在语文教学中，阅读教学占据最多的课时，是教学任务中最繁重的部分，因此处于语文教学的核心地位，是其他教学内容无法替代的。可以从以下几个方面来理解这一点。

**（一）从语文学科的性质看**

语文是工具性课程，学生学习其他课程都必须借助语文，因为在学习和应用其他学科知识的时候，学生首先要能够识字和阅读，并对学科知识进行分析和归纳，最后进行演绎和推理。开展这些工作的前提是具备语文学科的基础知识，而引导学生正确地掌握这些知识是语文教学的基本任务。这些任务包括能正确工整地书写汉字，并有一定的速度；发展语言能力和思维能力，使学生的创造能力得到激发和培养；使学生的语文素质得到提高，养成求真务实的学习态度，并能够用科学的方法思考问题。在语文教学中，这些任务大都由阅读教学来完成。

**（二）从个人的发展来看**

阅读几乎是人们每天都要进行的。经由阅读获取知识、了解信息，是人类自身发展所必需的一种基本能力。古今中外，许多哲人、科学家、大学问家，对此贡献过不少的名言警句，并且以他们自身的经验与成就，证明了掌握阅读技能的重要性。阅读教学为学生获取信息、提高阅读技能提供了一个科学的、系统的平台。学生在阅读名篇佳作的过程中，可以获得语文基础知识，掌握语文的基本技能及听、说、读、写的能力。不仅如此，由于阅读活动是一项复杂的心智活动，必须有观察、记忆、思维、联想、想象等智力因素的参与，所以提高阅读能力有助于个体智力的发展。与此同时，动机、兴趣、性格、意志等非智力因素参与其中，有助于学生形成良好的心理品质，在以后的学习和工作中，在面对各种艰难与险阻时可沉着应战，坚持到底，直到获得成功。不仅如此，阅读还可以净化人的心灵，陶冶情操，帮助人形成正确的人生观和世界观，从而提高其精神文明素质。

**（三）从社会需求来看**

阅读也是一种重要的社会活动，它不仅涉及个人的发展，而且关系到国家的发展。因为阅读能力的高低，直接关涉人才的质量和水平。如今人类已经进入了知识经济时代，信息技术飞速发展。储存信息的载体由以前单一的书本变得多种多样。人类更新知识的频率加快，一篇科技论文有价值的时间大概只能保持五年。面对浩如烟海的资料和信息，只有拥有高超的阅读技能，才能快速汲取人类所积累的丰富精深的关于自然和社会的知识与经验，从而提高个人素质，增强国家的文化软实力，促进民族的伟大复兴。阅读是人类社会生活中不可缺少的活动，且由于时代不同、读者不同，每个人的阅读动机和兴趣、需求和方法都有着明显的差异。人们的阅读感知、理解和体验的深浅，阅读速度的快慢等，与其阅读能力、社会环境和文化氛围有着密切的联系。因此，把阅读放到广阔的社会背景上来考察，对认识阅读教学的地位是极为有益的。

## 二、阅读教学的意义

### （一）阅读教学能够丰富知识

人获取知识的途径有两个：一是直接获取，通过人的亲身实践获取知识，形成经验；二是间接获取，借助书本、文字材料获取。书本能够突破时空限制，是人类几千年来积累、保存和传播知识的最重要的载体，对推进社会和科学文化发展起着重大作用。人们通过阅读，博古通今，学贯中西，明道穷理，获取知识。据相关研究，一个人百分之八十的知识是靠阅读获取的，只有百分之二十的知识是靠亲身实践得来的。我国有不少先贤勤奋读书，如孔子反复读《易经》，竟把编竹简的牛皮绳子磨断了很多次，留下"韦编三绝"的佳话。还有头悬梁、锥刺股、囊萤映雪等。古人之所以勤奋读书，就在于阅读具有求知的价值。人们通过阅读，冲破时空限制，汲取人类数千年发展进步所积累的知识。

现在，人类进入了信息社会。信息的载体虽然愈加多元，但是大规模存储信息、传递信息的最普通、最经济的媒介，仍然是以纸张印刷为载体的书籍、报刊，阅读书本依然是人们学习知识、获取信息的最基本途径。

### （二）阅读教学可以发展智力

阅读能使人增加智慧，变得聪明起来，阅读的东西越深越多，头脑就会越来越灵活，在分析问题、解决问题的时候，更容易融会贯通、归纳迁移，从多方面多角度去思考，使其创造性更加强大。只有"学富五车"才能"才高八斗"。大凡中外名人，如科学家、思想家、教育家、文学家等，他们的成才没有哪一个不是依靠阅读之道。阅读本质上是一种智力活动，人们在阅读书籍、获取信息时，需要人的感觉和知觉的参与，对信息的接收、编码、存储和提取等活动需要记忆的参与，人们理解读物的内容需要分析、判断、推理、综合等思维活动的参与，阅读之后人们形成的思想、看法、见解，是阅读的创造性成果。所以，"读书，这个我们习以为常的平凡过程，实际上是人的心灵和上下古今一切民族的伟大智慧相结合的过程"[①]。通过深入而大量的阅读，人们的视野会更加开阔，可超越个人的思维局限，吸取智慧，提高智力水平。阅读是"学习之母""智慧之源"，是个人成才的加速器，具有发展智力的作用。

**（三）阅读教学可以培养审美能力**

语文教学具有文道统一的特点，在传授知识、培养能力、开发智力的同时，还应该对学生进行思想教育，帮助学生形成正确的人生观、世界观、价值观、道德观、幸福观、审美观。《语文课程标准》中指出，语文课程应"通过优秀文化的熏陶，促进学生和谐发展，使他们提高思想道德修养和审美情趣，逐步形成良好的个性和健全的人格"[②]。对此，阅读教学具有得天独厚的条件。入选语文教材的文章文质兼美，既有如《雨中登泰山》《荷塘月色》《故都的秋》《春》《济南的冬天》等描写祖国秀美景色的文章，也有如《人生的境界》《人生》《庄子：在我们无路可走的时候》《孔孟》一类探讨人生哲理的文章，还有如《祖国啊，我亲爱的祖国》《我爱这土地》一类表达爱国之情的文章，更有反映社会现实、社会生活的文章，如《祝福》《药》《陈奂生上城》《项链》《边城》等。学生在阅读这些文章的过程中，会潜移默化地受到感染和熏陶，净化心灵，陶冶情操。正如皮罗果

---

① 凌雨芳：《思想碰撞，情感交流——真正意义上的阅读》，载《赤峰学院学报》（自然科学版）2003年第6期。

② 中华人民共和国教育部：《义务教育语文课程标准（2011年版）》，北京师范大学出版社2012年版，第2页。

夫说："一本好书就是一个好的社会，它能够陶冶人的感情和气质，使人高尚。"①书本，具有取之不尽、用之不竭的精神资源，通过阅读，书中的好思想有如清泉流入读者的心田，久而久之，便会使人高尚起来。

不仅如此，书籍还是一个"美的仓库"，储蓄着琳琅满目、形式多样的美：人类光辉思想的美，艺术形象的美，语言变化的美。美的书籍，绽放出夺目的光彩，给人以美的享受和愉悦。学生通过阅读，进行真善美、假丑恶的鉴别，可以有效提高文化品位和审美情趣。

# 第二节　语文阅读教学设计

语文阅读教学的学习重点可放在文学作品的教学设计上。文学类文本由于其内涵的丰富性、形式的多样性，其教学内容有较大的不确定性，教学目标的确定和教学内容的选择都有一定难度。

## 一、文学类文本阅读教学

### （一）文学类文本阅读教学设计案例

《锦瑟》教学实录（节选）

师：还有哪位同学要做补充？那么，结合到首联呢？与首联中的哪个词相关呢？他所回忆的是自己的人生，那么是哪个词呢？没错，同学们，记下来。他所回忆的是自己的华年，表达的是惘然之情啊！现在你们明白了吗？

生：好像明白了。"此情"表达的是作者对自己过去的华年、自己抓不住的那些过去的美好的一种迷茫、凄凉之感。

---

① 赵梅花：《鸟欲高飞先振翅，人求上进早读书——浅议农村普通高中阅览课》，载《学苑教育》2011年第15期。

师：现在懂这首诗的同学请举手。大家相互看看，已经有很多人懂了。现在很多人考证，说《锦瑟》……谁来说？

生：我！

师：我等的就是这个"我"！

生：《锦瑟》这首诗写的是当时李商隐和一个宫女的事情，他们两个有过一段很美好的故事，但是他们后来分开了，这首诗是用来怀念这段故事的。但是也有人说他是自伤身世。

师：同学们很聪明，有人考证，说"锦瑟"是一个姑娘的名字，李商隐很喜欢她，但是两人后来没有结果。这首诗表达的是爱情主题。后来又有人说不对，"锦瑟"是一种乐器的名称，是李商隐的妻子王氏最喜欢弹奏的。同学们明白什么了？

生：这首诗是表达怀念之情，追悼亡妻的。

师：好的。又有人说，这首诗既不是爱情主题，也不是追悼亡妻，它表达的是作者诗歌创作的特点，说这首诗是李商隐所有600多首诗的"序"。现在李商隐诗比较好的版本就是《李商隐诗歌集解》，说《锦瑟》是他的一篇序文，这个观点是钱锺书先生提出来的。又有人说，《锦瑟》这首诗是一首政治诗，所表达的是诗人一生当中的不得志。还有人说，这首诗不能用具体的内容概括，它所包含的内容很多，既有对自己爱人的思念，也有政治不得志的怅然若失，可能还有很多很多，我们不能把它定为某个具体的意思。所以，"一篇《锦瑟》解人难"啊！同学们，你们希望是哪一个？这里涉及一个读诗的规律问题，我们如何去认识它呢？（眼神充满期盼）

生：我觉得作者创作时不可能把所有的东西都想到了，然后写成一首诗，这些可能都是后人附加的。作者是依托自己当时所处的情境写成的，所以要了解当时作者的生平等情况，才能理解。

生：这个是读者和作者之间的关系。李商隐这首诗有作者的意义，而读者在读的时候会有自己的读者意义。一千个读者就有一千个哈姆雷特。

师：同学们开始懂诗了，老师读了几十年诗，现在才懂了一点点。我们在必修三里学了李白的诗，其特点用四个字概括就是"豪放飘逸"；我们还学过杜甫的诗，"沉郁顿挫"；白居易的诗则是"通俗易懂"。那么，老师要问，你们从《锦瑟》这首诗里，能概括出李商隐诗的特点吗？四个字？（眼神充满期待）

生：绮丽惆怅。

生：蕴含丰富。

师：讲的都有道理。老师用四个字"曲折深婉"，当然这只是他600多首诗中的一部分诗的风格特点。他的《锦瑟》和《无题诗》完全符合"曲折深婉"的风格特点。同学们，你们学习某个诗人的诗，一定要注意把他的风格特点抓住。给大家布置个作业。刚刚有同学说，对李商隐的生平不太了解，那么，同学们回去的作业就是去查找资料，写一篇随笔，题目是"《锦瑟》背后的故事"。这节课就上到这儿，同学们再见！

**（二）文学类文本阅读教学设计案例点评**

《锦瑟》是中国古典诗歌中的精品。从其诞生至今，诗人要告诉我们什么，几乎成了一个不可解的谜题，也成就了很多"说法"，如咏瑟说、悼亡说、自伤说、自序说、闺情说等。正所谓"一篇《锦瑟》解人难"，典型地体现了"诗无达诂"的特点。这类作品不仅是文学解读的难题，更是语文教学的难题。语文教学语境中的文学解读，不同于一般的自由的文学鉴赏，它要受制于课程目标和教学目标，语文教学中如何处理这样的难题？语文教师在这节课上，利用一个用时不多的教学环节化解了这个不能回避的难题，处理方法值得借鉴。没有拘泥于探究这首诗的主题到底是什么，也没有谨小慎微地纠结于把握解读边界，而是利用诗歌的多解的特点，引导学生知晓"诗无达诂"的特点，引导学生理解文学鉴赏中作者、作品、读者的关系，学会鉴赏同类作品。

**（三）文学类文本阅读教学设计案例蕴含的核心知识点**

核心知识一：文学作品教学的两种偏差。

语文阅读教学的各类文本中，文学类文本是最富有魅力，也是最难把握的。新课程改革前后，关于语文的争议，很多是针对文学作品教学的。这种争议，不仅是一线教学实践的问题，它本质上反映了时代思潮对语文教学的影响。

自西方进入工业时代后，价值的衡量标准就从道德与情感转化为目标至上和工具的有用性，人们对道德和情感的关注度逐渐降低，开始被欲望和工具所奴役。以往在语文教学中，文学教育一直以来都是以人文、审美作为教育职责的，但如今也慢慢沦为功利化的工具。于是，当下的文学作品因受西方思潮的影响而出现偏差，给语文教学带来了不利的影响，因此，在制订教学设计时应加以特别注意。

首先，文学作品的魅力缺失，导致语文课堂没有足够的鉴赏性。在语文学科的发展过程中，一直存在着人文性和工具性的争论。无论如何，对语文进行解释，对语文学科的性质进行阐述，工具性一直都比人文性更被人们所关注，因此在实践层面存在着语文学科是工具学科的理念。不过，语文学科独立后，所选择的课文类型大都是文学作品，可见语文学科主要体现的是人文教育和审美教育。语文教学应该将对文学作品的鉴赏作为主要内容，使学生在阅读文学作品时感受到其中所蕴含的内在含义，去品味作品的文学之美，从而培养出健康的人生品质和理念。不过由于当前的教育逐渐功利化，导致语文教学异化为训练信息能力的工具，而其情感和审美教育的作用则被置后，丧失了审美想象和情感体验。语文教学对文学作品的剖析变得过于技术性，毫无个性特点可言，失去了文学的美感。作为信息筛选和获取工具的语文教学让学生感受不到审美和情感，文学作品也失去了应有的魅力，自然不会被学生所喜爱，学生只会远离文学，对语文教育失去信心。

其次，对文学作品采取多元解读，失去了审美性。在20世纪90年代，有过一次语文大讨论，这次讨论对语文教学中存在的缺乏人文精神和教育异化的现象进行了批判，对"工具性和人文性相统一"的语文课程定性产生了重要影响。由此，新课程标准对语文教育教学设置了全新的定位，要求语文教学要以学生为主体，尊重学生在语文学习中的感受和体验，教师不能过分干预学生的学习，而要作为引导者激发学生对语文学习的热情，提倡学生自主学习、协作研究。①此外，西方后现代文学解读理论如"作者死了""作品已死"等也被用于中学文学教育。由于提倡所谓"一千个读者就有一千个哈姆雷特"，很多作品没有得到深入分析和鉴赏就被评述各种含义，导致中学文学作品教学受到了一定的影响。不过在这样的情况下，以往封闭的课堂教学得以改观，学生被赋予了课堂教学的主体地位，一定程度上获得了自主学习的体验。但与此同时，这样的课堂教学也出现了偏差：过度的学生自主学习导致多元解读、个性解读，造成不同见解的出现，甚至失去了边界。加之受到西方思潮的影响，学生将文学教育作为工具，形成张扬的个性，漠视作者和作品，缺乏审美情感，导致文学教学丧失了规定性和目标性，更失去了持续发展的可能。因为学生不再以审美和情感去解读文学作品，使语言品味被搁置，造成语言的感染力缺失，更难以形成足够的鉴赏性，所以学生的语言能力很难得到更好的提升。

在上述的两种偏差中，前一种偏差过分关注技术性，利用技术性筛除语文教学中的文学情感和美感。由于缺乏审美和艺术感悟，导致语文教学失去了文本区别，文学类和实用类文本之间经常处于混淆状态，失去了原本应有的"立人"功能。后一种偏差则将语文教学中的文学性和技术性相对立，导致文学教育失去了应有的鉴赏规则，根本无法体现出文学教育的价值。同普通的文学阅读和鉴赏不同，中学语文教学中的文学教育是为了培养学生对语文知识的需求而专门设立的教学内容，受到国家课程标准的限制。因此，中学语文教学要更多地侧重于文学作品，使学生在文学阅读中不断提升自己的理解能力和鉴赏能力，不断深入理解作品的内涵，从而引发对生活的感悟，使其获得精神上的提高，达成语文教学上的精神立人的目的。语文学科还具有一定的规定性，这导致文学教育需要带有规定性和科学性，对文学阅读和鉴赏产生了深刻的影响。而且语文教育中的规定性和科学性应该同审美规律相一致，不能成为约束甚至扼杀审美的工具。在语文教学中，对文学的鉴赏

---

① 中华人民共和国教育部：《全日制义务教育语文课程标准（实验稿）》，北京师范大学出版社2001年版，第2页。

是发自内心的感受与体悟，而不是单纯地通过技术性的计算来解读。

文科教育特别是语文教育，其目的性价值超过工具性价值。语文学科虽然也要传授知识，也为人们提供一种生活的工具，但它更是目的本身，是情感、人格的陶冶过程。[①]为了使语文学科达成人文性和工具性的统一，需要探索一种合理的教学方法，让语文教学既可以保持着文学的审美和情感，又能够在教学实践中富有操作性和科学性，达到技能与生命的统一。

核心知识二：文学作品教学设计应从语言入手进行审美关照。

在对文学作品进行教学时，通常会将文学是语言的艺术这一理念忽略掉。文学其实是一种艺术，是有关于语言、情感和审美的艺术形式，如果不能在文学作品中发掘情感和审美，那么对文学的研究和教育就失去了意义。在20世纪90年代时，西方后现代思潮涌入我国，对我国的文学研究和语文教育都产生了一定的消极影响。当时对文学的研究没有清晰的边界，而德里达"作品已死"的后现代思潮影响又非常深刻，因此，文学研究朝着思想史或文化方面的研究转变。文学研究中最需要关注的"文学性"被抛弃了，失去了对审美、情感、艺术的探索，这将使文学研究脱离文学，变得"空洞化"。[②]如此空洞化的文学研究，深深地影响了中学文学教育，导致语文教学中对文本的解读，由思想解读朝着文化解读转变，缺失了对审美和情感的追求，这让文学教育的合法性备受质疑。文学虽然属于文化，而且是文化中非常重要的一部分，但是需要用审美的观念去感受、欣赏文学作品，这样才能使文学作品成为承载文化的重要媒介。在《普通高中语文课程标准（实验）》中，不仅规定了语文的文化性，同时也规定了语文的审美性，认为"语文具有重要的审美教育功能，高中语文课程应关注学生情感的发展，让学生受到美的熏陶，培养自觉的审美意识和高尚的审美情趣，培养审美感知和审美创造的能力"[③]。在语文教育中，应该把对学生的审美教育作为核心

---

① 袁振国：《教育新理念》，教育科学出版社2007年版，第46页。

② 温儒敏：《谈谈困扰现代文学研究的几个问题》，载《文学评论》2007年第2期。

③ 中华人民共和国教育部：《普通高中语文课程标准（实验）》，人民教育出版社2003年版，第3页。

任务，采取的手段就是文学教育，将文学作品作为审美的依托对象，使学生通过对文学作品的阅读和分析，从中获得审美能力和鉴赏情趣。在对"用书面形式记录下来的文学作品"的认识上，英伽登（Roman Ingarden）采用的是"认识"一词。英伽登认为，作为文学消费者，对特定的文学作品往往是根据以往的被动接受的经验来"接近"并"了解"，就会与文学作品形成一定的情感联系，进而会产生一种获得作品实际知识的态度。当时英伽登使用"认识"一词是基于模糊的意义，因为没有比"认识"意义更好的词。对于"认识"一词，可以被理解为对文学作品的认同，是通过与文学作品交流后所产生的一种情感方式。①实际上，这种因"同作品交流"后所产生的"情感方式"就是审美。

对美的感受应该是以文学作品本身为基础的。在对文学进行研究时，一般可分为"外部研究"和"内部研究"，中学文学教学虽然并不是文学研究，两者有很大的差距，但对文学的鉴赏往往通过这两个方面展开。对文学的"外部研究"主要是根据作者生平、社会情况、经济环境、时代背景等因素来研究作品。过去研究文学作品，往往脱离作品的外在背景，没有依据作者的生平、社会情况等对作品进行解读，因此导致所解读的内容脱离实际，造成过去的文学教育饱受社会各界的诟病。如果脱离了作品，就会导致作品教学被割裂开来，形成"生平及背景""主题思想""艺术特色"的三段教学模式，造成文学解读缺乏审美，语文教学将无法培养审美能力，更不能解决文学教育中的问题。所以对文学的研究一定要回归到文学作品本身，即对文学作品进行"内部研究"。对文学作品本身进行分析，这是文学作品研究的合理出发点。②文学教育受到课程标准的约束，同时也要符合基础教育的语境，因此要以审美的态度去分析文学作品，对文学中的情感、想象进行深入探究，而不是通过政治、历史等其他角度去解析作品，这将导致形成多元解读。

---

①［波兰］罗曼·英伽登：《对文学的艺术作品的认识》，陈燕谷、晓未译，中国文联出版社1988年版，第32页。

②［美］雷·韦勒克、奥·沃伦：《文学理论》，刘象愚等译，三联书店1984年版，第2页。

可以从多角度、多层面对文学本身进行审美,这种审美在语文教学中应通过语言展开。根据语言展开的审美教育,能够在语文教学中获得合法性,使文学教育课程体现出应有的价值,让语文学科的文学性和工具性达成统一。如何来展现文学审美呢?被选入课本的文学作品就是将文学审美展现出来的媒介。语文教学在很长一段时间内将自身的文学特性忽略了,这造成在教学过程中混淆了文学类文本同其他文本的功能和价值,使语文教学成为获取信息的工具。在中小学,语文教学主要的任务就是使学生学习和掌握语言,然后才是培养学生的审美和情感。因此,对祖国语言文字的学习和运用一直以来都是语文教育中的最根本任务。形成现代语文教育的标志是在中小学教材中引入现代汉语文学作品,这一方面能够实现"新民"的启蒙任务,另一方面也能够使"引车卖浆之徒所操之语"[1]能够被学生学习到。自从现代文学教育诞生后,就被打烙上了实用主义的烙印,需要承担起语言学习的重担。在晚清白话小说《老残游记》中,刘鹗用简单、明快的语言和丰富的表现力对走方郎中的所见所闻进行描绘:"一路秋山红叶,老圃黄花,颇不寂寞。到了济南府,进得城来,家家泉水,户户垂杨,比那江南风景,觉得更为有趣。"[2]文中语句精炼,让人读后一目了然,是白话文学的典范。节选自《老残游记》的《明湖居听书》早在20世纪20年代时便被选入中学语文课本,时至今日,中学课本中依然会选择《老残游记》中的作品。这是因为《老残游记》这一文学作品的语言十分精粹,在学习该作品时可以让学生很好地品味和审美,这符合基础教育阶段对学生认知培养的要求,同时也满足课程标准的规定。

核心知识三:合理运用西方文学解读理论进行教学设计。

西方在解读文学作品时,拥有三种解读观,分别是以作者为中心的解读观、以作品为中心的解读观和以读者为中心的解读观。这三种解读观的发展展示了文学解读在不断发展着,其思想和方法也在逐渐丰富。对于中学语文

---

① 林纾:《致蔡鹤卿太史书》,载《公言报》1919年3月18日。
② 刘鹗:《老残游记》,人民文学出版社1982年版,第11页。

教学，三种解读观对学生语文能力和素养的培养都具有独到的见解和价值。因此，在运用这几种解读观念对中学语文教学进行设计时，应根据实际情况合理运用。

以作者为中心的文学解读观是根据作者的生平、心理以及社会、历史等因素对文学作品进行分析，探索作品中所蕴含的寓意，从而对作品的意义进行阐释。采用这样的解读观去分析作品，能够培养学生的理解、逻辑等能力，同时也能让学生更了解社会，积累更多的人生经验。以作品为中心的文学解读观是以作品为中心，对作品的语言、结构等进行分析，从而归纳出作品的意义。这样的解读观可以让学生更好地发现作品的文学之美，提升学生的审美能力。以读者为中心的文学解读观则重点关注读者的主体性，宣扬读者的主体精神，让读者能够充分发挥自己的想象力，结合自己的所思、所感来阐释作品的意义。运用这种解读观可以让学生在分析作品时更加自由和投入，有利于提高学生的想象力和创造力。

在上述三种文学解读理论中，以作者为中心和以读者为中心的解读观将"人"作为作品分析的重点，分析作品意义也是为了体现"人"的价值，展示作品中所包含的人文精神；以作品为中心的解读观则将文学作品作为解读的关键，希望对作品进行深层次的剖析，使作品研究能够与理性科学同轨，展示的是科学精神。在中学语文教学中，应该遵循教学规律，为学生提供人文教育，同时也要培养学生的认知、审美等，促进学生心理健康成长，这就要求语文教学具备科学性。

核心知识四：作品细读与细读教学设计的切入点。

在英美新批评理论中有一种细读法，能够对文学进行批评，具有较高的操作性。细读的对象主要是单个文学作品，而不是总体性的作品，所探究的是作品的语言，从细节处分析，从而考察作品各个部分的关联是否密切，是否能够彼此和谐，构成一个完整的整体。[①]即对作品的语言材料进行分析，探索这些语言材料所蕴含的意义和关系，研究作品的内在统一。细读法对作

---

① ［美］约翰·克罗·兰色姆：《新批评》，王腊宝译，江苏教育出版社2006年版，第5页。

品词语进行细微分析,阐释词语之间存在的内在联系和深刻含义,挖掘作品使用的各种修辞手段,分析语言所含有的各种要素等。这种批评法将文学作品同外部的社会、历史等因素的关系淡化掉,主要对文学作品中的语言进行深入研究,即利用对词义、语义的分析来研究作品,是一种研究作品内在的方法,同形式主义批评、结构主义批评一样以作品为中心,因此并称为"本体批评"的代表。这种批评方法反对关注作品的外部,倡导关注作品自身,采用科学化的批评方式取代传统的印象式阐释。虽然有学者驳斥新批评理论,但新批评理论中的细读法可操作性和可借鉴性都很强,所以具备一定的科学性。

新批评理论中的细读法对文学作品所采用的修辞手法、语言现象进行分析,为语文教学提供了新的思路和方向,让学生在教学中对文学作品的语言有了深层次的理解和感悟,这为新批评理论带来了新的生命力。不过新批评"细读法"过于注重作品自身,忽视与作品密切相关的外在世界,无法实现内在与外在的统一,因此在研究时不可能真正、全面地了解作品。在中学语文教学中,需要借鉴新批评的细读法,对作品进行细读,但语言的品味只是语文教学目标的一部分,还要针对作品外在的环境进行更深层次的挖掘,因此要对作者中心、读者中心等其他批评方法进行综合借鉴,形成最合理的批评解读方式,从而完成对文学作品的有效解读。

在语文教学中可使用细读法,同时借鉴符号学、语言学中的方法,对作品的形式进行分析和鉴赏,从而发现文学作品中所蕴含的深层次意义。对作品的细读虽然是从作品的形式入手,但不局限于形式的范围之内,而是充分尊重作品,一切从作品出发,对作品本身进行批评,同时也批评同作品相关的社会、历史、作者等相关因素,体现出科学性与人文性的统一。

细细品味作品的语言,从细微处体会作品所蕴含的审美意蕴,从而提升自己的审美能力,这才是采取细读的目的,也是语文教学中所期求达成的。不过该从何处展开对作品的细读呢?可以从作品的词语、语句着手,这是深入分析作品形象的基础,同时也是探索作品审美意蕴的关键。

在开展作品细读时,首先要了解作品中的词语。词语是作品中的最小意义单位，其存在的意义既可以是独立于作品之外的意义，即词典意义，也可以是文中特殊语境下的意义，即作品意义。因为作者自身的理念和风格，以及作品的特点和内涵，都会使作品中的词语附有丰富的意义，而且有的比词典意义还要多。在一些作品中，为了更好地表达作者的思想，会导致词语的作品意义和词典意义有相反的含义。作品中包含了众多带有丰富意蕴的词语，让作品的内容更加富有表现力，其审美价值和情感也更为突出。在对文学作品进行细读时，需要对作品内的关键词语进行品味和感悟，从而把握作品的深层意蕴。英伽登认为，作为句子的成分，在研究文章时不能过分深究词语的词典意义，这样是不明智的。[1]所以不要抱着词语的词典意义不放，这会影响对作品的审美，难以探究作品所蕴含的深刻情感。词语积累是语文教学的重要目标，所以对作品中词语所带有的词典意义也应有所掌握，但要正确处理词典意义和作品意义的关系，这样在作品细读时就不会出现偏差。

每个作品的构成都具有一定的层次性，且不同学者对作品层次的划分方法是不同的，如英伽登总结的五层次划分法、韦勒克总结的五层次划分法、童庆炳的三层次划分法等。每个作品都有着话语层面的意义单元，通常表现为句群形式，对作品中所蕴含的情感起到承上启下的作用。中学语文教材中所选择的作品多为3000字的短篇或长篇节选，方便学生在阅读时进行细读，也利于把控作品的整体内容和意义。在进行作品细读时，将作品划分成句群，然后对句群进行细读。这样的细读方式可以更进一步品味其中的词语意义，也可以同整个篇章相呼应，从而从小处着手，由小及大地完成对整个作品的审美和感悟。

当两个或多个关联的语句根据特定的规则相互组合在一起，就形成了一定的语法单位，这就是句群。[2]句群同样也是意义单位，每个句子在句群中都有特定的含义，而且彼此之间紧密相关，只有综合在一起才能实现单个句子的意义。例如，鲁迅的《记念刘和珍君》，"我还有什么话好说呢？我懂

---

① ［波兰］罗曼·英伽登：《对文学的艺术作品的认识》，陈燕谷、晓未译，中国文联出版社1988年版，第40页。
② 陈学忠：《现代汉语语法》，华中科技大学出版社2006年版，第115页。

得衰亡民族之所以默无声息的缘由了。沉默啊,沉默啊!不在沉默中爆发,就在沉默中灭亡"。这些句子如果是单独的,就无法深刻地表达鲁迅当时内心所蕴含的悲愤之情,但如果组合在一起,就能够痛快淋漓地发泄自身的情感。在文学作品的句群中,所有句子之间的连接并不是依靠具有严密逻辑的关联词,而是以松散的结构呈现出来,但却有着意义的中心。而且文学作品通过含蓄、跳跃的句群模式表达思想内涵,所以形成了独特的"召唤结构",给读者留下了一定的想象和审美的空间。如郁达夫的《故都的秋》,就是通过句群来展现北平故都秋天的景色,其中也蕴含了作者的深刻感受。如:

> 在北平即使不出门去吧,就是在皇城人海之中,租人家一椽破屋来住着,早晨起来,泡一碗浓茶,向院子一坐,你也能看得到很高很高的碧绿的天色,听得到青天下驯鸽的飞声。从槐树叶底,朝东细数着一丝一丝漏下来的日光,或在破壁腰中,静对着像喇叭似的牵牛花(朝荣)的蓝朵,自然而然地也能够感觉到十分的秋意。

在上面的句群中,对北平的秋色进行了描绘,如破屋、浓茶、天色、驯鸽声等,所有的景色松散地罗列在一起,使这种秋意如流水一般自然,同时也暗含着一些怀旧、伤感。在语文教学中,抓住作品句群中的这些关键词语,可以帮助学生很好地品味句群所蕴含的意义,更能够由此及彼地对作品进行整体感知。通过细读,学生可以细品每个句群中的词语,发挥自己的联想去体悟,从而在文中获得审美的体验。

对作品细读时,还要结合作品的文体和语言特色。细读诗歌时,应把握诗歌中的关键词,这往往会与诗歌所表达的意象密切相关;细读散文时,就要对"陌生化"的句子进行细细品味,其中往往蕴含着作者的特殊情感;细读小说时,应针对富有特色的句群进行探究,人物内心世界所要表现的情感就隐藏在其中。因此,细读不是固定的,在语文教学中要采取不同的切入方式,如修辞方法、语言分析方法等,这样才能让学生在欣赏作品时不墨守成规,而是以创新的眼光去审美、去感受。

在语文教学中,阅读和鉴赏作品是接受文学的特殊形式,和文学消遣存在本质的区别,因为文学消遣比较随意;同文学批评也有差异,因为文学批评更加严密，偏向学术性。语文教学通常会使用独特的方法来对待文学作品，使用这种方法对文学作品进行批评时会将观念价值遮蔽，却会挖掘出教学价值，所以对语文教学是有益的。

核心知识五：文学作品解读路径。

文本解读是完成文学作品设计的前提。在对文学作品进行文本解读时，需要关注作品的内涵，重视其内隐性、多义性、生成性，这样对文本的解读才更加准确。而且解读文学作品并不是一个简单的过程，需要教师和学生全身心投入其中，去感受作品中所蕴含的意义，有利于促进语文智慧的成长。文学作品教学中常用的解读路径可浓缩为如下四个方面。

第一，显隐与发微。

（1）显隐

首先，文学作品往往运用各种表现手法，委婉曲折地表达作者的思想情感。解读时须意识到很多文学作品中的形象并非仅在"写实"，更多的是在"务虚"——运用比喻、象征等手法，含蓄委婉地表达作者的情感和思想。文本解读须透过比喻、象征等手法，领会作品中形象叙写隐含的真实用意。其次，文学作品中个别的、特殊的形象往往具有普遍代表意义，解读时不能就形象论形象，而应看到此形象背后的价值和意义。再次，文本解读必须重视外显线索中包藏着的内隐信息。例如，《台阶》的教学重点能不能停留在"父亲形象分析"上？部编版语文八年级上册李森祥《台阶》一文的教学，是把文章当作一篇一般的写人记事的记叙文来教，分析"父亲"形象及手法运用，还是把"父亲"当作一类人，从他身上深入发掘典型意义？"父亲"及其花费大半生财力和精力修筑的、却没给自己带来丝毫自尊和快乐、有着九级高台阶的房子是否可以带来如下人生思考：与生俱来的自卑和内心的怯弱，用强大的外在形式改变得了吗？自己的地位能用别人的标准去衡量和改变吗？怎样才能得到别人的尊重？盲目追求自己不应该追求的东西，即使得到了会快乐吗？

（2）发微

文学作品中往往有很多零碎、微小、不惹人注目的细节，这是文本解读的"密匙"所在，是作者留给读者的"达·芬奇密码"。需要语文教师细致入微地体察，及时、合理地梳理整合，从而为学生走进文本打开一扇智慧之门。例如：《土地的誓言》中反复多次出现的"回去"，蕴含了作者怎样的情感宣泄脉络？部编版语文七年级下册端木蕻良《土地的誓言》的教学，极易上成历史课、道德与法治课或者地理课。如何才能避免语文教学的异化？从文本中反复多次出现的关键词入手，就能找到一条使语文课更具语文味的道路：文中"回去"一词多次出现，反复的修辞手法运用，使得作者内心滚涌的难舍家乡、夺回故土的情感表现得异常强烈；文本中的"去"又并非简单重复，从"我无时无刻不听见她召唤我回去"到"使我不得不回去"，我们感受到的是作者内心对故土的热爱和思念之情在外力——故土的召唤中愈加强烈，两个双重否定句式的运用更是强化了这种感情；"我应该回去""我必须回去""我要回到她的身边"，三个句子中的情态副词从"应该"变为"必须"，再到"要"，情感愈来愈强烈，而且没有了外力的驱遣，只有作者内心情感的主动喷涌。这些简单的语言信息暗含了丰富的"意蕴密码"，我们只有及时发现它们，准确、合理地梳理和整合它们，才能真正走进作者由思念到誓死夺回的情感脉络和心路历程，才能真正领会"土地"引发的"誓言"的深层意蕴。

第二，还原与借力。

（1）还原

对文学作品内涵的理解应回复到作者创作该作品时的真实意图中去，把作品中的人物、事件放到真实的人性和生活情境中去。例如：怎样才能准确理解《风筝》中"我"对"小兄弟"的态度和行为？部编版语文七年级上册鲁迅《风筝》一文中写道："我是向来不爱放风筝的，不但不爱，并且嫌恶他，因为我以为这是没出息孩子所做的玩艺。"当"我"发现"小兄弟"在做风筝时，"我即刻伸手折断了蝴蝶的一支翅骨，又将风轮掷在地下，踏扁了"。对于"我"这样的态度和行为，我们可以从《〈呐喊〉自序》等文章得到启示，深切感受家庭变故和童年生活际遇对性格、行为的巨大影响，具体体悟"我"迫于生存、失去童年天真和乐趣、嫌恶儿童喜好、行为暴戾的真实根源，从而准确理解鲁迅笔下的"我"的真实性格和心境。文本解读必须重视文本本身，把文本中的人物形象当作有血有肉的人来看待，从文本中的语言材料中分析人的思想情感，形成对人物形象的正确理解。

（2）借力

文本解读可借助文艺批评、文学鉴赏甚或社会分析、人性分析、心理分析的最新方法和视角审视文学作品，为学生打开文学世界的新境界、新天地。例如，用马斯洛"需求层次理论"审视《孔乙己》的社会批判价值。[①]《孔乙己》是鲁迅先生的一篇具有深刻社会批判价值的小说。如何深入体会小说的社会批判价值，借助新的人性方法是一种不错的选择。教师备课时可借助美国心理学家马斯洛的"需求层次理论"，由高到低，分别从自我实现的需要、尊重的需要、社交的需要、安全的需要和生理的需求是否得到满足的角度，来重新审视孔乙己，具体感受其尴尬的社会地位决定了他无从实现读书求仕的人生追求，自恃清高却始终摆脱不了别人的鄙夷、嘲笑和欺辱，悬置于生活夹缝之中，不被周遭任何一个同类接纳，毫无安全保障，没有生存技能，最终其个体生命存在的愿望也越来越不可能实现，以致走到人生绝境。以"需求层次理论"重新建构孔乙己生命价值评价体系，将给学生带来更为强烈的形象感受和思想冲击。

第三，析题与聚合。

（1）析题

文学作品的标题既可能是全文的"纲"，也可能是全文的"眼"，字词里蕴含着丰富的作品信息，耐人寻味。分析文章题目，也是引领学生把握文章内容结构，走进文本深层意蕴的良佳途径。例如，从标题入手，看《伟大的悲剧》文题中的"悲剧"与"伟大"。对于部编版语文七年级下册茨威格《伟大的悲剧》的内容及主旨的理解，则可以从文章标题入手，以中心语"悲剧"为切入点，引导学生整体把握作者笔下斯科特一行七人为了南极科学探险事业而英勇献身的悲剧过程及结局，品味文中"对人类来说，第一个

---

① 成建忠：《用需求层次理论审读孔乙己》，载《语文教学通讯》2007年第11期。

到达者拥有一切，第二个到达者什么也不是"一句的意味，进一步体会斯科特等人落后于挪威探险队，第二个到达南极点的悲剧情节。在此基础上，可紧扣标题，适时抛出"为什么说这样的'悲剧'是'伟大'的"这样的问题，引导学生一层进一层地领会为了人类的科学事业献身是一种伟大；忍辱负重，把挪威探险队第一个到达南极点的科学考察成功的讯息带回去的无私行为和豁达心胸也是一种伟大；在归途遇上暴风雪，粮食、燃料短缺的情形下互相扶携，不离不弃是一种伟大；奥茨走进漫天的风雪中，用牺牲自己的生命换取同伴继续生存的可能，更是一种伟大；面对死亡，斯科特把写下的"我亲爱的妻子"的字样划掉，坚定地写下"我的遗孀"，镇定地等待死神来临的心态和行为，何尝不是一种伟大……分析文章标题，我们可以带领学生找到一条厘清文章线索、理解文章主要内容、领会作品深刻内涵的便捷道路。

（2）聚合

尽管文学作品的内涵可能具有多义性，但经典作品往往埋藏着作者深深的寓意。我们要善于发散，尊重多元，但也应学会聚合，学会选择，找到属于自己的文本。例如，多元解读《那树》主题的自我选择和确定。对于王鼎钧散文《那树》的主旨的理解，部编版语文九年级下册第三单元"单元说明"之"生命"主题说以及"环保说"都是有一定道理，但都不够准确。孙绍振也认为如果只将最后这篇文章作为环境保护的作品，那对该作品的理解就太过于狭隘了。[①]我们在解读作品时可以结合作者当时所处的社会情况，同时也应将作者的写作风格纳入其中，如此才可以把握《那树》这部作品所要表现的主旨，即把树当作饱受沧桑却依然坚挺强盛的传统文化，而树的悲剧也是传统文化同现代文明所出现的冲突。[②]王鼎钧认为，在表现作品时，要用"异乡的眼"来审视"故乡的心"，这样才能让作品更具民族文化特色，更能表

---

① 孙绍振：《关于树的诗文赏析（一）》，载《中学语文》2009年第7期。

② 何立新：《沿用与重构：教材内容教学化过程中的两难选择》，载《中学语文教学》2012年第7期。

达作者的独特性格。[①]因此，其写作中既有写意的部分，又有写实的部分；细腻处写意，全局上则写实。在《那树》这篇作品中，作者将写意和写实完美地融为一炉，使人在鉴赏时，既要把握其创作思想和风格，又要结合实际社会情况去分析，综合考虑才能获得准确的结果。

第四，归真与探奇。

（1）归真

在对文学作品的解读上，通常会使用多元化解读、个性化解读、创新性解读、批判性解读等多种解读方式。但对文本的解读一定要遵从事实，尊重作品本身，使作品解读趋向真实。例如莫怀戚的散文《散步》，作品中对一家四口三代人在郊外散步所遇到的分歧进行了描写，最后得到统一的结果更让人心生温暖。特别是在选择"走大路还是走小路"时的为难，最后"我"背上老母亲，妻子背上儿子，而"我背上的同她背上的加起来就是整个世界"，体现了一家人的和谐与关爱，让亲情变得更加美好。但也有人认为，《散步》中宣扬了"男权主义"，因为选择走哪条路，是由"我"这个丈夫决定的，而年迈的母亲、年幼的儿子、妻子都没有决定权。虽然这种文本解读方式很新颖，但歪曲了作者的本意，更是对作品的侮辱。所以在文本解读时，不能违背客观原理，应尊重事实。虽然每个人有着不同的解读方式，但我们必须依据客观事实说话，尊重作者的真正思想，不能曲解本意，扭曲真实，这样就难以让作品的文本解读符合常理，更不能达成形象、语言、情感的真实。

（2）探奇

在对文学作品进行文本解读时，既要对其内在所蕴含的思想和情感进行解读，同时也要对其艺术手法、语言形式进行解读，发现其中所潜在的艺术特色，从而探索作品的艺术美，品味由艺术形式所带来的文学魅力。例如，舒婷的《祖国啊，我亲爱的祖国》，这首诗选择了独特的叙述方式，对祖国

---

① 庄伟杰：《异乡的眼　故乡的心——王鼎钧散文的生命意识和文化精神管窥》，载《闽台文化交流》2012年第2期。

进行描述，从而抒发自身对祖国的深切热爱。在诗中，作者采用了"我是你……我是你……"的句式进行叙述，将祖国从客体转化为主体，表现了对祖国的尊重，也将人的尊严和价值放在了首位，和当时的社会背景相贴切。而且，作者用叙述性的言语将英雄创造历史的观念打破，每个劳动者都是祖国的一部分，都和祖国命运相连，是融为一体的。诗人描绘了"疲惫的老水车""熏黑的矿灯""干瘪的稻穗"等，这些景象显示了当时社会的破败，表达了作者内心的悲伤。作者没有以绚丽的色彩来描绘祖国，而是用充满了破败、腐朽的气息去描绘，这表示作者的自责与痛苦，是儿女们不能回馈祖国母亲的深深懊悔。①通过这样的叙述，深化了作品的主体，以忏悔之心去勇敢面对，抒发了作者对祖国深沉而真挚的爱。

## 二、论述类文本阅读教学

### （一）论述类文本阅读教学设计案例

《在马克思墓前的讲话》教学实录②

第一课时

师：同学们好！

生：老师好！

师：同学们，今天，我们来学习《在马克思墓前的讲话》。这是一篇悼词，作者是恩格斯。下面，请同学们先把课文默读一遍。

（学生默读课文）

师：读完的举手。

（学生举手）

师：都读完了。同学们用了5分钟。下面请同学们谈一谈初步印象吧。喜欢这篇课文的请举手。

（只有3个同学举手）

---

① 李琳：《时空变迁中延伸的思考：重读舒婷〈祖国啊，我亲爱的祖国〉》，载《中学语文教学》2005年第5期。

② 程翔：《程翔与语文教学》，中国人民大学出版社2011年版，第120-130页。

师：这么少啊！你喜欢，说说吧。

生：我读了这篇课文，感觉到了马克思的伟大。

师：请不举手的同学说说。你来说。

生：老师，我不明白编教材的人为什么把这样的文章选入语文课本让我们学习，还不如从报纸上随便找一篇新闻报道看得有意思。

师：你是这样的感受！有同感的举手。

（很多同学举手）

师：哦！老师感到有点意外。不过我理解你们：政治色彩浓厚的课文，你们是不太喜欢的。是这样吗？

生：是。

师：你们担心我们的语文课堂会上成政治课。是吗？

生：是。

师：不用担心。语文课就是语文课，我不会上成政治课。不过你们的态度说明，你们没有真正认识到这篇课文好在哪里。老师问你们，恩格斯和马克思是亲密战友，对不对？

生：对。

师：列宁说，他们两人的友谊"超过了古代关于人类友谊的一切动人的传说"。马克思去世了，作为他最亲密的战友，写一篇悼词来纪念，可要写的东西太多了，即便写成一本书，也是可能的。但是，恩格斯写了多少字？只有1200字！同学们想一想，写这么短的一篇悼词来总结马克思的一生，需要什么样的语文能力。

生：概括能力。

生：表达能力。

师：还有认识、判断和评价能力。那么，请同学们回答，在本文中，恩格斯是如何概括马克思一生的？你们以小组为单位，交流一下，一会儿回答。

（学生交流，约5分钟）

师：停止交流。谁来回答？

生：恩格斯主要讲了马克思两个大贡献：发现人类历史发展规律和剩余价值。

生：还创立了国际工人协会。

师：下面，请一位同学朗读课文。谁来？

（一学生举手）

师：好。你喜欢这篇文章，一定能读得很好。

（学生朗诵课文）

师：这位同学读得怎么样？

生：挺有感情的。

师：悼词是饱含感情的。你读得的确不错。这篇悼词，主要是总结和评价马克思伟大的贡献。那么，马克思的第一个伟大贡献是什么？在第几段？

生：发现"人类历史发展规律"。在第三段。

师：我们来一起读一遍。

（学生齐读第三段）

师：你们读了这一段，有没有疑问？

生：恩格斯说，"人类历史发展规律"是一个"简单事实"，马克思发现这样的"简单事实"有什么伟大的？

师：问得好。不过这不是一个语文问题，而是一个社会学问题。谁能回答？从文中找答案。

生：尽管这是一个"简单事实"，但是被纷繁芜杂的意识形态掩盖住了，其他人没有发现。

师：不但没有发现，而且……

生：而且做了错误的解释。

师：错误？文中怎么说的？

生：做了相反的解释。

师：根据文意，我们似乎可以推出那种相反的解释。谁来推测出来？

（没有学生回答）

师：尝试一下嘛。要回答这个问题，前提是什么？

生：搞清楚"简单事实"的含义。

师：正确。含义是什么呢？

生：冒号后面的内容。

师：冒号后面的话说的是什么意思？能否结合你们政治课上学到的知识来加以概括呢？

生：是不是"物质决定意识""经济基础决定上层建筑"的原理啊？

师：同学们说，是不是？（有的学生不敢肯定）还不敢肯定？是的，就是这个原理！这就是"大文科"的学习了，把语文和政治打通了。现在，可以推出那种相反的解释了吧？

生：意识决定物质，上层建筑决定经济基础。

师：对呀！这才算是基本读懂了本段意思。为什么说是"基本读懂"呢？老师为什么不说"彻底读懂"呢？

（学生莫名其妙）

师："正像达尔文发现有机界的发展规律一样"，这句话有何作用？

生：比较。

师：语法学上叫作"比况结构"。为什么要在本段开头用一个比况结构呢？

生：突出马克思的这一发现的伟大意义。

师：正确。这是语文因素，对不对？语法意义嘛！过去，语文老师要求学生对冒号后面的长句进行语法分析。今天就免了，你们的语法知识比较贫乏，估计分析不出来。是这样吗？

（学生点头）

师：承认了。过去的高中生语法知识比你们丰富，他们能分析。今天不为难你们。服不服？你来分析我看看。

（学生笑，摇头）

师：谁感兴趣，课下来找我，我给你分析。好，下面再读一遍第三段。

（学生读课文第三段。老师板书：第一个发现——发展规律）

师：接下来，作者如何向下过渡？

生：有了"不仅如此"。

师：衔接得很紧密。这是语文因素。你们写文章会用过渡句吗？会，那很好。写文章就好比是做衣服，要学会穿针引线。过渡句就起到了穿针引线的作用。引出了马克思的第二个伟大贡献，是什么？

生：发现剩余价值。

师：说得对。这个发现的意义是什么？

生："豁然开朗"了，先前是"在黑暗中摸索"。

师：齐读本段。

（学生齐读课文第四段，老师板书：第二个发现——剩余价值）

师：接下来，作者怎么写的？请一位同学朗读。

（一学生朗读课文）

师：有何感觉？

生：衔接得紧密。

师：对。本段有三个句子。句子之间是什么关系？

生：递进。

师：说得好。这是语文因素吧？

（学生点头）

师：请同学们把关联词语画下来。

（学生画关联词语：即使、也、但是、甚至、都、而且）

师：如果把这些关联词语去掉，再读一遍，味道就变了。可见这些关联词语用得多精妙！那么，究竟精妙在哪里呢？

生：层层递进。

师：概括了马克思从事科学研究的特点。什么特点？

生：第一个是研究领域的广泛，第二个是研究的程度深入。

师：你总结得十分准确。打满分。马克思博学多才。"甚至在数学领域"，谁能讲一讲？数学课代表，请你来讲一讲。

生：我不知道。

师：不知道不要紧，课下找《马克思传》来读一读，你就知道马克思有多么渊博和深刻了。下面齐读一遍第五段。

（学生齐读课文。老师板书：其他领域）

师：能感觉到作者的什么情感？

生：为马克思感到骄傲。

师：好。可以说，作者是饱蘸感情来写本文的。我们阅读时要仔细体会。第一节课就上到这里，休息一会儿。

第二课时

师：我们接着学习《在马克思墓前的讲话》。通过上一节课的学习，原来不喜欢这篇文章的同学是否有了一点转变呢？

（学生点头）

师：有转变就好。允许同学们不喜欢它，但必须建立在正确认识它的基础上。不能盲目地喜欢或不喜欢。往下看作者又用了过渡句："他作为科学家就是这样。"这句话很好理解。但是下一句话就不好理解了："但是这在他身上远不是主要的。"有没有问题？

生：为什么说不是主要的？主要的是什么？

师：你问得好。我正想问同学们。请同学们认真读一读这段。

（学生读书）

师：为什么说不是主要的？主要的是什么？请同学讨论、交流一下。

（学生讨论、交流）

师：好了。谁来回答？

生：我的理解是，本段并没有写马克思的主要贡献，而是阐述马克思最看重的是那些对现实产生影响的科学发现，因为这些科学发现对社会起了推动作用。

师：注意两个"喜悦"，它们的程度是不相同的。"衷心喜悦""他的喜悦就非同寻常了"。这样写的目的还在于，为阐述马克思本人的贡献主要是在革命实践上做了铺垫，为顺利过渡到写马克思在实践上的贡献做了铺垫。前面写马克思在理论上的贡献巨大，并饱蘸感情加以概括。作为读者，我们感到，恩格斯对马克思的贡献评价这么高，往下该怎么写呢？一句"但是这在他身上远不是主要的"，来了个大转变，令读者惊讶不已：这么伟大的贡献还不是主要的，什么是主要的呢？这就是文章的波澜。悼词也有波澜。难道这仅仅是写作技巧吗？

生：不是，好像还与作者的判断、评价能力有关。

师：对。在马克思的葬礼上发表演说，高度评价马克思的一生，需要具备很强的判断、评价能力。怎样正确地、科学地评价马克思的一生呢？一般人很难准确把握，大概只有恩格斯才有这样深刻的洞察力吧。那么，马克思的主要贡献是什么呢？请看下一段，并总结出来，请一位同学写到黑板上。

（学生看课文）

师：你来写。其他同学交流一下。

（一学生写到黑板上，其他同学交流）

师：这位同学写的是：办报、创立国际工人协会。全面吗？

生：还有，两个"参加"，高度概括了马克思的实践活动。

师：很好。马克思的实践活动具有怎样伟大的意义呢？用书上的话来回答。

生：正是他第一次使现代无产阶级意识到自身的地位和需要，意识到自身解放的条件。

师：对。作者如何概括马克思实践斗争的特点？

生：满腔热情、坚韧不拔、卓有成效。

师：好。本段中破折号有什么作用？

生：强调吧？

师：是的。接下来，作者用"正因为这样"，引起下文。整篇文章中，这样的过渡句有很多，增强了文章的逻辑力量。同学们写议论文，要学习这样的写法，可以使思维缜密。请一位同学读一遍。

（一学生读课文）

师：你读这一段，有何感受？

生：我觉得恩格斯对马克思的感情很深厚。

师：其他同学有何感受？

生：我认为本段中的比喻很精彩。"把它们当作蛛丝一样轻轻拂去"，表现出马克思对反对派的诽谤、诅咒和污蔑非常蔑视。

生："他可能有过很多敌人，但未必有一个私敌"这句话写得好，说明了马克思心胸坦荡、光明磊落、人格伟大！

师：说得好。我们又一次体会到恩格斯是饱蘸着感情写这篇悼词的。有问题吗？（学生摇头）没有了？那么，我来问你们。本段中又出现了破折号。与上段中的破折号作用一样吗？

生：不一样。这里是解释。

师：对。第六段中也有破折号，起何作用？

生：也是解释吧。

师：也是解释，有什么不同吗？

生：不知道。

师：相当于括号。与括号的不同之处在于，此处要读出来，括号内的内容不用读出来。还有问题吗？（学生摇头）不是没有问题，而是你们没有发现。我再问一个。作者写道："在整个欧洲和美洲。"第二段中也写道："对于欧美战斗着的无产阶级。"作者为什么只说"欧美"，不说"全世界"呢？（没有学生回答）

师：历史课代表回答。从世界无产阶级发展史的角度来考虑。

生：大概当时无产阶级只在欧美才有吧。

师：正确。中国当时没有。中国的无产阶级作为独立的政治力量登上政治舞台，是在什么时候？

生：五四运动。

师：对。这又是语文和历史的融合。看来"文科综合"应该包括语文。

（学生笑）

师：下面我们齐读最后两段。

（学生齐读课文）

师：现在，我想再做一次调查：喜欢这篇课文的举手。

（很多同学举手，还有个别同学未举手）

师：比开始的时候多了。这说明同学们开始认识和理解这篇课文了。那么这篇课文值得你学习的是什么呢？

生1：作者的高度概括能力。

生2：过渡句用得好。

生3：层层递进，逻辑性强。

生4：饱含感情，真挚、动人。

师：还有吗？"但是这在他身上远不是主要的。"

生5：准确的判断力、评价力。

师：对了。马克思一生在理论上和实践上都有伟大的贡献。哪个是主要的？

生：实践上的贡献。

师：既然实践上的贡献是主要的，那为什么不先写实践上的贡献呢？你们看第二段中有两个"对于"。前一个"对于"指的是革命实践活动，第二个"对于"指的是理论研究。实践在前理论在后。可为什么具体写的时候，实践放到后面去了呢？

生：放在后面才显得重要。

师：回答固然有道理，但还不够准确。放到后面写，才会出现"但是这在他身上远不是主要的"一句，才会使文章具有大的转折。正是这样的大转折，才真正强调了马克思在实践上的贡献是主要的。换句话说，恩格斯这样的正确评论，如何通过文章的写作技巧来加以凸显呢？这样的转折就凸显出来了。恩格斯是文章高手。那几位不举手的同学，你们有何感想？

生：老师，现在我才开始认识到本文写得好。我喜欢了。

师：好的。好文章不是读一遍就能读懂的。我一直认为，在你们已经学过的课文中，还找不到哪篇文章在逻辑性上可以和本文媲美。希望同学们课下多读几遍。作业是完成课后"练习题"的第二题。下课，同学们再见！

生：老师再见！

**（二）论述类文本阅读教学设计案例点评**

这是一次演讲体裁的论述类文本教学，从课堂实施的效果来看，学生在教师的引导下，学习过程由浅入深、层层推进，逐步厘清了文章的脉络结构，理解了作者表达的观点，掌握了作者的写作方法。教学设计严谨、完整、系统，立足文本，紧扣"语文"进行教学。本课主要具有以下特点和价值：一是立足文本整体把握，充分依据文章本身特点进行教学设计，教师在进行教学设计过程中，始终围绕政论文的文本特点进行教学设计，以马克思对世界的贡献这一问题展开教学，紧扣论述类文本教学特点，突出教学核心内容。二是引导学生自主探究，深挖文本内容，教师引导学生，阅读文本，逐步走入文本，深入文本内容，在文章具体内容之中深挖文本核心内容，通过连续的阅读、提问、对话交流，引导学生自主探究文本具体内容，思考分析、归纳概括马克思对世界做出的贡献，整体把握文本核心思想。进入文本，发掘文章内容，共同探究本章的观点、论据。三是重抓文本细节，教师在教学过程中，重点抓学生对文本关键词语、细节语段以及标点符号的分析和把握，引导学生从细节中揣摩文本内容，理解作者观点，逐步掌握自主探究的阅读方法，培养学生的阅读素养，提升阅读能力。

**（三）论述类文本阅读教学设计案例蕴含的核心知识点**

核心知识一：论述类文本的基本构成。

论述类文本是指以叙述、议论为主的，用以表达某种立场或观点的文本，其主要特征是议论性较强，观点鲜明，材料涉及面广。一般而言，论述类文本主要包括时评、书评、短论、社科论文、自然科学论文等。中学语文教材中论述类文本主要涉及杂文、演讲词以及学术论文这三大类，其中，杂文是指广义"杂文"中以"激烈的战斗态度批判社会现实的杂文"，演讲词是名人名家的重要演讲，学术论文则是指涉及文艺、哲学、科技、语言学等在内的学术研究论文。在中学语文阶段，论述类文本主要以议论文、杂文为主。

一般而言，论述类文本，主要由论点、论据和论证方法构成，这也是论述类文本教学的核心内容。教师在进行论述类文本的教学设计时，首先需要立足文本，梳理其中论点、论据和论证方法三部分的内容，从整体上对文本的核心观点和关键内容进行把握。

第一，论点。

论点是作者对所议论的问题所持的见解和主张，所议论的问题包括事件、现象、人物、观念等。论点一般具有正确性、集中性、鲜明性、针对性和新颖性的特征。

（1）论点正确性是议论文的核心和基础。论点正确，文章的论据和论证才有价值和意义。检验论点正确与否，主要看作者提出的主张、看法和态度是否科学、准确地揭示出事物的本质规律或蕴含的科学道理。

（2）论点集中性是指论点把握的是问题的主要矛盾，并聚焦在这个主要矛盾之上。论点的语句往往表现为简明扼要、集中表达，使读者能很好地理解文章所要阐述的中心。

（3）论点鲜明性是指论点本身所占据的立场必须清楚明确，所代表和表达的观点鲜明，不吞吞吐吐，不模棱两可。

（4）论点针对性是指论点的确立要有的放矢，针对具体现象，注重解决实际问题。

（5）论点新颖性是指论点能够提出独特的观点和见解，给人以新的启迪和独特的收获。

上述论点的五个特点是紧密联系又互有区别的。正确性是论点的根本属性，决定了论点与谬误之间的区别，集中性和鲜明性是论点表达的特点，也是论点特有的语言特色，针对性是从实际角度反映论点对事物的理解深度和实际价值，新颖性则是关于论点的立意方式和角度。

一般而言，论点又分为中心论点和分论点：中心论点是作者对所论述问题的最基本、最核心的看法，是作者在文章中所提出的最主要的思想观点，是全部分论点的高度概括和集中；分论点是从属于中心论点并支撑中心论点的多个观点。经得起论证的分论点是论证中心论点的有力论据。

第二，论据。

论据，是作者提出论点的理由和依据，是用来证实论点的观点和材料。在逻辑学上，它是用来确定论题真实性的论断，担负着回答"为什么"的任务。论据往往具有准确、典型、适量、新颖、合乎逻辑的特点。从作用上论据可分为总论据和分论据，从内容上论据可以分为事实论据与道理（理论）论据两大类。事实论据包括各种有代表性的事例，各种统计数字和概括一定时间与一定范围的概括性事实；道理论据是指那些已经被实践证明了的为人们所公认的真理。

第三，论证。

论证即运用论据证明论点的逻辑过程和方法。它需要揭示论据与论点之间的内在逻辑联系。论证主要分为立论和驳论两类，前者是作者自己提出一个观点和判断来阐述，后者是对别人的判断实行驳斥。

具体的论证方法：

（1）例证法。即事例论证或事实论证。这是议论文写作中最常用的一种论证方法，是用具有说服力的典型事例来证明论点正确的一种方法。

（2）引证法。又称事理论证或道理论证，是通过引用材料来证明观点正确性的一种论证方法。引证分为两种：直接引证指直接引用原话、原文或原材料作论据来证明论点的方法；间接引证指只引述观点证明论点的方法，不引述原文。

（3）喻证法。这是用设喻来论证论点的方法。在议论文中，设喻可以通过本体与喻体之间的本质相似性使论点更易懂具体、更风趣生动、更容易获得读者的认同。

（4）比较法。这也是一种常见的论证方法，分为类比与对比两种。类比法，即借助某个或某几个类似的例子之间的内在相似性等，进行由此及彼的推理；对比法是通过性质、特点在某些方面相反或对立的不同事物之间的比较，来证明论点的方法。

（5）反证法。即通过否定论点对立面来间接论证论点的可靠性的论证方法。这个方法适用于直接论证难度较大、不利于直接论证的论点的证明，或直接论证思路不易梳理清晰，或直接论证过程和思路不易为人理解，或直接论证的论据较少而证据不足。

（6）因果法。因果关系是事物间普遍存在的，一切现象都有因有果。每一个现象都是由一定的原因引发的，一定的原因又会引发一个结果。论述类文本中广泛存在着必然而又普遍的因果关系的运用。

（7）归纳法。即通过对一系列个别、具体、真实的事实进行概括总结，归纳出其共同的普遍特征，从而得出一个普遍性论点的方法。它反映了论据和论点之间由个别到一般的关系。

（8）演绎法。从普遍性、抽象性的结论或一般性事理推导出个别性、具体性结论的论证方法。在演绎论证中，普遍性结论是依据，而个别性结论是论点。归纳和演绎的方法都反映了论据和论点之间由个别到一般或由一般到个别的逻辑关系，只是归纳和演绎两者的逻辑推导思维是相逆的。

论证结构：

（1）框架结构。这是从篇章的外部框架角度来认识议论文结构。论述类文本的篇框结构多数是三段式，或是"总论—分论—总论"，或是提出问题、分析问题、解决问题。

（2）逻辑结构。论述类文本最重要也是最本质的特点，即是其严密的逻辑性，因此，需要从议论文内在的逻辑推演关系的角度来认识其结构。逻辑推演结构包括演绎式、归纳式、演归式（即演绎和归纳综合的方式）三种，论述类文本的逻辑结构也包括这三类。

（3）事理结构。这是从议论文所反映的事理关系的角度来认识议论文结构。事理结构比之篇框结构，能较深入地进入议论文内容的中间层面，但是较之逻辑结构，没有达到逻辑结构的思维深度，故而事理结构可以说是议论文的中间层结构。

核心知识二：论述类文本的教学设计原则。

第一，立足文本原则。

论述类文本涉及的领域较广，涵盖哲学、历史学、文化学、语言学、文艺学、政治学等方面，内容丰富。课堂教学的过程中，如果不能立足文本自身，立足语言本体，教学内容往往会过于发散，脱离语文教学的本质。所以，教师应对文本进行把握，对文本的论点、论据、论证方法等内容进行分析，进而设计教学内容。整个教学设计的内容编排、教学过程要围绕论述类文本的基本内容这一核心，抓住论述类文本教学的基本特点，立足语文教学的立场展开。

第二，思维训练原则。

论述类文本观点鲜明、论述严谨、逻辑严密，对于培养中学生概括、提炼、分析、判断、综合等抽象思维能力，深化对自然、社会和人生的思考和认识，确立正确的人生观与价值观等，都具有不可替代的作用。因此，论述类文本教学要以培养学生思维能力、思辨能力为基本教学目标，其"根本任务是训练思维，发展思维，即学习思维的基本规律，训练思维的语言表达技巧，培养思维的能力"。[①]在此教学目标的指引下，教师再根据具体文本实施具体的教学措施。

第三，分析探究原则。

论述类文本有严密的逻辑性与较强的抽象性，对于中学生尤其是初中生，形象思维占主导地位，对论述类文本的阅读有一定的思维难度。论述类文本中充满判断、推理、分析、综合、联想、抽象概括等思维过程，还有严密的论证、严谨的结构、缜密的语言等。因此，在教学过程中，需要引导学生通过对文本内容尤其是关键语句的阅读、揣摩、品味、交流，对文本内容进行探究、分析，从中把握文本大意，理解文本内容。

第四，联系生活原则。

在中学语文教材中，部分论述类文本涉及政治、文化、文艺等内容，在思想内容的理解把握上存在难度，中学生的心理对论述类文本的学习有显性或隐性的抵触情绪，认为该类文本枯燥无味。然而，兴趣是学习的基础和动

① 周庆元：《语文教育研究概论》，湖南人民出版社2005年版，第343-344页。

力，论述类文本的内容往往与实际生活相联系。进行论述类文本教学设计，需要联系生活，选取贴近学生生活和当下时代的文章。同时可以考虑通过一些生动有趣的游戏、辩论、比赛等形式使课堂活跃起来。

核心知识三：基于探究性阅读的论述类文本教学设计。

自《义务教育语文课程标准（2011年版）》颁布后，探究和探究性阅读成为重要的语文学习方式和阅读方式。探究是一种心理倾向和行为方式，即人们对未知的事物有认知的愿望，想了解其"是什么"；或想了解已知事物的现状，即"怎么样"；在此基础上，进一步追究其来龙去脉，了解它"为什么"会是这样。在学生探究学习的过程中，不仅要发展学生的思维、尊重其多元的个性体验，同时要培养学生明辨是非的能力。

基于探究性阅读的论述类文本教学设计，要以学生为中心，立足文本之上，通过创设问题、合作讨论、活动探究等多种方式，以达到培养学生分析能力、思辨能力、逻辑能力的目标，帮助学生在阅读中养成良好的阅读习惯，掌握阅读方法。

第一，立足文本，整体设计。

中学语文教材中的论述类文本，涉及的内容往往具有一定深度，有些文章的观点学生并不容易理解。在进行教学设计的过程中，教师应当具有整体意识，通过对文本的整体分析，把握文本的中心论点，梳理文本的整体结构或框架，从整体上设计教学程序，厘清教学脉络。

论述类文本有其较为严密的框架结构和逻辑脉络，教学设计过程中，需要选择适合的阅读程序。一般的程序是先通读全文，立足于整体感知和把握；再看文章局部的段落和语句，做好细部的分析；最后要回到全文背景下作印证。通过这样的程序，能清晰地把握作者是怎样切入话题、深入分析、得出结论、归于总结的。这样的过程不仅有利于教师带领学生去概括、分析、判断、提炼、综合，更便于学生把握作者的意图和思维的过程。

第二，设计问题，层层引导。

论述类文本的基本特点是针对某个问题提出观点，然后通过对该观点的剖析和运用一系列论证方法，论证该观点是否正确。在此过程中，必然需要不断设问和论证并解决提出的问题。因此，对于学生而言，指引学生关注文章涉及的问题产生疑问，能够激发他们对阅读的兴趣，这对于论述类文本的学习具有十分重要的作用。在教学过程中设计问题，要能够启迪学生探究的兴趣，学生生疑后就会产生一种迫切的"阅读期待"，进而推动探究主动地开展。

论述类文本是以叙述、议论为主的，用以表达某种立场或观点的文本，其论述的过程本身就具有高度的逻辑性和严密的思考表达。在进行教学设计时，教师需要依据文本内容，根据论点和论据之间的逻辑，设计相应问题，逐步引导学生从文本内容中思考探究，深入文本的逻辑思维脉络，让学生把握对事理的价值判断和逻辑辩驳，并在阅读过程中学习如何对思维、观点、思想进行清晰、准确地表达。

第三，突出关键，重点分析。

论述类文本虽然以议论为主要表达方式，但其分析说理的语言严整，论述的观点、论据、论证的方法往往是文本的关键部分，所运用的语言也往往具有很大特点。对重点语句、段落的思考、分析、提挈、归纳、反复揣摩，有利于学生理解文章观点，总结论证方法，感受论证的语言。

在进行论述类文本教学时，要突出文章的关键部分、核心语句和重要内容。让学生通过揣摩品味、分析思考相关语句，体会感受文章观点，探讨论据与论点之间的关系，从而把握论证方法，深挖思维深度。

第四，以学生为主体，合作探究。

自主学习是探究性学习的内在动力。要让学生主动地探究，主动地思考，主动地辨别，否则就会养成严重的依赖性，最终会使思维之泉枯竭。

同时，合作探究是一种互助性的学习活动，是在学生自学探究的基础上，为了充分发挥学生学习主动性，运用讨论的形式，让学生各自阐明观点，发表意见，解决问题。一般来说，不同的学生有不同的理解、不同角度的思考以及不同层次的见解，通过交流能实现双赢。即使相互排斥，也能形成争鸣，在思维的碰撞中产生新的火花，从而使认识进一步走向深刻。

第五，开阔视野，发散思维。

探究性阅读中的开放性，一般体现在两个方面：一是思维的角度具有开放性，二是学习过程的开放性。在此我们主要讨论前者。思维角度的开放性主要体现在阅读的个体差异性上。同时，不同于文学文本的以情感为线索，论述类文本是以思维、逻辑为线索的。因此，在论述类文本的探究性阅读中更要注重学生思维的开放性。对一个问题的看法和评价，可以多换角度、立场，鼓励合理的逆向思维和发散思维。

逆向思维是从相反的方向和角度进行的思维活动。发散思维是从不同的角度去思考问题，以寻求众多解决问题的方法。思维有了开放性，对文本中作者提出的独特见解才能获得理解、达成共识，才能在众多迷惑性的表象之下看清事物的本质。

### 三、实用类文本阅读教学

#### （一）语文实用类文本阅读教学设计案例

《食物从何处来》课堂实录①

第一课时

师：同学们，昨天跟大家第一次见面时，曾布置同学们回去自学《食物从何处来》。有一个附带的要求，不光看课文，还有什么？

生（1）：说说自己阅读的步骤。

师：对了，同学们有没有这样做呢？这篇文章我估计你们是容易懂的。我们学这篇文章有一个有利条件，课文里谈到的自养、异养的道理，我们在哪儿学到过？

生（集体）：生物课里。

师：是的，在生物课里学到过的。这是一个有利条件。但我还是想考考大家，看大家真的懂了没有。我提三个小问题，同学们思考一下。第一个问题：今天早上起床后，我喝了一杯牛奶，吃了两个馒头、几片

---

① 钱梦龙：《〈食物从何处来〉课堂实录》，载《中学语文》1986年第11期。

肉和咸菜，吃了一片治嗓子发炎的药，喝了一杯开水，最后又吃了一个苹果。请同学们告诉我，我吃的这些东西当中，哪些不是食物？还要讲出道理。（稍停）吃的东西，我再说一遍（略）。（沉默）谁知道？起来说！哈……你们看了书，我第一问就把你们难住了。看看谁能说出来（三个学生举手）两位——三位同学知道了，其他同学呢？

　　生（2）：水不是食物。

　　师：为什么？

　　生（2）：因为一切生物都……

　　师：请你回答什么是食物。

　　生（2）：食物就是一种能够构成躯体和供应能量的物质。

　　师：啊，那么，其中什么东西不属于这样一种物质范围呢？

　　生（2）：（沉默）

　　师：你刚才说的水不是食物，为什么水就不是食物呢？

　　生（2）：因为水不能供应能量。

　　师：对了，还有什么东西不是食物呢？

　　生（3）：药不能构成躯体和供应能量，所以药不是食物。

　　师：很好，药不是食物。我们吃了许多药，不能说我们吃了许多食物。同学们，我刚才提的这个问题，是想考查你们对课文的哪一句话的理解，知道吗？

　　生（4）：食物是一种能够构成躯体和供应能量的物质。

　　师：对了，我就是要考考同学们是不是注意了这句话。这篇文章是食物从何处来，不能看了老半天，结果什么是食物还不懂。看来，同学们看书的时候，也许没太注意这句话。你们有没有把这句话括起来？括起来的同学举手。（一部分学生举手）啊，多数人都括起来了。刚才我问早上吃的哪些东西不是食物时，为什么同学们一下子就答不上来呢？是不是大家对这句话的印象还不怎么深刻？第二个问题：我在上海自己班级里教这篇课文时，有的同学提出这么一个问题，你们看他们提得对不对，你们有没有不同意见。就是在读到"异养"的时候——请同学们翻到106页第7行——"另一种叫'异养'。所有的动物和大部分微生物都是这一类。它们自己不能制造食物，靠植物来生活"。有同学说这句话表达不准确。因为有的动物是靠植物来生活，有的动物是食肉类的，不是靠植物来生活的。因此，他们认为这句话应该改成"它们自己不能制造食物，有的靠植物来生活，有的靠捕食其他动物来生活"。他们说这样表达才比较严密。你们对他们的意见同意不同意？理由是什么？

生（5）：不同意。因为所有动物都是间接和直接依靠绿色植物来生活的。

师：好极了，我尤其欣赏她讲的这句话里的两个词，你们说哪两个词？

生（6）："间接"和"直接"。

师：对了，"间接"和"直接"。这两个词讲得好极了。文章里没有写到，但她讲到了。就是说，所有的动物都不是直接地靠植物来生活，就是间接地靠植物来生活。同学们对这一点理解得很好。我提的最后一个问题：课文标题是《食物从何处来》，请你们用最简单的一句话说出食物究竟从何处来。

生（7）：从大自然中来。

师："从大自然中来"这句话表达不准确。因为大自然中有植物，也有动物，还有各种各样的东西，究竟食物从哪里来，不明确。你好像有点了解，但我们要求表达准确，你听听别人说吧！看看别人说的跟你说的有什么不同。

生（8）：绿色植物的光合作用。

师：喔！一切食物都是从绿色植物的光合作用中来的。很好。我今天检查了一下以后，发现除第一个问题花了一点思考时间外，其他两个问题同学们都回答得很好。这说明同学们是有阅读能力的。不过，我还想听听同学们这方面的意见，就是说，你们读文章的思路是什么样的？一般是按什么样的步骤来读的？

生（9）：第一遍是通读课文，找出生字生词；第二遍，从课文中画出重要的语句；第三遍，把课文分段，然后了解课文要说明一个什么问题，最后得出结论。

师：好，你能不能说说你找出了哪些生字生词呢？大家拿出笔做个记号，看他是不是跟自己找的一样？如果有不同的，等一会儿还可以补充。

生（9）：生字：赫赫有名的"赫"。生词：碳水化合物、异养型。

师：刚才这位同学说了他阅读课文的步骤，还有不同的吗？

生（10）：第三遍，分段后，还应写段意。

师：好！你又加了一个写段意。刚才那个同学找出的生字生词，你们还有没有补充的？

生（11）：微生物、糠麸的"麸"。

师：差不多了吧！（一个学生举手）啊，你还有，你说吧！

生（12）：吃荤的"荤"。

师：很好。现在看来，我们班上的同学是接受过训练的，是训练有素的。已学会了读一般文章的方法，这是一些常规步骤。（稍停）今天我们学的课文是什么体裁？

生（集体）：科学小品文。

师：对了，科学小品文是属于说明文的体裁。那么，这种文章该怎么读呢？（稍停）在你们确定阅读步骤时，有没有考虑体裁的因素？也就是说，记叙文怎么读，说明文怎么读，议论文怎么读？考虑过的同学请举手。（几个学生举手）啊，老师还没有教你们就能按照不同文章的体裁来确定一些阅读的步骤。今天，我们就学习说明文的阅读步骤。希望同学们按照老师讲的这个方法读这篇文章。不仅要读懂这篇文章，而且还要什么？

生（部分）：会读这一类文章。

师：对了，要学会读这一类文章。在这个课本里还能不能找到同一类的文章？你们从目录中看一看。

生（13）：《宇宙里有些什么》《奇特的激光》。

师：很好，你一下就看出来了。这三篇文章都是科学小品文。我打算：这一课主要由我教读说明文的方法，另外两课，请你们按照我教的方法，完全通过自己的努力去把它们读懂、读好。我们把这三篇文章作为一个单元一起学习，作为一个整体来学习。我们在读这篇文章时，会联系到其他几篇文章，请同学们注意。下面我们就确定这一篇文章的阅读步骤。第一步，不同体裁的文章，一般的常规阅读方法是先查生字生词，分段写段意，概括中心，最后归纳一些结论。第二步，是按特殊体裁来读——读说明文一般要在几个方面问问自己。第一问，要问一问文章说明了什么，说明这个对象有什么特点？（板书：说明对象及其特点）第二问，我们要问一问说明的顺序怎么样？（板书：顺序）第三问，问一问说明的方法怎么样？（板书：方法）第四问，问一问说明文的语言特点怎么样？（板书：语言）这是结合文体特点来阅读说明文的方法。刚才同学们讲的常规方法，我们就不在课堂内讨论了，例如，刚才同学们找了一些生字生词，这个我们不统一规定，非找哪几个生字生词不可。总之，哪几个字需要记，你自己找一下就可以了。今天我们重点学习说明文的具体读法，现在先看一看说明文的对象。说明文有一个特点，大家注意，（稍停）说明文的对象从哪里一看就可知道呢？

生（部分）：从题目中一看就知道。

师：对，这个题目是一个什么句子形式？

生（13）：问句。

师：好，你能不能把问句改成其他句子形式，也同样能表达这个意思呢？

生（13）：食物从这里来。

师：还有别的表达方式吗？

生（14）：食物的来源。

师：很好！"食物的来源"这个句子比较准确。这篇课文说明的对象是食物的来源。它告诉我们食物来源的途径是什么。现在我们再看看这个题目的特点。如果我们把《食物的来源》和《食物从何处来》这两

个题目比较一下，你们觉得哪个更好些？（稍停）要讲出道理。（学生有的议论，有的举手）

生（15）：《食物从何处来》更好些。因它用问句的形式，可以吸引读者去读他的文章。

师：对，用问句可以吸引读者。用问句的方式，一般有这样的作用——引起思考、吸引读者。很多科学小品文往往用这样的题目，刚才你们说的三篇说明文，还有没有这样的题目？

生（部分）：《宇宙里有些什么》。

师：对，《宇宙里有些什么》也是一个问句。这是我们经常见到的说明文的题目。这篇说明文要说的就是食物的来源。这个对象有什么特点？它主要讲了获得食物的途径和方法。讲了什么样的途径？（稍停）你们在生物书上学过没有？现在请同学说说生物书上讲食物有哪两种来源？

生（16）："自养"和"异养"。

师：什么是"自养"？什么是"异养"？

生（16）："自养"是它们自己把无机物制造成有机的食物，满足生长的需要。"异养"是它们自己不能制造食物，靠植物来生活。

师（微笑）：你是"自养"的，还是"异养"的？

生（16）：我是"异养"的。（师生笑）

师：对，我们"人"都是"异养"的，因为我们"人"身上没有叶绿体。同学们，食物的来源主要通过两个途径：一个是自养，一个是异养。归根到底，都是通过绿色植物的光合作用。你吃荤也好，吃素也好，总而言之，都离不开植物。你吃荤的，也是间接地吃了植物。

好，阅读第一步，一般是我们从题目中就可得到答案。重点是了解说明文的顺序。刚才同学们已说过了，要给文章分段。分段可以帮助我们初步了解作者的说明顺序，不过，光这样做，恐怕还不够，今天我还教你们另外一种方法。先请同学说说你们是怎么分段的？（几个学生举手）有些同学还没有分，这说明你们对这个工作还不够重视。

生（17）：分两段。第一段是第一、第二自然段，第二段是第三自然段一直到完。

师：有没有不同分法？我要求同学在说分段时，要说说为什么要这样分。

生（18）：分三段。第一、第二自然段为一段。这两段是说明一切生物都需要食物。第三自然段一直到第十二自然段，为第二段。它说明生物是怎样获得食物的，也就是，食物的两个来源。最后一个自然段是第三段。它说明植物是一个无比巨大的合成工厂。

师：同学们同意哪一种说法？同意他的吧？（指生18）我觉得这样分比较能够反映作者的思路。我也同意这样的分法。其他不是这样分的同学可考虑一下：我那样分的道理是什么？是不是比这个同学说得更有理些？（稍停）同学们，我们到这里为止，基本上了解了作者的思路，了解了作者说明的顺序。不过，光这样理解还只是停留在表面上，还必须要问作者为什么要用这样的顺序来写？我在这里交给同学们一种方法，叫逆问法。（板书：逆问法）什么叫逆问法？就是倒过来问。作者按这种方法说明问题，我们运用逆问法，就不按照他的方法来思考，把它倒过来思考，再看行不行？如果我们经常用这个方法读书，那就可以把我们对文章的理解引向深入。现在我们可举两个例子，用逆问法来试试，看看同学们能不能提出问题。（稍停）作者在这篇文章里说明的顺序是：先说自养，再说异养。用逆问法怎么提问题呢？

生（19）：为什么他要先说自养，然后再说异养？

师："逆"是什么意思？是方向相反。那就是先说"异养"，再说"自养"，你们看行不行？

生（集体）：不行。

师：讲道理，为什么？

生（20）：因为大部分食物是从植物的光合作用中来的。

师：你的意思我明白了，但还差一点。

生（21）：因为"异养"的生物是靠"自养"获得食物的，所以这个顺序不能倒过来。

师：对，没有"自养"也就没有"异养"。同学们已了解了一切生物归根结底都是靠绿色植物的光合作用来获得食物——是靠植物的"自养"获得食物的。"自养"是世界上一切食物的最根本来源。讲到这里，我们顺便问问同学，例如，文章开头"一粒种子能长成参天的大树，一颗鱼卵能变成千斤的大鱼"，这两句话的次序能不能倒过来？

生（22）：不能，因为动物靠植物来生存。

师：说得不清楚。

生（23）：因为第一句是"自养"，第二句是"异养"。

师：对，"一粒种子能长成参天的大树"是"自养"的过程。"一颗鱼卵能变成千斤的大鱼"是"异养"的过程。可见作者写文章时思路是很清楚的，前前后后都照应得很好。又例如，在谈到"异养"时，作者举了很多例子，既举了"野兔、狼、老虎、细菌"的例子，也举了人的例子。为什么要先举"野兔、狼、老虎、细菌"的例子，后举"人"的例子呢？能不能倒过来，先举人的例子？

生（24）：因为后者能吃前者。

师：后者吃前者，那就是我们人能吃野兔，那么，野兔吃人，怎么解释呢？你用逆问法一问，就会感到这个提法不合理了。

生（25）：因为人能够劳动，前面说的都不能劳动。

师：有道理，有道理！但不够全面。

生（26）：人类是最高级的动物，人类能够猎取前面所有的动物。

师：还有补充意见吗？（稍停）刚才有一位男同学举手的呢？

生（27）：因为人通过劳动得到食物，还能运用各种方法改造植物。

师：好极了。我作为一个男同胞对你的发言非常欣赏。（师生大笑）我就是这么想的，人跟其他动物之所以有区别，就在于人能够劳动，能够改造植物、改造大自然。这就是人区别于其他动物的一点，这也是人最值得自豪的地方。作者在举"异养"的例子时，先把一般动物的"异养"例子举出来，说明这些一般动物是靠"异养"获得食物的，最后很自豪地提出人是靠劳动获得食物的，而且人是能够改造植物的。这就表现了人的自豪感，也说明了人之所以区别于其他动物的最根本一点。如果先举人的例子，恐怕就达不到这种表达效果了。同学们，以后读书时，应经常问问自己，特别在考虑写作顺序时，应经常运用递问法问问自己，倒过来行不行？把它去掉行不行？我们现在再举一个例子，看看同学们能不能提问。把开头的一个自然段去掉，把第二个自然段的前面两个字"原来"也去掉——从"一切生物都需要食物"这儿开头，行不行？然后再说好不好？

生（28）：行。

师：为什么？（沉默）我建议大家回答问题时，经常用"我认为怎么样"来说明自己的观点，然后再用"是因为"来说明理由。（稍停）你不能说出理由，就回答第二问"好不好"吧？

生（28）：不好。

师：有分寸！"行，但不好"能说点道理吗？

生（29）：加上第一自然段后，文章就更具体了。

师：好，还有补充吗？

生（30）：第一自然段提到了有机物质，第二自然段提到了有机物质和能量。

师：噢，你跟刚才那位同学讲的意思一样，也是更具体了吧！还有别的意见没有？

生（31）：第一自然段的最后两个问句，提出了问题，可以吸引读者。

师：好，加上第一自然段，不仅使文章更具体了，而更重要的是引起读者思考，引起读者阅读的兴趣。这篇文章的体裁是说明文，是科学小品，它讲的是一般科学常识，是写给一般读者看的，而且主要是写给青少年看的。你们主要喜欢看什么样的文章？

生（集体）：有吸引力的文章。

师：对，有吸引力的文章。你们看这一篇文章一开头就很有吸引力。（老师读第一句）"一粒小种子能长成参天的大树"（稍停）为什么呢？引起我们思考吧！带着我们往下看吧！啊！原来它需要食物。那么"食物从何处来"呢？连着两个问句，一步步引着我们往下读。同学们，其他两篇也用了这种写法，你们看在哪里？

生（32）：《奇特的激光》一课里有，就是第二自然段。

师：对，同学们看看《奇特的激光》这篇文章的开头吧！（老师朗读）"在六一国际儿童节游园会上，有一种叫作'激光枪'的玩具。一个小朋友握着这种枪，瞄准游艺台上徐徐开过的坦克，一扣扳机，'啪'的一声，坦克着火烧起来了。"噫！为什么呢？（接着朗读）"在场参观的少年朋友们都很奇怪：这支枪没有发出子弹，也没有喷出火焰，怎么能使隔着两三丈远的坦克着火呢？"是啊！为什么会着火呢？你们看，这样就能吸引我们看下去吧！通常的科学小品文，往往用这种方法开头。这种开头去掉也可以，但是放在这里更有吸引力。同学们，说明的顺序就讲这些了，还有两个问题——说明的方法和说明的语言，休息十分钟后再讲。

第二课时

师：同学们，上一节课主要学了说明文的阅读步骤。先了解说明的对象、特点，然后再了解说明的顺序。这节课我们讲讲说明文的一般说明方法。了解说明的方法，不仅有助于我们读好说明文，也可以帮助我们写好说明文。说明的方法很多。第一种，下定义；第二种，分类；第三种，举例；第四种，举数字；第五种，比较；第六种，图表；第七种，描写；第八种，比喻；第九种，拟人。我们通常看到的一般说明方法就这么几种。首先我们讲讲下定义。你们找一找，这篇课文有没有用下定义的方法说明问题？

生（1）：有，在讲"自养""异养""食物"时是用下定义的方法。

师：还有补充的吗？

生（2）：一切生物都需要食物，还有光合作用。

师：刚才同学们提出很多下定义的句子，其中有些不是。我们先把它们区别开来，然后再研究什么是下定义。现在说说哪些例子不是下定义？

生（3）："一切生物都需要食物""光合作用"。

师：好。现在我们了解一下，什么叫下定义？

生（4）：就是对某一事物的解释。

师：对，下定义主要是揭示某一事物区别于别的事物的特点。我们再举一个例子，我们怎样给"人"下个定义呢？

生（5）：人是有头，有胳膊，有腿的。

（学生笑）

师：猴子有没有头，有没有胳膊和腿呢？

（哄堂大笑）

生（6）：人有劳动能力，能思考。

师：还有补充的吧？

生（7）：人是能够制造生产工具的高级动物。

师：你从哪里知道的？

生（7）：我从历史书上学到的。

师：好，你的知识面比较广，也比较扎实。人是高级动物，但高级动物除人以外，还有别的。例如猴子也是高级动物，那么猴子与人的区别在哪里呢？（稍停）主要是人能制造生产工具，能劳动，能思考。这点就是人与其它高级动物的区别。因此，下定义就是要揭示某一事物的特征。我们再看看什么叫"食物"？

生（集体）：食物就是一种能够构成躯体和供应能量的物质。

师：简单一点说，食物就是一种物质。但物质很多，（指桌子）这也是物质，但不是食物，不能吃，那么食物与其它物质的区别是什么呢？

生（部分）：食物能够构成躯体和供应能量。

师：对！食物有两个主要特征：一个是能够构成躯体，另一个是能供应能量。所以，前面讲的水不是食物。因为水虽是生物体所必需的，也参与躯体的组成，但不能供应能量。我们喝了一杯开水，不能说我们吃了食物。这就叫下定义。"一切生物都需要食物"这个句子是不是下定义呢？它有没有揭示它与其它事物区别的特征？

生（集体）：没有。

师：对，它没有。它不过是叙述情况——说明"一切生物都需要食物"这个具体情况。请同学再用下定义的典型方式给"自养"下个定义吧！自养是一个途径，是一个过程。（边说边板书：途径、过程）（师指着黑板）自养是一个什么样的途径，或者说是一个什么样的过程呢？

生（8）：自养是绿色开花的植物利用水分、二氧化碳、光能制造淀粉和排出氧气的过程。

师：把这个过程讲得太复杂了。能不能说得简单点——按照书上说的，稍把句子改一下。

生（9）：自养是绿色植物把无机物变成有机物、维持自己生活的过程。

师：很好！这就叫下定义。这篇课文里有关下定义的问题就谈这些。现在我们再看看这篇课文中还运用了其它哪几种说明的方法？（沉默）好比说明文应该怎么阅读？你们在谈怎样阅读说明文时，要用到一些说明的方法，在这些说明方法中，你们主要用什么方法？

生（部分）：举例。

师：对，举例法。要用举例方法。我们在阅读说明文时必须首先了解说明的对象及其特点，你在说出"必须"的道理以后，就要举例。例如在那篇文章里是什么？这篇文章里又是什么？又如，在谈读说明文要用逆问法来了解作者的思路，了解作者为什么这样写时，也要举例。（稍停）同学们注意：说明文的语言应注意什么？

生（集体）：准确。

师；对，说明文的语言特别要求准确，简单明白。不能啰里啰嗦的。文章要让人一看就明白你说明的内容，如果让人越看越糊涂可不行。

同学们，今天的课就上到这里。

### （二）实用类文本阅读教学设计案例点评

《食物从何处来》教学实录，展示了教学设计涵盖的六个要素和教学过程，再现了语文教师"教师主导、学生主体、训练主线"的"三主四式"教学思想的基本脉络。课例设计的精髓可以概述为以下几个方面。

1. 教学内容持之有据：本文的核心教学内容——"说明文的阅读步骤"和"说明的方法"两课时，一课一得。教师通过文本的体式特点（说明文——科学小品文）和学生的学情（对本文的阅读理解状况）去确定教学内容。

2. 教学目标学以致用：通过学习本文，达到"会读同类文章"的目的。

3. 教学策略灵活多样，主要有三个方面：一是只教不会的（说明文的阅读步骤），不教已懂的（比如，其他学科已学的——生物课讲的自养和异养知识）、易懂的（学生看书即可完成——食物的概念）、已会的（普通文章的四步读书法）。二是用问题做支架，为学生搭建认知平台（如将自养、异养的知识设置成三个相关联的问题——从早餐中判断哪些是食物？"所有的动物和大部分微生物都是异养。它们自己不能制造食物，靠植物来生活"表达是否准确？食物究竟从何而来？）。三是教读书方法，比如，"逆问法看作者思路"。

4. 教学活动务实丰富：提供语境真实的活动场景。课前带着任务（读书的步骤）预习、课堂自我阅读和师生交流讨论都是在活动中进行。

5. 教学材料合理利用：对教材所选三篇说明文章做单元整体设计。分工不同，让知识呈一个渐进的、有序的动态生成过程。本文属精讲篇目，教师教读；《宇宙里有些什么》和《奇特的激光》则让学生自读。学生在教师所教方法指导下读懂、读好，加深对"说明文的阅读步骤"的理解、感悟，固化成阅读习惯和阅读能力。

6. 效果监测适时启动：教师采用"活学活用基本概念"（判断早餐食物）、"阅读方法的理解与迁移"（三篇例文的分类使用）、"圈点批注"（把"食物是一种能够构成躯体和供应能量的物质"这句话括起来）等三种方式对教学效果作监测，确保教学活动的推进是一个有效过程。

### （三）实用类文本阅读教学设计案例蕴含的核心知识点

核心知识一：实用类文本的分类。

1929年的《小学课程暂行标准：小学国语》首次对1923年课程标准中已出现的"普通文"和"实用文"作了界定：普通文为记叙文、说明文、议论文的总称，或称"通用文"。实用文为书信条告的总称，或称"特用文"。

1932年的《小学课程标准国语》中增加了对各种文体的更为详细的说明。全部文体分为四类：普通文、实用文、诗歌和剧本。实用文包括三类：书信、布告和其他（小学高年级要求写计划书和报告书）。

1941年的《小学国语科课程标准》中要求："实用文教材的教学，须注重格式行款及文字的特殊组织。"但在整个中学阶段，实用文不再列入"毕业最低限度"标准中。学生大抵练习一些应需性很强的"应用文体"，包括书札、契据、章程、广告及普通公文。可以说，课堂教学几乎不存在"应用文"教学。

从中华人民共和国成立后直到2000年，在各版教学大纲中，四类文体的提法（初中生能够写简单的记叙文、说明文、议论文和一般应用文）最为常见。与初中相比，高中则将"简单""一般"改为"复杂"。教学内容则几乎完全一致——格式的模仿与练习。

2003年颁布的《普通高中语文课程标准（实验稿）》，将语文教学中的常见文本分为论述类文本、实用类文本、文学类文本，要求"能阅读论述类、实用类、文学类等多种文本，根据不同的阅读目的，针对不同的阅读材料，灵活运用精读、略读、浏览、速读等阅读方法，提高阅读效率"。实用类文本是区别于论说类文本与文学类文本的一种文本类型，三种文本类型各有其不同的文体特征，不同的阅读目的在课堂教学中则表现为不同的教学内容。这是阅读教学设计必须要注意的问题。实用类文本在语文教科书中主要包括说明文、新闻、书信、报告等，其中又以科普说明文为重点，《义务教育语文课程标准（2011年版）》颁布后，实用类文本中有了一种新的体式——非连续性文本，这种新的实用类文本的教学设计应该注意些什么，后文将专作阐述。

核心知识二：实用类文本教学设计的基本策略。

第一，把握课程目标，明确实用类文本教学设计的基本思路。

《普通高中语文课程标准（实验稿）》中明确要求实用类文本的评价，应着重考查学生对文本内容的准确解读以及对文本信息的筛选和处理能力。实用文体的语言风格等，学生只需作基本的了解。也就是说，实用类文本的阅读教学目标在于筛选、整合信息，进行批判性思维的培养，养成科学求真的态度与习惯，而非语言风格的学习与鉴赏。这正是实用类文本有别于文学类文本的地方，也是实用类文本教学设计应该注意的地方。

因而，相对于文学类文本，实用类文本阅读教学设计思路比较明确，即引导学生把握文章内容要点，厘清文章结构，学习如何筛选、整合信息，如何对信息的可靠性、文章的可信度作出判断，进而把握文章的思想立场，明白社会效用。应当注意的是，实用类文本与应用文，这两个概念在很多情况下被一些教师混杂在一起，其实二者存在包含关系。应用文，作为人们处理公私事务常用的文体，包括机关应用文和私人应用文两类。而实用文除包括上述文种外，还包括其他一些习惯上不称之为应用文的新闻文体、学术文体、史传方志文体等，其范围要比应用文宽泛得多。也就是说，实用类文本包括应用文，应用文是实用文的一种。

第二，依据文本体式设计合宜的教学内容。

依据文本体式设计合宜的教学内容，即根据阅读的文本的体裁样式去确定教学内容。也就是说，文本是新闻，就按照新闻的特点去阅读；文本是产品说明书，就按照产品说明书的特点去阅读。对于文学作品教学来说，由于其丰富性与多元解读存在，给教学内容的选择与确定带来一定的难度，但对于实用类文本而言，教学内容的选择与确定要清晰很多。应该注意的是，实用类文体也有多种不同的具体形式，如消息、通讯、传记、科普文等，教学设计时应注意选择这些具体文体的阅读知识，通过它帮助学生提高这类文本的阅读能力。

第三，重视阅读教学活动设计。

语文教学为什么要设计活动，这是由语文学科的性质决定的。《义务教育语文课程标准（2011年版）》指出："语文课程是一门学习语言文字运用的综合性、实践性课程。"[①]综合性，表明语文教学内容的丰富性和多样化；实践性，则指明语文教学的方式是重在搞活动。阅读活动的"对话"理念告诉我们，教学中的师生关系从来都不是讲和听的关系。因此，语文能力主要不是靠听课、背诵语言学知识、多做习题、搞题海战术去获得，而是要多设计活动，在活动中培养对语言文字的感受能力、理解能力和应用能力。阅读教学设计什么活动，怎么设计活动，皆是需要提前设计的。首先，活动要有明确的内容、目标和路径。教什么、怎么教、怎么检测，教师是要明白的。其次，教学方式要体现活动特点，要让学生参与到具体的、与阅读能力形成相关的听说读写活动中去。最后，教学内容呈现的形态不是理论，而是具体的技术或方法，理论藏在技术之中。也就是说，阅读教学一定要教知识（教学内容），只是这些知识是以活动的方式呈现（即教师通过设计活动，去潜藏式地教语文知识；学生通过参加活动，去习得语文规律）。学习结束后，学生有可能解释不清楚相关"概念"，但他们一定要懂得如何去做。比如"实物说明文"的阅读教学活动。学生读完后，将"实物"讲述给别人听（或表演给别人看），让没有接触过本段文字的同学猜猜看讲的（或表演的）是什么实物，直到猜出来为止。这个游戏活动体现的教学内容就是"描述事物要抓住特征"。学生在描述中"能不能抓住特征"是我们更看重的。

第四，科学使用阅读教学任务量表。

任务量表，即是对任务完成情况进行评估的量化指标。阅读教学任务量表是对阅读（学习）的效果进行考核（读得怎么样）的量化指标。监测只是手段，目的是更好地完成教学任务。任务量表的实施是一个动态过程，紧紧围绕教学目标的渐进、共生和可达成的理想模式，对整个教学活动和教学进

---

① 中华人民共和国教育部：《义务教育语文课程标准（2011年版）》，北京师范大学出版社2012年版，第2页。

程的推进以及个性化的学习方式与效果提供参考。任务量表的设计可以采用分段设置、总体达标的模式。先将总目标分解成若干可以单独量化和检测的连贯性的阶段目标，监测时分阶段进行。通过对阶段目标的达标情况进行检测，对下一个或几个阶段的学习提供继续或修正的实施意见，确保整个目标的顺利完成。

任务量表的设计，还可采用回答问题的方式。教师课前将教学目标内化成若干个问题，提前公布给学生。学生可以边看书边回答，也可以先看书再集中回答。回答问题的过程就是阅读和阅读教学的过程。对回答问题的过程进行总结和反思，有助于后续篇章的学习和阅读素养的形成与提高。

核心知识三：非连续性文本及其特点。

非连续性文本是一种新的实用类文本体式，也是日常生活中最常见的阅读文本。《义务教育语文课程标准（2011年版）》首次提到"非连续文本"，虽然没有对其做明确的定义，但这个概念已经渗透进中小学语文阅读教学之中。作为一种新的教学文本，明确非连续性文本的概念和特点，可以帮助我们根据文体特征选择和确定教学内容，进行非连续性文本的教学设计。

"非连续性文本"出现在PISA（The Program for International Student Assessment，国际学生评估项目）[①]的认知领域测试框架的"阅读"栏中。我们常说的记叙文、议论文等属于连续性文本，而图表、表格等则是非连续性文本。PISA中需要的阅读能力是检索信息、解释文本、反思和评价文本。在PISA中所提到的非连续性文本，可以当作阅读材料，这些材料和连续性文本不同，不是句子、段落构成的，而是由数据、表格、图表等构成，因此比较复杂。

非连续性文本写入课标之后，受到国内语文教育界的关注，对其含义也进行了挖掘和解释。国内对于非连续性文本的概念界定比较清晰，符合PISA定义非连续性文本的标准。非连续性文本是以连续性文本作为参考的。连续

①该项目是经济合作与发展组织（OECD）进行的15岁学生阅读、数学、科学能力评价研究项目。

性文本是由句子、段落构成，而非连续性文本则由图表、表格、目录、清单、索引等构成。由于构成的内容较多，所以比较复杂。非连续性文本在社会中的应用比较广泛，实用性较强。但没有文字说明的图片、动画、漫画等并不属于非连续性文本的范畴。[①]

非连续性文本具有实用性、直观性、关联性、主体性等特点。我们的日常生活中到处可见非连续性文本，如产品说明书、城市地图、图书目录等，说明非连续性文本有着极强的实用性。我们可以通过阅读这些由非连续性文本构成的有用信息来解决生活中存在的问题。我们所看到的图表、表格中涵盖了大量的信息，且规划得非常有序，一目了然，能够使人很快就知道所要表达的内容和含义，因此其直观性较高。非连续性文本也有着一定的关联性。表格和图表等非连续性文本直观地将内容规划出来，让信息之间的信息更为突出，有利于阅读时更清楚地把握整体信息。非连续性文本的主体性同连续性文本有着一定的差异。阅读连续性文本时，会以文章的脉络为根基，跟随作者的创作思路向下阅读。因此，连续性文本通常具有一定的故事性，对读者的思维可产生相应的引导和牵引。每个人在阅读故事时都会形成一定的见解，但这是由作者的创作思路所引发的，而不是读者实际的生活理解。非连续性文本体现的主体性是对主体的再创造，让读者不是被简单的牵引，而是产生全新的阅读体验，在头脑中对文本进行再次创造。非连续性文本的主体性在于对信息的提取和把握，这是因人而异的，更具有主观能动性。这点还值得研究者们商榷。

核心知识四：非连续性文本教学设计的策略。

第一，注重阅读积累，建立相应的阅读体验。

学生在阅读说明书或一些图表类文本时，常常感觉理解困难，这不排除有些说明书写作本身的问题，还有一个重要原因就是对这类文本阅读体验不多，积累不够。这是中小学生非连续性文本阅读的普遍状况。非连续性文本教学设计要注重引导学生多阅读，建立相应的阅读体验。

---

[①] 刘东岩：《非连续性文本的含义及特征》，载《新教师》2012年第9期。

要想养成非连续性文本的阅读能力，仅依靠教师在课堂上的指导是不够的，还需要对课外读物进行大量的阅读，把阅读方法有效应用到日常阅读中，从而对课堂内外的知识进行连接，提升自身的知识量。当经过长时间的非连续性文本阅读后，学生会熟能生巧，经验会变得丰富，阅读技巧也会得到提高，从而能够顺畅阅读此类文本，形成非连续性阅读能力。

中小学生正处于生长发育的黄金阶段，心智不断变得成熟，通过阅读可以积累知识和经验，构造阅读知识体系架构，也可以锻炼语言、语感，拓展阅读范围和阅读种类。对于非连续性文本阅读，由于课堂涉及的阅读内容较少，需要在课外的生活中去拓展。例如家电维修说明、宣传单、收据等，这些都可以提升阅读者的非连续文本阅读能力。中小学生应该在日常生活中多接触这些阅读内容，掌握阅读方法，积累阅读经验，并学会如何根据具体问题给出有效的解决方案。在教学中，应做好相应的阅读教学设计，鼓励学生在生活中发现非连续性文本的各种阅读材料。同时教师也要引导学生加强自主阅读，并在他们出现阅读障碍时给出指导，帮助他们解决非连续性文本阅读中存在的问题。

第二，重视信息撷取，抓住阅读重心。

无论是连续性文本阅读还是非连续性文本阅读，都要在阅读过程中理解阅读的内容，从中获取想要的信息。非连续性文本包含了大量信息，在阅读时不仅要有足够的知识量，也要具备处理信息的能力。这样才能在大量的信息中找到关键内容，并有效处理信息。如果阅读者能够快速地撷取信息，并且做到有效处理，就能够在阅读活动中占据优势，对解决实际问题也有极大的帮助。在设计非连续性文本教学时，应将设计重点放在对信息的撷取上。

对信息的撷取是一种心智活动。在阅读非连续性文本时，提取文本中的关键信息并加以处理，这在微观上看，是对信息进行激活、筛选、整合与匹配，在宏观上看则是对整个文本的分析和判断。对信息的激活，需要学生拥有一定的信息解码能力，这些都同语文基础知识密切相关。对信息进行解码，要能够对阅读的文字信息进行重新匹配，形成自己的理解，然后对有用信息进行筛选、整合。针对整个文本，应有着大体的结构和脉络，这样才能更好地提取信息，方便对信息的整理。非连续性文本中的图表类文本相对简单，信息的提取和筛选十分容易。说明文的文本数量较大，信息提取就需要相应的阅读能力做基础。首先要对文本中的关键字进行提取，只有把握了关键信息，才能将更有用的信息筛选出来。其次要分清主次，抓住最主要的中心内容。通过对说明文本进行阅读，将其中的信息重新排列组合，划分出主要信息和次要信息，就可以把想要的内容提取出来。

教师应该多多选择生活中的非连续性文本作为课题教学内容，因为这些文本内容贴近生活，学生容易阅读和理解，有利于学生的阅读训练。学生在阅读后，既能积累相应的知识，又能锻炼自身提取信息的能力，还能让思维能力得到有效的训练。

第三，训练图文转换，拓宽阅读领域。

很多非连续性文本中包含图形、表格等内容，教师在为学生进行非连续性文本教学时，可以用文字将文本中的图形、表格翻译出来；对于内容较多的文字部分，可以用简洁的图形、表格进行表示。通过图文转换的形式，让非连续性文本中复杂的内容简单化，有利于学生在学习中有效处理文本，对文本有更深的理解，同时也能帮助学生掌握处理复杂文本的方法。

因为处理非连续性文本时经常会遇到曲线图、表格图、扇形图等图表形式，所以在教学中对文本进行图文转换时，教师应指导学生把握图形整体，同时也要注重局部细节，结合图表规律进行联想和思考，最后将所得信息进行分析和整理，提取其中最主要的信息，并用相应的文字表达出来。

教师开展教学设计时，也要注意其他学科与非连续性阅读的关联性。在很多学科中存在着非连续性文本，如数学、物理、历史等。这些学科中的非连续性文本都可以作为学生阅读的材料，有利于培养学生的语言能力和图形思维能力。学生在阅读非连续性文本时，若能够感受到其中存在的人文性与工具性，对语文学科的了解就会更为深入。非连续性文本的学习与生活实际密切相关，同时也超越了学科的界限，体现了策略和能力存在着正向的关系。因此，非连续性文本教学应该不断创新和拓展，使学生在阅读教学中获得能力的提高，感受到阅读的乐趣。

# 第三节 语文阅读教学的优化策略

## 一、帮助学生提高阅读速度

语文阅读教学是为了培养学生的阅读能力，使他们能够通过阅读对文章有深刻的理解，并能娴熟地驾驭文章。培养人才的一个重要方面就是培养人的知识获取能力，快速阅读在获取知识上有着关键的作用，因此应加强培养学生的快速阅读能力。

很多学生阅读速度较慢，究其原因有以下几点：一是课堂教学中教师未能将提高阅读速度的方法教给学生，并且课堂阅读训练不足；二是学生自身的阅读量不够，缺乏足够的知识积累，对阅读的语感也没有正确掌握；三是随着科技的发展，各种媒体层出不穷，让学生减少了文本阅读的机会。

由于网络的快速发展，网络资源的不断增多，让超文本阅读变得越来越多，同大量的文本阅读混合在一起，构成了数量庞大的信息。要想对这些信息进行阅读并获取想要的内容，就需要提升自身的阅读能力，既要有精读本领，同时也要掌握略读和速读的技巧。

速读是人们为了从众多资料中获取所需信息而迅速阅读的方法。速读的读速越快，阅读的信息量就越多。通过速读，能够快速将大量资料阅读完，从中获得想要的信息，同时也能让学生在速读过程中锻炼快速分析、整理的能力，让智力得到开发。速读时，学生既要加快对信息的理解，同时也要提升迅速思考的能力，以在最短的时限内处理问题，获得有用信息。这对锻炼思维、提升智力有很大的帮助。

教师在语文教学中培养学生速读能力时，要提醒学生要眼脑同步进行，在默读的同时也要不断思考；阅读过程中要对信息进行分析，抓住其中的主要信息，过滤掉次要信息；加强知识的积累，同时要在阅读中保持语感，循序渐进地提升自身的能力。

## 二、引导学生走进文本

教师在课堂教学中，一定要做到以文本为主，让学生学会如何阅读语言文字，然后在阅读的基础上对文本展开更深入的思考和分析，最后能够活学活用。如果语文阅读教学不以文本为主，就不能体现出语文的人文性和工具性，更不能有效培养学生语文方面的听说读写能力。何永康教授曾指出，语文课本选择了大量的名家散文作品，这是人类文化的智慧结晶，我们在阅读时一定要用心去感受，用灵魂去触碰，去享受散文作品中所蕴含的艺术美。①不过在中学语文教学中，教师为学生讲解文学知识很多时候只是为了让学生在考试中取得好成绩，因此，只讲解文学作品中的词句和创作背景等，却没有用心去分析作品中所蕴含的艺术美。在他们看来，这些作品只是由文字符号组成的、对考试有所帮助的文章，因此无法感受作品中的审美和情感。

当前，语文课堂教学正进行着如火如荼的改革，且已经取得了一定的成效，不过却没有对文本产生重视，这是需要亟待解决的问题。老师如何引导学生走进文本，真正实现与作者"对话"，是一个值得语文教育工作者探讨的问题。

"文由情发"，一部优秀的文学作品，往往是作者的真情流露。教师在教学中，应帮助学生对文学作品中的优美文笔进行鉴赏，感悟作者在创作时的情感和感受。语文教学就是为了让学生学会体悟文学作品中的美，使语文学科的人文性得到充分体现。

## 三、培养学生的形象思维能力

语文教学的目标是提高学生的语言能力、思维能力、想象能力与创新

---

① 何永康，李丹：《语文教学是心灵的远游——何永康教授访谈录》，载《语文教学与研究》2004年第1期，第4—5页。

能力。因此，教师应该在语文教学中对学生的语言运用进行指导，使学生在阅读文学作品时能够积累语言知识，培养语感，并形成形象思维。不过很多时候，在实际的教学中，教师并没有将培养学生思维能力放在重要位置上，课堂提问的问题都是比较简单的，很少有发散思维的问题。因为很多教师的传统教学思维根深蒂固，教学中不能进行革新，一直沿用灌输知识的方式教学，这严重影响了学生的思考能力，抑制了学生的想象能力，造成学生不能发挥创造性思维，最终结果是导致学生的创造潜能得不到应有的发展。学生自然也就不喜欢语文课。对此，教师应革新教学方式，提升学生的形象思维能力。

首先，教师应该在阅读教学中对传统教学手段进行改革，使教学方式更加直观，同时也要建立适宜的教学情境，使学生能够融入教学之中，利于学生在教学中充分发挥思维能力。如果教师不能创新教学方式，学生的思维能力就得不到锻炼，自然就无法培养学生的创新思维。

其次，教师多提问一些发散性的问题，让学生从不同的角度去发掘问题的答案，从而使学生的思维得到锻炼。发散思维是多元性的思维模式，具有创造性、变通性等特点。发散思维通常会在理科类学科中得到发挥，如采用多种论证方法对几何问题进行论证。在文科中，发散思维锻炼较少，需要教师经常设计发散性的问题，减少对判断、叙述类问题的提问。判断或叙述类的问题比较简单，学生只要记住一些理论知识就可以解答，甚至能够猜对。而发散性问题的回答方式却是多样的，答案并不固定，因此难度要比判断或叙述类问题更难，对思维的锻炼也更有效。教师在课堂中提问的发散性问题要适度，要能够引起学生的思考并给出一定的回答，而且教师也要给予指导，帮助学生培养发散思维。

最后，教师既要培养学生的阅读能力，也要培养写作能力，还要让学生多读、多说、多练，在交流中提高思维能力。例如，教师为学生讲授故事性的文学作品时，就可以要求学生发挥想象力，对作品结束之后的故事进行续写，既锻炼了想象力，也培养了表达力。在续写之前，教师应将作品的内容分析透彻，使学生对作品掌握得更为全面，并指导学生发散思维对作品进行续写。每个人都有巨大的潜力，学生同样如此。在教师的指导下，学生发挥想象力，采取多样的描绘方式，使作品中的人物变得更鲜活，情节更为丰富。

要培养学生的思维能力，就要发挥学生的想象能力。教师在教学中要鼓励学生树立自己的个性，发挥创新精神，从而提升学生的思维能力，避免学生在作文中缺乏创新的尴尬。

### 四、培养学生独立阅读的能力

在阅读教学中常见到这样的现象：课堂上统一要求"齐读课文"一遍，然后大部分时间用于教师分析讲解课文内容，或是草草讨论之后由老师强加给学生一个结论，少有时间真正指导学生诵读课文，潜心体会。究其原因，与对诵读重要性认识不够有很大关系。老师们常担心的是：课堂时间有限，让学生读多了，便讲不完课文。实践已经证明，这样的阅读教学学生很厌烦，也很难培养学生独立阅读的能力，更难使学生受到文章的感染，与作者的情感产生共鸣。久而久之，学生甚至会对语文课产生厌恶之情。

第一，充分认识阅读教学中诵读的意义。

《义务教育语文课程标准（2011年版）》中指出："阅读是学生的个性化行为。阅读教学应引导学生钻研文本，在主动积极的思维和情感活动中，加深理解和体验，有所感悟和思考，受到情感熏陶，获得思想启迪，享受审美乐趣。"[1]学生应认识到阅读的重要性，不要因为教师对作品进行分析就不再阅读，而应积极主动地参与到阅读活动中，分析作品的内容，并引发自己对作品隐含的艺术美和情感美的思考，从而启发自己的思想，让自己获得思想上的升华。引导学生对作品进行诵读，有利于激发学生对作品内容的兴趣，从而对作品形成感悟。

朱自清先生认为，纸上的语言是死的，但通过朗读就可以在声音中透

---

① 中华人民共和国教育部：《义务教育语文课程标准（2011年版）》，北京师范大学出版社2012年版，第22页。

露出语言的意味，从而使语言活起来。所以，当朗读者朗读作品时，声情并茂的言语，抑扬顿挫的音律，会让文学作品中的语言变得鲜活，使听者从中感受作者的思想情感，从而获得精神上的享受。学生可以自己进行诵读，并尽量使声音优美清晰，语调生动圆润，激发自身与作品的情感共鸣，进而对作品有更为全面的理解，发现作品中的艺术美和情感美。因此，在教学过程中，特别是对文学作品的讲授中，应将朗读贯穿始终，以读助教。

第二，给学生足够的时间诵读，对学生的诵读给予得法的指导。

教师应把学生作为课堂教学的主体，给予他们充分的自主权利，让学生能够发挥自己的思维和想象，通过诵读课文来探索作品的意义。教师应该相信学生对课文的理解能力，留给学生足够的时间诵读课文，鼓励学生自己研究课文内容，这样能够让学生获得诵读的快乐，形成轻松的学习氛围。同时教师也应为学生做好指导工作，让学生能够自由发挥自己的个性，而不会受到教师、书本的限制，从而培养学生诵读的兴趣，诵读得更为精彩。教师要鼓励学生踊跃发表自己对作品的看法，同时也要尊重学生的表现，让学生能够在自由、自主、和谐的教学氛围中成长。

### 五、培养学生的自主学习能力

"让学生真正成为学习的主人"是广大教师、学生及家长的美好初衷，是素质教育的呼唤，也是新课程改革所企盼的。教学实践中要想真正实现这一目标，迫切需要培养学生自主学习的意识。"研究性学习"这种方法有利于提高学生自主学习的能力。

语文研究性学习，就是要求学生主动在语文课堂上发挥自主能动性，勇于在学习中发挥探索精神，对问题进行深入研究。教师要对学生进行指导和帮助，如同进行科学研究一般，对所学课文进行精细研读，获取其中的知识、规律等，同时也要参加社会实践，利用所学知识解决现实中出现的问题。这种研究性学习的方式，有利于促进学生学会怀疑、批判、探究，学会思考。思维的品质一旦形成，就为学生学会思考奠定了基础。但是学生的学习一般要依靠文本，会由于迷信书本、崇拜名人的心理，逐渐养成盲从于文本的不良习惯，不敢怀疑，更不会质疑。这样，甚至于对老师的讲授，也没有了质疑和批判。久而久之，连一般的问题也不会思索了，更谈不上发言讨论了。究其原因，是教师没能很好地引导学生走出权威、名人的束缚，没能让学生在课堂上畅所欲言、大胆讨论、质疑问题、探讨古今、交流思想。因此，要注重培养学生自主学习的能力，这是探究问题的起点。只有深入到探究活动中，学会在未知的领域里判断、推理、归纳或分析、综合，凭借自己主观的思考与探究，探索事物的原因，研究其中的规律，才能做到既"知其然"又"知其所以然"。这样，学生在怀疑中便会逐渐学会独立思考，学会自主探究。

那么，在诗歌教学中如何通过研究性学习培养学生自主学习、探讨问题的能力呢？可从以下四个方面入手。

首先，要在课堂教学前激发学生对课文学习的热情，引导学生对课文探索的兴趣。爱因斯坦曾说过，获取知识的动力就是兴趣。很多教师能够对学生课前预习给予重视，却没能对学生学习情感加以关注。学习兴趣能够激发人主动学习和热爱学习的动力，能够刺激人去努力寻求新的知识，深入探索问题并寻求结果。教师应该重视培养学生的学习兴趣，诱发学生的课前学习热情，点燃学生内在的学习热情，引导学生积极自主地加入学习活动中。教师激发学生课前学习热情和动机的方式，一般有音乐、图像等。

其次，教师要为学生创设良好的教学情境，让学生在学习中领会到诗歌意境。诗歌作品是诗人将自己的丰富情感融入客观事物后，发挥想象力、创造力创作的，因此，其中既有与现实生活一样的真实，也有虚无缥缈的情感，形成了情景交融的艺术美。和散文不同，诗中还蕴含着更为丰富的韵律、情趣、哲理，学生在朗读诗歌时，需要对诗歌深层的意境进行发掘，理解诗歌所表现的潜在情感和意义，才算对诗歌作品有了真正的理解。教师在诗歌教学时，可以创设良好的教学情境，让学生对诗歌的意境有所体会。

再次，教师给予学生充分的自主权，让其自由地对语文作品进行探索。我国对传统课堂教学模式进行了改革，确立了学生的主体地位，教师在教学中要作为引导者对学生进行启发式教学，设立相应的问题引导学生寻找各种答案。这样的教学模式比传统教学模式更为合理，但不利于学生对知识点的自主探究，不是语文研究性学习所倡导的。在语文研究性学习中，学生作为课堂教学的主体，应充分发挥出主体性，能够在课堂上自由探索，使自己的能力得到更全面的表现。教师在教学过程中，不再对学生进行启发式教学，而是让学生发挥自主能动性，主动提出问题，自主对答案进行探索，发现课文中的重要知识点和问题难点，并做出总结，同时对课堂教学做相应点评。如此的教学氛围，能够让学生更加积极主动，学习热情被激发，思维更为活跃，从而更好地展现自我，以积极的心态投入对语文的学习探索。当学生全程参与课堂学习时，他们的主体地位就真正建立起来了。在诗歌阅读中，可以让学生在自行朗读的基础上针对诗歌语言、内容、思想感情等方面提出不懂的问题，也可以设计一些核心问题。

最后，应拓展学生学习的空间，对他们的人文素养进行培养。语文教学不应被局限在课堂上，教师应努力拓展学生的学习空间，积极创设一些实践活动，带领学生走向生活、走向社会，在实践中去学习、思考，充分发挥自主能动性，不断提升自己的创新能力。同时，教师也要引导学生提升更全面的语文水平，在探索中感受文化的魅力，重新树立自己的艺术审美，让自己接受文化的滋养，培养出人文素养，以更好地姿态去面对人生，面对未来。

# 第五章　中学语文写作教学设计

语文写作教学是语文教学中的重要内容，和语文阅读教学相辅相成。学生的写作能力需要较高的语文综合素质，这些都需要教师在语文课堂写作教学中进行培养。因此，做好语文写作教学设计，有利于提升学生对语文写作的兴趣，增强自身的写作能力。本章分析了中学语文写作教学的内涵，并对语文写作教学设计展开探索，同时给出了优化语文写作教学的相关策略。

## 第一节　语文写作教学的内涵

### 一、写作教学具有举足轻重的地位

写作是人们运用规范的书面语言文字符号表达对对象的认识、感受、体验等的社会性活动。写作教学，有时也被称为作文教学，是培养学生运用规范的书面语言文字符号进行表达、交流、沟通能力的教学实践活动。

#### （一）语文课程的根本目决定了写作教学的地位

语文课程根本目的是培养学生正确理解和运用祖国语言文字的能力，包括口头语言交际能力和书面语言交际能力，而书面语言交际能力的一个重要组成部分就是写作能力。"在语文能力中，与听、说、读能力比较而言，写作能力尤为重要，是最有难度的语文能力。"[1]学生的听说能力在学生入学前已经达到了一定的水准，而读写能力的获得一般是在学生入学之后，经过一段时间的培养才逐步形成的。相比较而言，读写能力的获得比听说能力的获得，难度要大得多；学校在学生读写能力的培养方面所花费的时间和精力往往比用在听说能力方面的要多很多。但比较之下，写的能力的培养和提高又要比读的能力的培养和提高难一些。因此，写作教学的作用就变得至关重要。

**（二）个人的发展需要决定写作教学的地位**

写作作为人类社会的一种重要的精神生产活动，对个体的发展具有极其重要的价值和意义。

首先，写作对个体的交际有重要作用。作为社会人，我们免不了要与他人进行沟通和交流，而这些离不开语言和文字。文字的优点就是可以突破时空的界限，使信息的交流可以跨越时空。除此之外，文字还有其独有的精确表述功能。写作能够训练和提高个体运用文字的能力。

其次，写作可以提升自我修养。写作能力是语文素养的重要组成部分，是衡量学生语文综合素质的重要尺度；写作能力更是一个人知识水平、思想认知水平、思维能力和表达能力等综合素养的体现。经常写作可以促进学生思想素质、心理素质、文化素质等的完善与发展，也可增强其逻辑能力、判断能力和沟通能力。

再次，写作有利于实现自我价值。"言之无文，行而不远"[2]，个人在未来的发展中要想有所建树，写作能力是基础。无论工作还是生活都需要写作。潘新和教授在《语文：表现与存在》一书中指出："很难想象，一个只具专业技能而缺乏说写能力的人，能得以在现代社会中应付裕如地施展自己的才能，能称得上是心灵丰富、精神健康的真正意义上的人。"[3]在当代社会，提高个体的写作能力已经成为一种迫切的需求。

---

① 马正平：《中学写作教学新思维》，中国人民大学出版社2003年版，第19页。
② 左丘明：《左传·襄公二十五年》。
③ 潘新和：《语文：表现与存在》，福建人民出版社2004年版，第17页。

### （三）社会需求决定写作教学的地位

发达的现代科技为我们构造了一个信息社会。在这个社会里，"变革社会的力量是知识信息、扩大知识、大量生产知识和提高人们的智能，将是生产力提高的关键，知识、信息成了知识经济时代人们最为关注的东西。由于写作活动是一种信息加工和传播的行为，因此，'信息社会''知识经济时代'也是一个'写作的时代'"[1]。当今，写作已不仅仅是个人的事情，而是演变为时代的需要。可以说，写作是现代人必须具备的基本技能。

## 二、写作教学的意义

### （一）提高学生的书面语言表达能力

在写作教学中，要培养学生根据语言规则、文章章法、文体特点、行文要求等，运用规范的语言进行描述、表达、说明、阐述的能力。这其中，如何运用书面语言表情达意最为关键，而这种能力很难在不接受教育的状态下获得，为此，写作教学的作用便凸显出来。人们能够进行熟练通畅的书面表达，大都与其在学校所接受的写作训练密切相关。

### （二）促进学生智力水平的综合提高

写作过程涉及观察力、想象力、思维力、记忆力等智力因素。写作前，写作者需要调动各个感知觉器官接触相关信息，调用已有相关知识、能力储备，在敏锐的观察中发现、采集相关的信息；在写作中，要运用形象思维、抽象思维等对信息进行鉴别、分类、组合；最后在反复推敲、类比、衡量中去伪存真、去粗取精，完成写作过程。在此过程中，写作者亲力亲为，潜力被发挥出来，并在共同协作中完成相关任务，其智力的各个部分都得到了积极的锻炼。如此，学生的综合智力得到提高，尤其是其宝贵的思维能力得到培养和强化。

### （三）提高学生与世界的融合程度

写作实际上就是一个由探索世界、认识世界到融入世界的过程。学生在

---

[1] 马正平：《中学写作教学新思维》，中国人民大学出版社2003年版，第17页。

写作过程中，对自然、社会、人生、家庭、学校等必然要经历由了解到熟悉再到把握的过程。在此过程中，教师要常常引导学生向真、向善、向美，万流归宗，最终目的是帮助学生构建一个审美的世界。这样，世界在学生面前便是一个可亲、可敬、可信、可爱的形象，成为他们乐于融入的对象。

阅读教学注重培养学生对"内在"精神世界的体验，因此学生此时是"向内看"的；写作教学是向"外"的，注重"向外看"，关注现实世界。新课标要求学生要"留心观察社会生活，丰富人生体验，有意识地积累写作素材，广泛搜集资料"[①]，显然就必须由阅读教学的"向内看"变为写作教学的"向外看"。"向外看"，是要让学生看到世界的真、善、美。长期从事写作的人，其内心往往变得很容易接受世界，而不是与世界相对立。从这个意义上，我们说，写作教学可以提高学生同世界的融合程度。

# 第二节　语文写作教学设计

语文写作教学单元要注意依据每次写作训练的具体目标设计教学内容和流程。同时要注意，通过理论学习和实践设计形成写作教学设计的整理意识。

## 一、语言与文体训练

### （一）语言与文体训练教学设计案例

语言训练课实录[②]

师：这节课我想送给大家一件礼物。

生（兴奋地）：什么呀？

---

① 中华人民共和国教育部：《普通高中语文课程标准（2017年版）》，人民教育出版社2017年版，第34页。

② 陈惠珍：《语言训练课实录》，载《中学语文教学》2006年第10期。

师（从背后拿出一朵玫瑰花，置于胸前）：用一句话来表达你对此花的感受，谁说得最好，这花就送给谁。

（学生发言略。教师最后把花奖给说得最好的同学）

师：今天，我们就来做些语言小练习，尝试着美丽我们的语言、诗化我们的语言。

比如表达内心的忧愁，可以直接说：我很忧愁，也可以用这样的句子表达：我忧愁地站在一棵树下。大家比较一下，哪句表达得好？

（板书这两个句子）

生：第二句好。第一句很直接，有点苍白。第二句用了情境烘托法，营造了一种氛围，"站在一棵树下"，更能烘托"我"内心的忧愁。

师：说得好。再看第三句："我"忧愁地站在一棵孤单的树下。与第二句比比，如何？（板书这句）

生：这句比第二句多了"孤单"一词，写出树是孤单的，人是孤单的，树与人相通，好像有了灵性，两颗孤单的心在一起，更显其忧愁了。

生：这句更易令人想起"同是天涯沦落人，相逢何必曾相识"，有种同病相怜的感觉。

师：真不错。再来看看第四句：我的忧愁是一棵树。（板书）再比比。如何？

生：这句运用了比喻的修辞，把忧愁比作一棵树，更具体化、形象化了，使语言富有诗意。

生：树是不会表达的。我的忧愁是一棵树，说明我的忧愁无法表达，显示忧愁的深度。

师：理解得真好。所以，有时恰当地运用修辞方法来表达，会收到意想不到的效果。再来看第五句：我的忧愁是一棵……

（师板书到一半故意停顿一下，学生已在七嘴八舌地接下去了）

生：是一棵孤独的树。

生：是一棵凋零的树。

生：是一棵生病了的树。

（师继续板书：没有年轮的树。看后，生凝思）

生："孤独、凋零、生病了的"，这些与前面表达的意思好像有重复之嫌，而"没有年轮"给人感觉新鲜一些。

生：树是以年轮来计算它的时间的，"没有年轮"就等于没有了时间。此刻，好像忘了时间的流逝，忘了万物的存在，天地之间，仿佛只有我的忧愁存在。

生：年轮是树的记忆，没有了年轮，也就没有了记忆。没有了记忆的我，此刻该是多么的忧愁！这个句子真的非常富有诗意！

师：好一句"年轮是树的记忆"！这本身也是一个富有诗意、富有创造性的句子啊！我都要感动死了。（学生鼓掌）看来，弟子不必不如师，我佩服你们的智慧与灵性！再来看最后一句：我的忧愁是一棵没有年轮的树，长在……

（学生又开始主动地接下去了）

生：长在深山老林里。

生：长在山脚下。

生：长在天之涯。

生：长在荒无人烟的角落里。

（听学生说得差不多了，师继续板书：长在无人经过的路旁）

师："我的忧愁是一棵没有年轮的树，长在无人经过的路旁。""我"的忧愁无以表达，也无从表达，无言亦无语，历经多少风吹雨打，历经多少寒霜酷暑，不知过了多少年，无人经过，无人理会，寂寞深深，忧愁深深。这个句子运用比喻的修辞，又设置了一种情境进行烘托，表达这种忧愁已到了无以言说、无以排遣的地步。这样的语言，既美丽又富有诗意。

下面我们选取一个词语进行练习。围绕这个词多造几个句子，把自己最得意的一句写到黑板上。（师板书：自由、快乐、幸福；郁闷、忧伤、痛苦）

（学生先在练习本上练习造句，自己觉得创造出一个得意的句子，

就马上跑到黑板前写下来。一时间，学生情绪高昂，跑上跑下，整块黑板马上就被写得满满的了）

师：看着黑板上密密麻麻的句子，我感动于同学们创造的激情，感动于同学们灵动的智慧。接下来，我们要根据人气指数评选出几句最富创意与诗意的句子。首先要有人推荐，并配上一段推荐词，以此争取更高的人气指数。

生：我推荐这句：我的幸福是舔着两毛钱的白糖棒冰。"两毛钱"指棒冰便宜，说明"我"对幸福的要求很低；"白糖"，甜甜的滋味，这正是幸福的滋味；用"舔"，而不是"吃"或"咬"，表明"我"是慢慢地品尝的。整句表达了简单是一种幸福、幸福需要慢慢品尝的含义。我觉得实在很妙。

师：句子创造得好，这位同学也鉴赏得好。看看人气指数如何呢？

（根据学生举手表决。全班共51人，有37人举手。师在句子旁边写下37）

生：我推荐这句：50%甜＋10%酸＋10%涩＋10%咸＋10%辣＋10%苦＝100%幸福。理由是：这句话很有创意，运用数学公式来阐述幸福的含义。幸福不只是甜蜜的感觉。生活中应该以甜为主，占百分之五十，另外也有酸涩苦辣咸，各占百分之十，多味的生活才是真正的生活，也才是一种真正的幸福。

师：有哲人的思维，了不起。看看人气指数如何呢？

（有41人举手。师在句子旁边写下41）

生：我推荐这句：我的自由是一片没有束缚的蒲公英，飞在溢满快乐的原野上。"蒲公英"的意象很美，飞在原野上有种很浪漫的感觉。"没有束缚"说明很自由，所以很"快乐"。

师：自由是快乐。表达得真好。看看人气指数又如何呢？

（有33人举手。师在句子旁边写下33）

（以下略去了四个同学推荐的句子和师生的点评）

师：接下来，让我们一起把目光投向黑板，看看人气指数最高的三位同学分别是哪几位呢？让我们为他们的美丽鼓掌，为他们的诗意喝彩。当然，除了这些被推荐的句子之外，其他许多句子的表达与以前相比都已获得了很大的进步。

（颁奖。拿出三朵玫瑰花，分别奖给人气指数最高的前三名学生）

师（结束语）：愿我们的语言就像这鲜花般越来越美丽，愿我们的表达越来越诗化，愿我们的生活充满诗情画意！

下课！

**（二）语言与文体训练教学设计案例点评**

这是一堂语言训练课，全课由三部分组成：第一部分，语文教师从要求学生表达对一束花的感受引入，不设过多限制，既扣住了语言训练的主题，又很好地激发了学生参与学习的兴趣。第二部分，围绕表达内心"忧愁"情感的话题，指引学生由浅入深地美化、诗化语言，教学方式上以教师逐步诱导、学生讨论、比较优化为主，教师的有意"牵引"与故意"留白"，让学生参与"填补"密切结合，学生易融入、有创造、能鉴赏，对语言表达中的修辞润饰、情感韵味的感受在逐步深化，学生在快乐中达成了语言训练目标。第三部分，在第二部分"鉴赏为主、适当创造"的基础上，由教师给定话题和语境，学生尝试独立的语言创造，然后通过讨论、评比，品出所创语言表达的妙处。综观整堂语言训练课，目的明确，手段恰当，各部分各有侧重又一气呵成。从训练效果看，学生思维与情感的火花被点燃，不但很好地感受着诗化语言的魅丽，而且高质量地创造着美丽而有诗意的语言。虽然这种脱离语言交际实际和写作情境的语言训练，一定程度上带有"语言游戏"的性质，但偶尔为之，对学生遣词炼句、提升语感还是很有好处的，值得语文教师尝试。

**（三）语言与文体训练教学设计案例蕴含的核心知识点**

核心知识一：中学作文语言训练的主要内容。

语言是表达思想的工具，对中学生而言，语言学习的主要目的不是为了进行理性的静态分析，而在于运用。中学生作文语言的运用表现为一种书面的言语表达能力，因此，中学生作文语言训练的主要任务便是书面语言的积累和言语技能的获得。章熊等人在《和高中老师谈写作教学》中，将言语技能（含语言积累）按层级排列，构建了一个言语技能逻辑模型，主要内容如表5-1所示。[①]

**表5-1　言语技能逻辑模型**

| 层次 | 言语技能 |
|---|---|
| 初级 | （1）书写正确；<br>（2）标点恰当，格式正确；<br>（3）用语规范；<br>（4）句子组织正确；<br>（5）意思表达清楚；<br>（6）句子排列合理。 |
| 中级 | （1）话题明确，用语比较简洁；<br>（2）句子组织合理，便于读者理解；<br>（3）注意话语的衔接，保持语言连贯；<br>（4）能够根据语义重点的变化来组织或调整语句。 |
| 高级 | （1）能够根据强调的需要灵活调整语句；<br>（2）能够根据其他修辞的需要灵活地运用或变换句式和用语；<br>（3）能够注意不同语段之间的呼应；<br>（4）能够注意并且处理语言的风格色彩。 |

综合以上言语技能逻辑模型，结合当前作文教学实践，中学作文中的语言训练主要包括以下三个方面的内容。

第一，选词用句训练。

词句是作文表情达意的基本语言单位，作文语言训练首先就是词语选用和句子组织训练。

作文词句训练的基础要求是规范准确，较高要求是有所变化。

---

① 章熊、徐慧琳、邓虹、白雪峰：《和高中老师谈写作教学》，人民教育出版社2012年版，第437-438页。

用词规范准确，就是写作时规范使用汉字，尽量不生造词语；注意辨别词性，用词能和前后词语及整句搭配；注意辨别同义词，能在同义词中选用最贴切的词语；注意词语的色彩，语言表达要得体；等等。比如，在"如果没有丰富的生活积累与深厚的艺术功底，没有较高的语言文字修养，就很难写出高（品位/品味）的作品来"一句中，只能选填"品位"而不是"品味"，二者词性不同。又如，在句子"愚公移山的故事一直流传到今天"和"这是祖辈留传下来的秘方"中，"流传"和"留传"虽义近却不可混用，作文时不可不细加辨别。

作文用词也讲究变化，用词变化的目的在于避免重复，使语言新奇有张力，或者表达特殊的意义与情感。请看如下例子。

句一：妹妹长得乖巧伶俐，是奶奶的心肝儿、爸爸的宝贝儿、妈妈的小甜心。

句二：我心里默念道："这是我的叔叔，父亲的弟弟，我的亲叔叔。"（莫泊桑《我的叔叔于勒》）

句三：九匹马又撞开了一道门冲向后院，狂躁的马蹄声粉碎了大宅的这个夜晚。（苏童《婴粟之家》）

句一中的"心肝儿""宝贝儿""小甜心"意思大致相同，变化使用，使行文不显得呆板；句二中的"叔叔""弟弟""亲叔叔"本指同一个人，通过变化用词，层递式地表现于勒和"我们"割舍不断的血缘关系，表现"我"内心复杂的情感；句三中"粉碎"和"夜晚"动宾反常搭配，通过"陌生化"语言造成一种新奇特别的表达效果。

句子规范准确，是指作文表达时语句通顺，表意明确，用句符合汉语基本句法结构，符合汉语表达习惯，避免歧义句。比如，"屋子打扫得干干净净"就不符合汉语表达习惯，应在句中加一个"被"字。又如，"这种牛肉不好吃"和"他的任命引起轩然大波"就是歧义句，作文教学中教师应引导学生细加辨别。

作文的句子表达也讲究变化，包括长短结合，整散结合，使用特殊句式如倒装、设问、反问、双重否定等，同时还要注意表达的角色与对象变化。

以角色和对象为例，《变色龙》中奥楚蔑洛夫因狗主人这一对象不同而变换自己"警官"和"奴才"的角色，所说出的话自然也就有很大区别，这样就非常符合小说塑造的该人物媚上欺下的沙皇统治者走狗形象。

第二，语言风格训练。

语言风格是语言学的核心术语，但也是一个意义不够确定的术语。据黎运汉先生研究，新中国成立以来该定义很多，概括其义也有九种说法。[①]语言风格的分类很多，一般主要认为有时代风格、民族风格、个人风格与表现风格四种。就中学生写作而言，时代风格与民族风格是长时间文化濡染的结果，无需训练；表现风格自刘勰与司空图开始即有研究，有规律可循，而一定的表现风格与作者个人不同的思想及生活经历、语言及文化修养联系起来，便形成千差万别的个人风格。因此，作文语言风格训练，主要是通过诵读、揣摩、仿拟风格各异的文字作品，结合学生的个性才情，形成特色鲜明的语言表达风格。

综合刘勰《文心雕龙》和司空图《诗品》提出的语言表现风格，结合现代汉语语言表现特点，中学作文教学中可以对学生重点介绍以下五组十种语言表现风格：藻丽与平实、含蓄与明快、庄重与幽默、繁丰与简洁、豪放与柔婉等。教师在引导学生对具体文本揣摩、仿拟过程中，除让学生结合个性才情有所侧重，还要关注语言风格的语体差异。比如，文艺体特别是抒情味很浓的文艺作品倾向于藻丽风格；科技文和公文体则大都比较平实；庄重的表现风格适用于表达重大事件和问题，用词庄严，句式严整；幽默的表现风格适用于表现日常生活话题，用词轻松，常用讽喻、反语、双关、夸张等修辞，以达到讽喻、嘲弄效果。[②]

第三，修辞润饰训练。

"言之不文，行之不远"，意思是说话写文章要讲究辞令与文采。古人非常讲究文采，古代的文采主要是指文章的辞藻修饰，比如，西汉刘向

---

① 黎运汉：《1949年以来语言风格定义研究述评》，载《语言文字应用》2002年第1期。

② 骆小所：《语言风格的分类和语言风格的形成》，载《武汉教育学院学报》（哲学社会科学版）1991年第2期。

说："词不可不修，语不可不善。"唐代李翱说："文虽深，理虽当，词不工者不成文。"南朝梁刘勰在《文心雕龙·情采》篇中指出文质和谐的重要性："圣贤书辞，总称文章，非采而何？夫水性虚而沦漪结，木体实而花萼振，文附质也。虎豹无文，则鞟同犬羊；犀兕有皮，而色姿丹漆，质待文也。"①现代语文教育家叶圣陶先生在《作文论》中也谈到语言修饰："修辞的功夫所担负的就是要一句话不只是写下来就算，还要成为表达这意思的最适合的一句话。"②当代学者以前人论述为基础，进一步从文章的神、质、情、形、辞诸方面的和谐统一来认识文采。也就是说，一篇文章要有好文采，需要真挚的情感、丰富的意蕴、精巧的构思和精美的语言表达等方面的统一。就中学生写作而言，全国各地语文高考作文评分标准关于"发展等级"四项中有"有文采"一项，具体要求有三点：一是词语生动，句式灵活；二是善于运用修辞手法；三是文句有意蕴，基本做到了神质丰富与语言表现并重。如果仅从语言表现来讲，要使作文有文采，就必须善用、巧用修辞，化抽象为形象，化直白为含蓄，化单一为多面；善于描写铺陈变换句式，通过补充情节、添加细节、补充事例、增加铺垫、注重衬托、强化修饰、善用议论抒情等使表意更丰富。

核心知识二：中学作文语言训练的层次与方法。

中学作文语言训练包括语言积累、语感培养和言语运用三个层次。其训练方法如下。

第一，语言积累。

写作离不开语言积累，没有良好的语言积累，写作将会成为一句空话。《义务教育语文课程标准（2011年版）》多处谈到语言积累问题，比如，"语文课程应激发和培育学生热爱祖国语言文字的思想感情，引导学生丰富语言的积累，培养语感，发展思维"，"应该让学生多读多写，日积月累"，

---

① 周振甫：《文心雕龙今译》，中华书局1986年版，第277页。
② 刘国正、陶伯英：《中国近现代名家作文论》，文心出版社1992年版，第651页。

"注重读书、积累和感悟，注重整体把握和熏陶感染"。①可以说，学生语言积累是否丰富，直接决定其语文素质优劣和作文水平高低。

语言积累通常有三个渠道：一是从语文课文中积累，二是从课外阅读中积累，三是从生活中积累。语文教材中的课文经众多语文专家遴选，虽不敢说篇篇精当，但也多是大家手笔，堪称文质兼美，可说是质量上乘的教科书，因此是中学生语言积累的好素材。但另一方面，语文教材中的课文容量有限，语言积累必定离不开课外阅读，因此课外阅读是中学生语言积累的广阔天地，所谓"广采博览，厚积薄发"就是这个意思。除了语文课本和课外读物，学生还可利用日常生活来积累语言，比如，广播、电视、网络中的语言，生活中身边人带有身份特质（年龄、职业、文化层次等）的个性化语言。

怎样进行作文语言积累呢？也有三种相互联系、层层深入的方法：

（1）指导学生勤读多听

语言积累的第一层次就是必须要多与语言文字亲密接触。杜甫强调"读书破万卷，下笔如有神"，苏轼也讲"旧书不厌百回读，熟读深思子自知"，元代学者程端礼以一句"劳于读书，逸于作文"直接指明了读书与写作之间的密切联系。因此，要做好语言积累，教师就要引导学生不分课内课外，多读书，好读书，读好书，读整本的书。除了书面阅读，在信息时代的今天，网络阅读也不可忽视，但网络信息比之传统阅读，虽然信息量大，但内容良莠不齐，语言优劣杂陈，教师特别要注意规范和引导。除了"眼睛"阅读，还要注重"耳朵"阅读，引导学生听广播，看电视，留心生活中鲜活的口头语。优秀广播电视节目中的主持人和参与者语言丰富，风格迥异，值得留心。人民群众口头语中保留了大量鲜活、生动、充满智慧的民间用语，诸如俗语、谚语、歇后语、俏皮话、各种带有精彩修辞（如反讽、双关、对比）的用语等。向身边民众学习语言，是语言积累的巨大宝库。

---

① 中华人民共和国教育部：《义务教育语文课程标准（2011版）》，北京师范大学出版社2012年版，第2-4页。

（2）指导学生朗读和背诵

如果勤读多听注重的是语言积累的"量"，朗读背诵更侧重语言积累的"质"。学生选取日常阅读中的精彩词句、段落和篇章，大声朗读，熟读成诵，是语言积累不可或缺的重要环节。古人非常重视书面阅读中的朗读和背诵，朱熹在《童蒙须知》中说："凡读书……须要读得字字响亮，不可误一字，不可少一字，不可多一字，不可倒一字。不可牵强暗记，只是要多诵遍数，自然上口，久远不忘。"①声情并茂地朗读，有助于把无声语言变成有声语言，把书面语变成口头语，使文中的人、事、物、景跃出纸面，增强语言的形象化，形象再现反过来又促使朗读者强化对语言美的认知，增强记忆。将朗读再进一步，便是背诵。背诵是将文章中的精美词句、精彩段落、经典篇章强化记忆，储存于大脑，以便写作表达时能够自由调取。众多文学大家无不是背诵高手，比如，鲁迅、郭沫若、茅盾、巴金等。语文课程标准也规定了不少必背的篇章，可见背诵也是语言积累的好方法。

（3）指导学生做好摘记

俗话说，好记性不如烂笔头。对课内外阅读中看到的好词佳句、美段美篇，光靠朗读、背诵还不够，因为随着阅读信息量的增多，有些阅读材料会因时间推移而从眼前消失，难以找寻，而背诵的东西也有遗忘周期。这种情况下，对阅读材料中文质兼美的部分加以摘抄保存非常必要。同时摘抄的过程，既是对阅读材料优中选优的筛选过程，也是对语言信息强化记忆的过程。由于摘抄速度较慢，摘抄的过程，也是对语言的情感、意义、言语组合方式等感知、理解的过程，这种"慢火煨炖"式的感知、理解过程，记得深，记得牢，语言积累能深入学习者肺腑，大有裨益。当然，除了指导学生摘记书面材料，对生活中听到的好词佳句也可以随时记录下来，随时翻看，从而体验生活语言的丰富与灵动。

（4）指导学生适当默写

脑科学研究告诉我们，人的学习过程其实就是各种信息的编码、储存

---

① 张隆华、曾仲珊：《中国古代语文教育史》，四川教育出版社2000年版，第295页。

与检出的过程。阅读、背诵和摘记只是信息的储存，写作则是储存语言信息的检出。由储存到检出还要通过一定的应用性练习。这种练习除了强化写作实践，还有一种类似写作检出的过程，那就是默写。因此，在语言积累过程中，适时适当地将记诵的词句段篇默写出来，不但有助于增强对语言材料的记忆，更有利于熟悉语言编码规则，如词语搭配、句子结构、句式变化、句群组织、语言风格、修辞运用等，为正式写作时合理高效地检出语言信息打下坚实的基础。

第二，语感培养。

语感培养在语文教学中处于基础和核心地位，不论是义务教育阶段语文课标还是普通高中语文课标都非常强调语感培养。

怎样培养语文学习中的语感？诸多研究者强调两大途径：一是语感实践，二是语感分析。"语感实践就是指导学生感受语言材料和运用语言，也就是说，让学生多读、多听、多背、多写成套的语言，这是语感形成的基础。""语感分析，就是分析语言的运用。"[①]

可以看出，语感实践是在教师引导下学生对语言的个性化感知，其基本方法就是大量接触语言材料，通过读听背记等日积月累，内化为语感，从而在作文语言表达时做到下笔如神。清代唐彪《读书作文谱》中有一段话，很好地表达了平时通过诵读培养语感对写作的影响："文章读之极熟，则与我为化，不知是人之文，我之文也。作文时，吾意所欲言，无不随吾所欲，内容应笔而生，如泉之涌，滔滔不竭。"这就是多读多记培养语感的妙处。

语感分析则是在师生共同参与下的理性认知行为，也就是我们通常所说的揣摩。从作文语言训练角度看，语言揣摩的过程就是扣住某些语感因素很强的地方，进行语言动态例析的过程。语言揣摩要从哪些方面着手呢？这就要看语感的类型。徐云知从不同角度对语感进行了分类。[②]根据作文语言表达要求，现据其义综合整理列表如表5-2所示。

---

① 洪镇涛：《语文教育本体论—语文语感训练漫谈之三》，载《新课程研究》2013年第3期。
② 徐云知：《语感和语感教学研究》，高等教育出版社2004年版，第130—147页。

表5-2 语感分类表

| 分类依据 | 第一层次分类 | 第二层次分类 |
|---|---|---|
| 第一组：根据言语主体对言语材料的认知方式分类 | 形式语感 | （1）"文"感：包括语音感、语气感、语体感、语法感等；<br>（2）"象"感：包括人物、事物、景物、事件、道理、数据等。 |
|  | 内容语感 | （1）"意"感：包括意蕴感、道德感、理智感等；<br>（2）"情"感：包括情趣感、情味感、审美感等。 |
| 第二组：根据言语客体单位的大小不同分类 | 宏观语感 | （1）语意感；<br>（2）语体感；<br>（3）语境感。 |
|  | 微观语感 | （1）形体感；<br>（2）语音感；<br>（3）语意感。 |
| 第三组：从修辞学角度品味语感 | 修辞学意义上的语感 | （1）分寸感；<br>（2）和谐感；<br>（3）情味感：包括文情感、文质感、文势感、语味感等。 |
| 第四组：从现代汉语特点考查语感 | 语音感 |  |
|  | 语义感 |  |
|  | 语法感 |  |

　　语感分析就是结合具体语言材料，从上述方面对语言进行综合揣摩的过程。很多人提出过语感训练方法问题，其中洪镇涛和杨吉元的语感教学方法最为典型，也更具操作性。杨吉元的语感训练方法主要有删留比较法、换词比照法、明确指代法、语序易位法和语境体味法，洪镇涛的语感教学方法主

要有美读感染法、比较揣摩法、语境创设法和切己体察法。[①]不论哪种语感训练方法，都必须结合具体语言材料，不要做死的语言知识分析。

第三，言语运用。

如果仅从作文语言训练角度谈言语运用，那么，这里的言语运用还不是指正式写作时的言语运用，而主要是指带有语言训练目的的仿写和造句造段。

从语言训练角度讲，仿写是指模仿范句范文的句式、修辞、情味、风格色彩等。语言的运用虽然强调创新，但最初离不开模仿。事实上，精彩贴切、既仿其形又仿其神的模仿对学生的言语表达能力是一种考验，因此近年来不论中考高考都有仿写能力考查。仿写，从语言材料的构成单位分，依次包括仿词、仿句、仿段和仿篇。既然是"仿"，那么就应该有模仿的对象。仿词就是模仿某种格式、某种含义或某种关联的词语，比如，仿照"白茫茫"写出"ABB"式词语，仿照"瞬间"写出表示时间短暂的词语，仿照"愁眉苦脸——眉开眼笑"写出意义相反的成语等。仿句就是模仿例句的句式、修辞或情感写句子，比如，模仿写一组排比句，写一组表示赞颂的句子等。仿段则是模仿例段的内容、修辞、情感、思路、风格等另写一段话，比如，给定一段描写老人形神的段落，让学生模仿其思路、风格等另写一段描写自己身边亲人（如父亲、弟弟等）的内容。语言运用角度的仿篇不多，但也并不是没有，比如，模仿某篇文章的语言风格写一篇文章等。

除了仿写，言语训练中还有造句造段的语言训练方法。仿写有例子，造句造段没有现成的例子，只有要求，如情境、修辞、情感、风格等。比如，我国某地遭遇强烈地震，造成重大人员伤亡，请你以一个同龄朋友的身份，对灾区小朋友说几句简明得体的话；又如，春节除夕夜，你全家一起吃团圆饭，要让你代表全家讲一段得体的话，把要讲的话写下来；再如，给定几个词语写一段话，将给定的词语恰当地用进段落中，或给定一小段话，按照给定内容的风格、情味续写等。

---

① 徐云知：《语感和语感教学研究》，高等教育出版社2004年版，第221-224页。

核心知识三：中学作文文体训练的意义与策略。

所谓文体，是指文章和文学作品的体裁。文章有体，古已有之。三国魏曹丕在《典论·论文》里第一次正式提出了文体分类及其各自特点的思想："夫文本同而末异。盖奏议宜雅，书论宜理，铭诔尚实，诗赋欲丽。"这就是后世学界所谓"四科八体"之说。后来文体日丰，到南朝梁萧统《昭明文选》共列文体39种。"才童学文，宜正体制"是刘勰对初学者提出的文体规范要求。近现代诸多名家也要求写作要有文体规范，比如，叶圣陶提出："写作文字，因所写的材料与要写作的标的不同，就有体制的问题。"①

由此看来，写作要有文体，本不是什么问题。但当前中学生写作文体意识不清，写出的作文"四不像"，却成了客观存在。这是怎么造成的呢？诸多论者都归因于20世纪90年代中后期的高考作文改革。为改变长期以来高考命题作文对学生思维和创作的钳制，增强写作的开放性和创新性，20世纪90年代末，随着"话题作文"这一全新材料作文方式的兴起，写作文体要求开始变得宽松，"文体不限""自定文体"成了普遍要求。高考作文风气也劲吹到了中考，中考话题作文随之兴起，"文体不限"开始深入中小学语文教师和学生人心。

不限文体是为了给学生考场写作创造更自由的空间，包括文体选择的自主性。但随着人们对考场作文"求新、求变、求个性"要求的膨胀，一些基本规范开始变得模糊起来，"不限文体"在一些教师和学生眼中变成了"淡化文体"，甚至是"不讲文体"。作文不需要写成什么明确的文体，只需要在所谓个性的掩盖下，以新奇的结构、华美的词汇，通过标新立异博取阅卷教师的眼球。

当然，"淡化文体"或"不讲文体"写作风气的出现，除了中高考本身的原因，也有其他因素。比如，20世纪的语文教材大都以文体组元，但新课改以后大都变成了以主题（话题）组元，同时也减除了文体知识的学习，

---

① 叶圣陶：《作文论》之五《文体》，见《叶圣陶语文教育论集》，北京教育科学出版社，1980年版，第16页。

学生的文体意识逐渐弱化；还有一些社会风气的因素，比如，20世纪末兴起的"新概念作文"大赛活动，以凸显"新思维""新表达""真体验"的"全新"面孔而影响广泛，其"新表达"即倡导"不受题材、体裁限制"，对中学作文教学"淡化文体"或"不讲文体"也有一定推波助澜的作用。

中学生写作到底要不要明确文体？虽然话题作文兴起之初，有人鼓吹过"淡化文体"或"不讲文体"，但多数论者却保持着清醒的认识，认为文体明确很有必要。如陈学虎从写作的根本命意和文体的本体意义，看待树立学生文体意识的必要性："作文命题的根本用意，也就在于考查学生是否掌握初步表达思想感情的门径、手段和技巧。""就初学写作的学生（初、高中学生写作应该都属此列）而言，作文教学中最为首要的门径、手段和技巧是什么呢？其实不在开放和创意，而在文体意识的逐步孕育和文体感的培养。""文体是人们在与自然及社会的长期交往过程中形成的艺术地感受和体验世界的某种'心理图式'和'精神结构'，是集体长期文章写作实践和理论把握相结合的产物，是一种带有相对规范意味的集体智慧的结晶。"[1]又如胡元德从文体的作用角度考查明确文体的重要性："文体对写作的第一个作用是它为不同的生活内容提供了合适的表现方式。""第二个作用是它规定了文章的不同写法。"[2]

作文讲究文体的重要性，也正是作文文体训练的意义所在。换句话说，中学作文文体训练的意义在于培养学生的文体意识，使写作活动能更好地表情达意，反映生活。

那么，中学作文教学如何强化文体训练呢？

第一，教师要教给学生适应时代发展的文体知识观。当前中学生写作到底包含哪些文体？持文章写作观和文学写作观的众多学者争论不休。20世纪初，受西方文章分类思想影响，一些学者开始关注汉语白话文文体，移植到学生作文方面，就形成了"记叙文""说明文""议论文"三大基本文体观。

---

① 陈雪虎：《所谓"文体不限"：当代语文教育文体意识的贫困》，载《中学语文教与学（高中读本）》2005年第5期。

② 胡元德：《淡化文体可以休矣》，载《语文学刊》2001年第6期。

比如，叶圣陶就按照写作"标的不同"，将文章分为以上三类。但进入21世纪以来，一些学者开始质疑"三大基本文体"训练的科学性。比如，潘新和指出，三大基本文体"在实际写作中是不存在的"，因而"不是一种真正意义的写作"①；王荣生分析了"三分法"给作文教学带来的后果，认为："我国作文教学的种种难题，很可能是由于文章体式的错误选择而造成的。"②因此，一些学者提出将文章训练和文学训练平行化。那么，这样看来，中学作文教学中既可以训练记叙文、议论文、说明文等教学文体，也可以引导学生创作诗歌、散文、小说、剧本等文学文体。张伟忠按照"文体为经，生活为纬"的标准，划分出"课堂写作与教学文体""考场写作与考试文体""社会写作与实用文体""个人创作与文学文体""学科探究与论文文体""电脑写作与网络写作"六大板块的文体训练模式，丰富了文体训练的内容。③

第二，作文教学要强化中学生鲜明的文体意识。文体意识是指人们在文本写作和欣赏中，对不同文体模式的自觉理解、熟练把握和独特感受。中学语文教学中，教师首先要通过阅读教学让学生掌握对各种文体的基本认知，适当进行专门的文体知识讲解；其次，语文阅读教材要增加必要的文体知识，合理协调按文体组元和按主题组元之间的矛盾；再次，在指导中学生写作时，要按照各种文体的基本要求"入格"，等符合文体的基本样式后再考虑"从心所欲不逾矩"；最后，教师要合理组织文体训练序列，比如，中学阶段，由于记叙文有小学持续写作训练的基础，因此在进一步写好记叙文的基础上，可以向叙述性更强的小说拓展，在写好一般议论文的基础上，可以尝试写议论性散文。一些语文教育工作者还在长期的研究中总结了兼顾文体训练和其他训练的作文训练体系，比如，钱梦龙的"模仿—创造"训练体系，常青的"分格训练教学法"，章熊的"语言—思维"训练教学法，于漪的"文体为纬，过程为经"训练体系，等等。

---

① 潘新和：《"写话""习作"与"写作"辨正》，载《语文建设》2002年第2期。

② 王荣生：《从文体角度看中小学作文教学：从〈国文百八课〉说起》，载《上海教育科研》2008年第3期。

③ 张伟忠：《新课程环境下的写作教学刍议》，载《课程·教材·教法》2004年第6期。

第三，作文教学应加强针对不同文体的方法训练。针对各种文体，以丰富的实例进行拟题、章法和语体训练，是文体训练的重点。比如，从拟题看，《深藏在我心底的一首歌》一般不会写成议论文和说明文，《也说"良知"》一般是议论文的题目，如把它作为记叙文题目或文学写作题目则不妥。拟题训练时，教师可采取辨析题目、修改题目、欣赏精彩文题等方式强化文体认知。章法是文章的组织结构和层次法则，比如，议论文要有鲜明的论点、论据和论证过程，散文要有"形散神聚"的特点，看似散淡的材料往往有一根事物或情感的"红线"，小说一般要有鲜明的人物形象和完整的故事情节。章法训练还包括不同文体的篇章结构、写作技巧等方面的联系，比如，题为"习惯"的作文，记叙文、议论文、说明文的开头、结尾会有所不同。语体训练是指不同文章和文学作品在写作中遣词炼句、赋文修辞、表达方式等各种语言表达技巧所体现的不同语言特色和风格。比如，说明文以说明的表达方式为主，语言讲究准确；文艺性说明文，语言适当讲究生动；议论文以议论的表达方式为主，语言讲究严密，要有分析说理的风格；散文根据内容情感不同，或叙述为主，或描写为主，或议论抒情为主，其语言或朴实，或藻丽，或含蓄，或明快等。教师要指导学生在作文训练中取用合适的语言表达，一种表达就要切合一类文体的样子，比如，写表达亲情的记叙文，就应该以记叙、描写和抒情为主，不要叙一件事，又发大段议论，然后又对家庭成员进行说明，这就是"四不像"。当前的话题作文尤其应该在定题（定文题和主题）时，同时定体，然后根据文体的基本限制选择篇章结构、线索思路、表达方式及语言风格。

## 二、思维与技法训练

### （一）思维与技法训练教学设计案例
作文思维训练课[①]

---

① 黄建勇：《作文思维合作课卸下学生的心事》，载《语文教学通讯》（初中刊）2005年第10期。

"老师，我交作文来了。"他低垂着头，手里捧着一本皱巴巴的作文本。从那怯生生的声音里，我听得出几丝惶恐和期待。

被同学昵称为"笑脸娃娃"的小周，有着极好的人缘，一下课，满教室就会飘荡起他的笑声。可奇怪的是，只要一写起作文，小周就会像霜打的茄子——蔫掉了。

这不，本子上依旧是一行标题《月亮的心事》，一个百来字的"豆腐块"，再也没有下文了。换句话说，以"月亮"为话题的作文训练，小周第二次的补写仅比第一次多了两三行。

我明白，再退回去重做的意义已经不大。像小周这样的"困难户"，班上至少还有三四个。我似乎感觉他们都低着头，把我围在中央，我的呼吸顿时急促了起来。

接下来几天，每当看见夜空里皎洁的月亮，我都会想起小周那圆圆的脸蛋和作文本上的标题《月亮的心事》。妻关切地问："你是不是有什么心事？"

是的，这也是语文教师们共同的心事。长期以来，学生怕写作文、教师怕教作文的阴影笼罩着课堂，挥之不去。如果说写作是现实生活的文字折射，是思想、情感的语言表达形式，为什么像小周这样在生活中拥有鲜活个性，同时也不乏丰富情感的学生，在文学的疆场上却屡吃败仗，屡当逃兵？

沉思中，我猛然醒悟：小周的困境不是"无话可说"引起的，而是"不知该怎么说"！是源于作文思维没有被有效地激活！

我决定把作文课的重点放在思维训练上。全班同学被重组成8个作文思维合作小组，每个小组由六七名性别、性格、爱好和写作能力不同的学生组成，并分别担任"主持人""书记员""发言人""鼓励者"等角色，他们既有自己的独特任务，也有一致的责任——积极参与作文讨论，努力使作文思维超过其他小组。

这堂作文课，我特地坐在小周的小组中。讨论的话题是——"月亮的心事"。此话题一公布，全班同学立即"唰"地向小周行了个注目礼。

主持人：我要祝贺小周的作文题目成为今天的主题。小周，你先谈谈为什么会想到这个题目？

小周（有些腼腆地）：我看到月亮有时圆，有时缺，感到她有时笑，有时哭，她是不是有什么心事呢？可是我写不下去。

主持人：大家帮小周想一想，月亮会有什么样的心事呢？

同学一：俗话说得好，爱美之心，人皆有之。是天空的乌云遮住了月亮美丽的容颜，才让她又急又羞的。

同学二：她担心夜色褪去，因为白天是太阳的天下。

小周（抢着说）：她在夜空里太寂寞了！

老师：大家的想象力的确不错！清朝评论家王国维曾说，"一切景语皆情语"，月亮的心事会不会与人有关呢？

主持人：对呀！如果我们不和人、社会联系，只在月亮身上做文章，作文思路还是打不开。

（沉默片刻，再次话声鹊起）

同学一：月亮牵挂的是人间的悲欢离合，她默默祈祷：让天下有情人终成眷属，让迷失的孩子重回家园，让破碎的家庭破镜重圆。

同学二（兴奋地）：让海峡两岸和平统一！

同学三：战争是人类的噩梦，月亮最大的心愿是让战争走开，和平降临在地球的每一个角落。

同学四（担任鼓励者）：我觉得大家的思路有了飞跃，趁热打铁，再多想一想吧。

同学五：近年来，地球的生态环境被严重破坏，宇航员从太空看，地球绿色的比例越来越小了。月亮不能不为变色的地球担忧呀！

…………

空气似乎在升温。大家神采飞扬，妙语连珠，书记员的笔在欢快地跳着舞。我注意到小周也频频插话，笑容在脸上荡漾着，这可是作文课上从未见过的"奇观"呀！我惊喜地发现，学生们的眼界、心境和文思正变得越来越宽敞，传统作文课上的沉闷气氛被一扫而光。面对作文的

137

困扰，是合作学习一举激活了思维，让其迸闪出灵感的火花来。

第二天，我正埋头备课，一个声音随着兴冲冲的脚步响起："老师，我来交作文了！"是小周！那语气满是自信和期待。

他把一本崭新的作文本小心地放在我面前，仿佛卸下了一桩沉重的心事。

**（二）思维与技法训练教学设计案例点评**

这是一则关于作文思维训练课的案例，不全是传统的课堂实录，更像是一篇教师对学生进行作文思维训练后的随笔。与更多课例不同的是，本次作文思维训练课不是预设，而是临时生成：一位生性活泼的学生，在写作时却始终犯难，所写作文《月亮的心事》连续两稿都打不开思路。于是，教师"借题发挥"，组织全班同学集思讨论，上了一堂思维拓展课。从文中课堂教学实录的部分看，思维训练收到了预期效果：不但激活了全体同学的思维，也启发了作文困难户的思路，最后完成了一篇让其本人比较满意的习作。这则案例给我们两点启示：一是在作文思维训练中，教师要及时发现问题，善于抓住"战机"，攻其薄弱，积点成面，整体提高；二是在思维训练教学中要精心组织，以学生为主体，点燃学生的激情，教师要适时引导，使思维向宽度拓展，向深度开掘。当然，这则案例也促使我们思考另两个问题：一是学生写不出作文，思维困境是关键，但语言表达也不可忽视，思维和语言表达不完全是一回事，二者如何做到分合训练，齐头发展？二是很多作文思维训练课都采取如上述扩写案例的"集体突破、头脑风暴"方式，但真正写作时却还是个人的事，如何将这种训练时的集体智慧转换为写作时的个体智慧，值得思考。

**（三）思维与技法训练教学设计案例蕴含的核心知识点**

**核心知识一**：中学作文思维训练的重要意义与能力目标。

思维是人脑所特有的一种机能。心理学上将思维定义为：人脑对客观事物的一般特征和规律性的一种概括的、间接的反映。钱学森从思维规律角度把思维分为形象思维、抽象思维和灵感思维。形象思维又称直感思维，是凭借表象或形象进行的思维，比如，联想、想象等；抽象思维也叫作逻辑思维，通过概念展开思维活动，利用抽象、分析、概括等进行判断、推理的思维形式；灵感思维又称顿悟思维，是大脑通过潜意识对问题加以酝酿而使结果突然涌现，从而产生突然领悟的思维。写作思维，顾名思义是指一切适用并服务于写作的思维活动，即人脑在表象概念的基础上，运用判断、分析、推理、想象、联想等形式认识客观事物，并将认知成果用语言文字表达出来的思维活动。任何文体写作均需要多种思维形态参与；形象思维和抽象思维分别在不同的文体写作中充当主角；灵感思维是任何文体写作、任何言辞写作不可缺少的思维形态，在某些时候发挥着决定的作用。[①]

第一，中学生作文思维训练的重要意义。

首先，写作过程从外在表现看是语言运用过程，其根本却是思维过程，语言是思想的直接现实。人从一生下来接触社会就开始学会思维，思维结果的呈现便是语言（口语、书面语或肢体语言）。人类很早就认识到语言和思维的密切联系。曹魏王弼在《周易略例·明象》说："夫象者，出意者也，言者，明象者也，尽意莫若象，尽象莫若言。"南朝梁刘勰在《文心雕龙》中辟专章《神思》论述写作中的思维活动，也谈到思维与表达的关系："意授于思，言授于意，密则无际，疏则千里。"语言表达与思维活动有如此密切的联系，那么二者之间是否就可以画等号呢？心理学研究表明，二者有着不完全相同的组织结构和运作规律。董蓓菲指出二者之间的差异在于：表达是线性的，而思维是非线性的；表达具有逻辑性，而思维具有跃迁性；表达具有交际性，而思维却是自足的。因此，由思维到表达，至少要经历两级转换，即由思维转换为内部言语，再由内部言语转换为表达。[②]如图5-1所示。

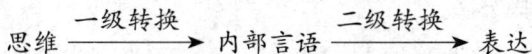

$$思维 \xrightarrow{一级转换} 内部言语 \xrightarrow{二级转换} 表达$$

图5-1　思维与语言的转换

这样看来，由写作思维到语言表达，仅靠人的自发行为还不行，还必须

---

① 殷秉凤：《写作思维：基础理论与技能训练》，中南大学出版社2002年版，第1-2页。

② 董蓓菲：《语文教育心理学》，上海教育出版社2006年版，第101页。

经过必要的外在努力（学生自我努力或教师引导训练）实现转换。

其次，思维活动贯穿写作的全过程。写作是人反映社会生活的特殊方式，也是一种复杂的思维过程。写作活动从审题、立意到选材、布局、表达以至最后的修改，无一不需要思维活动的参与。审题就是审视题目或话题，对题目或话题加以解释，弄清含义、范围和大致写作方向；立意是确立作文的思想内容、写作意图和动机，无疑需要分析与综合；选材就是根据文题，围绕立意搜集、择取要写的材料。选材看起来是生活经验和知识经验的再现，但要从经验中挑选出别具一格的材料加以表现，非常需要思维的发散与创新。比如，同样是表现母爱，很多人写到母亲严格要求自己的学习和品行，给自己做非常好吃的饭菜，但另有人通过选取母亲为了给平时住校周末归家的孩子买洗发水，却因为不识字而买到假货，来表现母爱的深沉与朴实，非常新颖，这就需要发散思维"沙里拣金"。谋篇布局是围绕作文立意，将选取到的材料按一定的逻辑顺序编排起来，是从立意的"言之有理"、材料的"言之有物"到"言之有序"的推进。表达是将头脑中写作思维活动的结果"物化"的过程，如果说头脑中的思维活动具有跳跃性和非线性，那么文字表达的过程则具有严谨性和绵密性，同时也需要对先前的思维结果加以修正。这个过程不但要用到形象思维中的联想与想象，而且要用到抽象思维中的分析与综合。作文的最后环节是修改。修改的过程，是将前述所有写作过程重新审视的过程，其增删调换，同样离不开思维活动。总之，在写作的全过程中，没有哪个环节不需要思维所谓"文章本天成，妙手偶得之"，其实不过是写作者在长期的刻苦练习（包括语言与思维训练）之后所达到的纯熟自然状态。

最后，写作思维训练的重要意义，还在于改变当前中学生作文思维贫弱的现状。当前中学生作文不尽如人意，主要表现在情感的"假"、内容的"旧"、行文的"平"。情感虚假、内容陈旧、行文平淡，虽然跟不少中学生"三点一线"的枯燥生活环境有一定关系，但毋庸讳言，也跟学生平时缺少观察与思考有关。生活中不是缺少美，而是缺少发现，没有对生活的细致观察，没有观察生活时慧眼独具的提炼，没有写作时呕心沥血的结构创新，是中学生作文"假""旧""平"的主因，说穿了还是思维贫弱的表现。当然，中学生作文思维贫弱，责任不全在学生，也跟当前作文思维训练被忽视有关。应试状态下的语文教学，作文教学时间遭严重挤压，并重复着"写作—评讲—再写作"的机械过程，作文思维训练很少得到实质性的开展。因此，语文教学中的写作思维训练，意义重大，很有必要。

第二，中学作文思维训练的能力目标。

当个体具备了写作所必须具备的所有思维品质后，就形成了写作思维能力，也能使思维品质具有灵活性、敏捷性、深刻性、批判性等特点。教师应该在语文能力教学中对学生的写作思维品质进行培养，以提升其写作思维能力。根据写作思维品质对写作思维能力进行界定，可总结出思维品质特点的相关定义。

写作思维的灵活性就是指写作过程中应对所阐述的内容进行灵活表达，能够从不同的角度去观察事物并展开多层次的分析，所总结的观点应充分、合理，能被他人所接受；写作思维的敏捷性，是指写作思路开阔，能够快速地完成写作任务；写作思维的深刻性，是指能够对写作主题进行明确表述，本质深刻且逻辑性周密；写作思维的批判性，是指能够识别写作过程中所出现的各种形式错误和逻辑错误，并能够对错误进行修正，在此基础上对自身进行合理评价。

核心知识二：中学作文思维训练方法。

中学作文思维训练，可以按思维类型进行训练，按照写作中审题、立意、选材、布局、表达及修改六个步骤分别进行训练；也可以按文体不同进行有侧重的思维训练；还可以读写结合，通过阅读课的思维训练，实现写作思维的迁移。限于篇幅，本处仅讨论按思维类型进行训练的方法。

在心理学中，对思维有着不同的分类标准。如按照产生主体意识的标准进行划分，可以分为潜意识思维和有意识思维等；按照产生思维的凭借物和对问题的解决形式划分，可以分成抽象思维、具象思维、直观动作思维等；按照思维的指导是以经验还是理论进行划分，可分为经验思维和理论思维；按照思维解题方向进行划分，则分成聚合思维和发散思维；也可按照思维的创新和品质划分，分为创造思维、再现思维等。

由于分类标准不同，以上各组思维类型互有交叉。就中学生写作活动而言，各种思维类型也都有涉及。现择取写作中最重要的思维形式及训练方法进行阐释：

第一，观察与思维训练。

观察是一种受思维影响的、有意的、主动的和系统的知觉活动。观察作为一种知觉活动，本身不是思维，但观察过程却始终离不开思维活动。中学生在作文观察活动中会触发想象与联想，将观察到的现象和大脑中储存的与之相关的事物和现象联系起来，同时结合分析、概括等思维活动，把握事物特征和现象本质，然后通过语言准确生动地加以表述。因此，作文思维训练，离不开观察。

要想提升学生的观察质量，使学生在观察中获得良好的思维效果，教师就应该将有效的观察方法教授给学生，使学生在观察时不断拓宽思维，让观察意识得到培养。观察属于一种有意注意，因此教师要经常提醒学生注意观察。比如，一位教师在秋天布置"一叶知秋"的观察活动，拟定观察提纲，提出引导观察的问题，这一活动就有利于强化学生的观察注意，培养学生观察意识和观察时思考问题的习惯。其次要教给学生观察方法，比如，在感知觉的调动上做到"看、听、感、想、做、尝、闻"七字诀，具体方法上学会按方位及空间观察、按时序观察、分层观察、全面观察、重点观察、周期观察、长期观察、动态观察等。布置学生观察时，观察任务要由窄到宽，逐步培养学生多角度观察和从观察现象中筛选有价值材料的能力，从而将学生的观察由直观动作思维、具体形象思维逐步引入更加高层次的分析、综合等抽象思维。比如，布置学生观察校园里的一天，这一任务非常宽泛，校园里可供观察的有人、有景、有物、有事，学生可能会对校园里的人、事、物、景给予全方位观察，但如果要付诸文字写成作文，那就要善于确立重点、筛选信息并加以分析、综合，最终构成有意义的文章或段落。

培养观察能力和观察中的思维能力，对教师而言，也要做到三个方面：一是增加学生的观察机会，二是设置观察情境，三是明确观察的目的任务。

中学生学习任务重，生活方式和生活环境比较单一，因此教师要利用课外活动、周末和寒暑假布置学生观察体验，拓展观察空间，增加观察机会。其次，教师还可以利用校内和课堂资源，有意识地设置某种情境让学生观察思考。比如，某教师在上课铃响后，故意一反常态，板着面孔走进教室，停顿数秒后将一位平时表现不错的学生叫出教室。完成这一情境设置后，教师引导学生讨论和思考：观察到教师、全班同学和被叫出同学刚才的哪些表现？自己对这一"突发事件"产生了哪些联想与想象？对自己想象的原因和结果做了哪些分析？然后写成文段，这就是教师有意设置情境让学生观察和体验。当然，大多数观察活动应该在观察之初给予学生明确的观察目的和任务，增强学生有意注意的强度，增加主动思考的力度，强化观察和思维的效果。

第二，联想与想象训练。

联想是根据事物之间的某种联系，由一种事物想到另一种事物的心理过程，是根据事物之间的相似点进行定向或发散思考，从而把握事物之间存在的各种可能性的心智活动。联想根据不同分类标准可以分出不同的类别，写作活动中的联想按不同标准常有如下类型，如图5-2所示。

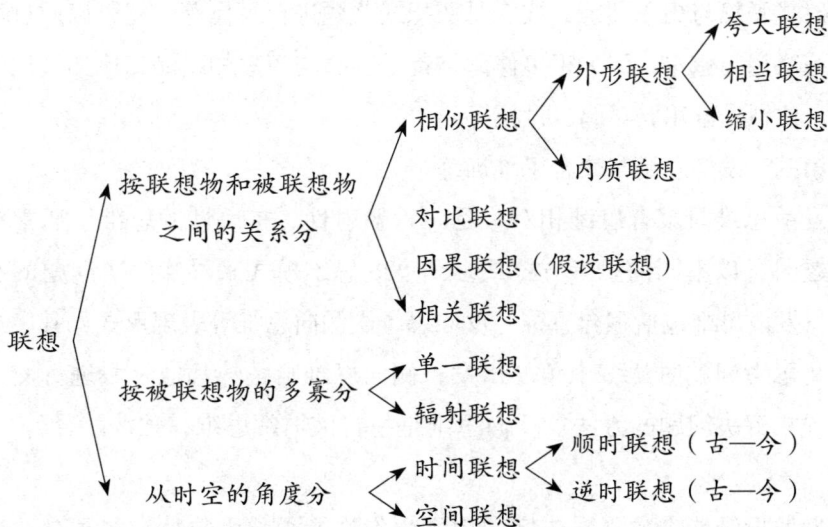

图5-2 写作中联想的类型

同一种事物，根据不同标准可以产生不同联想。比如，由"蜜蜂采蜜"的情景，可以联想到一架微型飞机（相似联想），联想到辛勤工作的劳动者（神似联想），联想到好吃懒做的人（对比联想），联想到蜜蜂晚上回到蜂巢尽情享受劳动果实（假设联想）等。

想象是人在头脑里对已储存的表象进行加工改造、创造新形象的心理过程。想象又分再造想象和创造想象两种。

写作活动中进行联想与想象训练的方法很多，可以以联想和想象的类别分别进行训练，比如，专门进行相似联想训练或时空联想训练等。可以利用实物或生活现象进行联想与想象训练，比如，指定生活中的牛、石磨、竹子等进行联想与想象训练，或指定一个符号、图形展开联想与想象训练。可以以词、句、段、篇为依托进行联想与想象训练，比如，以词为依托的联想与想象，可以找出任意出示的几个词语之间的联系，并把它写成一段有意义的话（微型故事）；以句为依托的联想与想象，将出示的一句话作为情境，续写或扩写；以段或篇为依托的联想与想象，对已有的文段或篇章进行改写、扩写、续写，或对已有文段篇章的情节、细节进行精细化补充。也可以按照写作活动的各环节组织联想与想象训练，比如，审题、拟题、立意、选材时的辐射式联想与想象训练，或安排假想式文题进行写作等。还可以通过修辞格训练联想与想象，因为很多修辞格都是联想与想象的结晶，比如，比喻、夸张、比拟、排比、对偶、衬托等。

第三，发散思维与聚合思维训练。

发散思维与聚合思维相对，是一种辐射性、扩散性的思维。通常在解决问题时，以不同的思考方式或多角度的思维模式来寻找解决问题的有效答案。发散思维包括多向思维、反向思维、侧向思维等表现形式，其中多向思维是思考问题时从多个角度出发；侧向思维则是从其他领域进行交叉思考，寻找解决问题的方法；反向思维是指打破惯常思维，独辟蹊径，"反弹琵琶"。

发散思维能力的强弱决定着中学生作文能否感受独特、立意高、选材新、结构巧。作文教学中的发散思维训练，包括前后联系的三个方面：一是扩大见闻，夯实基础。不论是多向、侧向还是反向发散思维，都需要思维主体头脑中有丰富的知识积淀，有比较娴熟的基本写作技能，记忆中积淀的知识越多，思维的发散点就越多，写作技能就越成熟，思维发散的起点就越高。反之，如果没有这些知识和技能的积累，即使想破脑袋，也难为"无米之炊"。第二是解放思想，敢于质疑。发散思维训练需要给学生提供一个敢于求新、求变、质疑创新的环境，这个环境应该是民主的、平等的、活跃的，学生经常置身于这样的环境，久而久之，就会冲破犹豫，敢于思考，善于表达新观点、新思路，学生之间也才能形成类似"头脑风暴"的良好氛围。第三是理论指导，消除定式。思维定式是发散思维的敌人，对此，教师除了要解放学生思想，还要从理论上"揭发"定式思维的表现及危害，比如，直线思维定式、权威思维定式、从众思维定式、错觉思维定式等。解决了上述问题，最后才是针对发散思维的专项训练。比如，作文教学中审题立意的多向性训练、选材的新颖性训练、结构的精巧性训练、文体的多样性训练等。

聚合思维又称求同思维、收敛思维，是利用已知信息，从各个不同方向朝着一个目标去寻求正确答案的一种有方向、有条理的思维方式。如果说发散思维表现为"以一趋多"，聚合思维则表现为"以多趋一"。聚合思维有三个特点：一是概括性，即将众多思考结果加以归纳综合；二是程序性，在归纳综合的同时确定解决问题的次序；三是比较性，在已有解决问题方案中寻求最佳途径。由此看来，聚合思维有自己独到的价值，那就是能在发散思维的基础上，将各种思维结果进行优化比较，最终选取最佳答案。比如，作文过程中，通过发散思维拟定了众多的文题，或确立了好几个立意，也有数量较多的备选材料，这时就需要通过聚合思维，对已有文题、立意、材料等进行综合比较，最终确立最优答案。当然，写作是一种复杂的思维活动，在立意选材、谋篇布局和运思行文中往往要多次循环运用发散思维和聚合思维，在"发散—聚合—发散—聚合"的多次交替运行后方能完成。

作文教学中的聚合思维训练方法也非常多。一是限字限词训练，比如，在限定字数内写一条广告词、标语，将一个段落按一定字数概括要点，将一篇文章在规定字数内写出概要，按给出的句段格式和内容进行仿句仿段训练等。二是材料归纳综合训练，比如，从根据材料拟出的众多观点中选出最贴切的一项，从众多材料中提取共同观点，对文题先进行多向立意选材再进行优化筛选等。三是文章思路辨析训练，在作文的谋篇布局阶段，作者会产生多种思路和围绕思路产生多种结构方法，这时需要通过聚合思维对所有思路进行审视，并通过排列组合将文章的结构最优化，选定自己最中意的"这一种"。四是主旨材料关系审视训练，文章确立了主旨，就要通过聚合思维围绕主旨选材，不要想到哪儿写到哪儿，写完作文后还需要通过聚合思维重新审视材料和表现主旨的关系，把那些与主旨关联不大、表现力不强的材料、句段精简或删除。

第四，辩证思维训练。

辩证思维是指以变化发展观点认识事物的思维方式。在辩证思维视角下，世间万物都是互相联系、互相影响的，因此我们应该以动态发展的眼光看问题。辩证思维的基本观点包括普遍联系观点、发展变化观点、对立统一观点、质量互变观点、否定之否定观点等。此外，辩证思维还关注一些相对的范畴，比如，辩证地看待主要矛盾与次要矛盾、全面与片面、整体与局部、现象与本质、内因和外因、理论与实践以及事物发展的光明与曲折等之间的关系。

辩证思维方法与辩证思维能力在中学生写作中非常重要。一些中学生作文立意不高、构思平淡，重要原因之一便是采用片面、孤立的眼光看问题，不能找到不同事物之间的内在联系，不能发展地看待问题，因而不能突破狭隘的思维定式，扩展思维视野。

中学作文中的辩证思维训练，首先就是要适当教给中学生辩证思维的基本知识，尤其是辩证思维基本观点的知识，然后结合审题训练、立意训练、选材训练、篇章结构训练和语言表达训练等渗透辩证思维观点。如某省高考作文题《回到原点》，在审题立意方面，要审出"回到原点"的施事者（可以是人、自然、社会等）与"原点"之间的某种联系，这是联系的观点，"回到"二字又包含着发展变化的观点，既然要"回到原点"，其中很可能还会包含否定之否定的观点。有了这些辩证思维，审题时就容易抓住要害，立意时就能立得深刻。如果以"个人因为某些现代物质生活方式的诱惑而失去了本真，因此要回到本真的人生状态"立意，在分析论证或结构故事时，可以抓住"透析现象与本质"的思维方法，通过论述或叙述表达出"当下生活"带给自己快乐的"表象"下内心的空虚挣扎、痛苦等"本质"，从而使文章思想更深刻。辩证思维作为一种层次较高的理性思维，在材料作文、话题作文和论说性文体作文中用处最大，因此对其训练也可以重点以这些方面为主。比如，有一则材料：巴豆，据南朝名医陶弘景《本草经集注》记载，药性主泻。但李时珍试用结果表明，巴豆只要用量适度，不但不会引起腹泻，反倒能治好慢性腹泻，剂量大了才会引起严重腹泻。要求通过这则材料写一篇议论文。材料中的关键词是"过度与适度"，包含着量变到质变的发展观点，也包含全面看待问题还是片面看待问题的观点。当然，并非只有论说性文体才会用到辩证思维，记叙性文体也会用到辩证思维，比如，写对父亲由"恨"到"爱"，这是发展的观点看问题；对一个人因其外表时尚靓丽而喜欢，发展到后来，因其内心自私冷酷而厌恶，这不但是发展的观点，也是透过现象看本质的辩证思维。

核心知识三：中学作文技法训练。

写作技法就是写作时为更好地表情达意而采取的有效艺术手段。写作技法涉及写作活动的方方面面，对写作技法的探讨也古已有之，文论之集大成者《文心雕龙》中的"文体论""创作论"即涉及很多创作技法；近现代不少教育名家、作家也根据自身感受提出了很多文章做法和文学创作技巧，比如，夏丏尊在《文章作法》绪言中说："有人疑心到作文法全无价值，依旧确信'文无定法'，只想'神而明之'，这也是错的。专一依赖法则固然是不中用，但法则究竟能指示人以必由的途径，使人得到正规。"[1]其他语文教育家如陈望道、陶行知、叶圣陶、吕叔湘及作家鲁迅、郭沫若、茅盾、朱自清、老舍、冰心、巴金等都谈过文章、文学创作技法。

---

[1] 夏丏尊、刘薰宁：《文章作法》，天津人民出版社2020年版，第10—11页。

　　由于写作技法涉及写作的方方面面，内容庞杂，据周文杰主编的《中学生Magic作文工具王》目录看，该书按作文步骤、作文方法、分类作文指导、写作技巧、写作误区等，共列出了245个具体技法条目，可谓洋洋大观。①因此要想在有限的篇幅中将作文技法讨论清楚，绝非易事。由此，中学作文技法训练首先就涉及宏观层面的方法问题：按何种内容体系组织训练和按何种时间体系组织训练。从内容体系看，主要有两种方式：一是按照写作基本步骤安排训练，包括审题拟题技巧、立意技巧、选材技巧、谋篇布局技巧、语言表达技巧和作文修改技巧；二是按照不同文体安排技巧训练。中学生写作的文体主要有实用文体和文学文体两大类，实用文体包括记叙文、议论文、说明文和应用文，文学文体按文学四分法包括诗歌、散文、小说、剧本。实际训练中也可以将两个方面结合，以文体技法为经，写作步骤技法为纬。从时间体系看，林林总总的这么多写作技法，不可能短时间内都得到练习，因此，一方面教师应根据学生学段及知识水平特点，讲顺序，有侧重。比如，初中阶段以实用文写作技法训练为主，文学写作次之。各体式的实用文写作也不是平均用力的，按照实际写作应用频率高低，以记叙文为主，议论文次之，说明文再次之；高中则以文学写作为主，实用文次之。文学写作按实际写作应用频率，以散文、诗歌为主，小说和剧本次之。另一方面，根据语文学科特点，任何写作技法都不是一蹴而就的，各种写作技法随着学生学段升高，其要求也不一样，因此安排训练时应该采取螺旋式、多层次的方法。比如，同样是人物描写，刚入初中时主要训练肖像、语言、神态心理、动作等各类描写方法，辅之以描写细致、生动的要求。随着年级升高，尤其到了高中，就要具体而微地区分工笔细描与粗笔勾勒、直接描写与间接描写、动态描写与静态描写以及细节描写，并加以分门别类地训练。

　　明确了宏观层面的作文技法训练体系，接下来便是微观层面具体写作技法的训练。按照写作基本步骤组织的技法训练讨论者已多，本文仅从文体角度，选取中学生写作使用最多的记叙性文体和议论性文体探讨写作技

---

① 周文杰：《中学生Magic作文工具王》，中国对外翻译出版公司2006年版，第1—3页。

法训练。

第一，记叙性文体的写作技法训练。

记叙性文体主要包括实用文中的记叙文、文学作品中的小说和写人叙事为主的散文，一些比较特殊的文体如通讯、特写、传记、回忆录等也属此类。一句话，以记人、叙事为主或状物写景时有明确叙事线索的实用文和文学作品都划归记叙性文体来讨论写作技法。

记叙性文体写作技法训练分为一般内容和各文体特殊内容。从一般层面看，记叙性文体写作要关注以下方面的技法训练。

（1）记叙要素把握：记叙六要素包括时间、地点、人物、事件的起因、经过和结果。记叙性文体一般要求交代清楚记叙的六要素。

（2）记叙顺序技巧：包括顺叙、倒叙、插叙、补叙和平叙。记叙文一般以顺叙为主，如果使用倒叙、插叙、补叙、平叙等往往有比较特殊的作用和表达效果。

（3）行文结构技巧：包括横式、纵式、转折式、镜头组合式结构，开头结尾、过渡衔接技巧等。比如，某中考作文《爱四季·感悟芳香》将"春之颂""夏之恋""秋之思""冬之盼"以平行并列的方式组合起来，表达对四季的感悟，这就是横式结构。纵式结构有按时间推进为序、按空间转移为序、按时空结合为序，或按情感变化深入为序等。转折式结构则是把对立的人、事、物、情通过对照叙述展现出来，比如，某篇习作写"我"在新学期开始后不听老师劝告，盲目自大，结果在一次测验中失败，然后"我"认真反省，踏实学习，终于在期末考试时取得好成绩。镜头组合式是指用相互关联的几个片段组合成一篇作文，表达主题，比如，以"风雨彩虹"表现友谊主题，用"起风了""下雨了""云散了""天晴了"来表现和朋友之间的情感波折，片段之间没有明显的过渡，像一个个组合起来的电影镜头。记叙性文体的开头结尾也非常讲究，对此探讨的文章也很多，比如，开头技法中的开门见山、倒叙开头、景物描写、设置悬念、引用名句等；结尾技法中的自然收束、卒章显志、首尾呼应、未来展望等。记叙性文体中段与段之间常用过渡衔接的结构技法，这是文章内容转换的重要手段。关于过渡衔接，也有人总结了诸如粘连过渡、联想过渡、间隔反复过渡等技法。

（4）篇章手法技巧：包括人称变化、行文线索、伏笔照应、详写略写、点面结合、抑扬运用、起伏悬念等。

（5）表达方式运用技巧：记叙性文体以记叙为主，有些以描写为主，同时间以抒情和议论。记叙性文体仅从表达方式看，要特别关注文中的描写、抒情和议论的用法、作用并加以训练。

（6）内容特色及表现技巧：雷其坤用"情""趣""理""智"来概括记叙性文体的基本内容要求。所谓"情"是指记叙性文体需多情善感，内情外移；所谓"趣"是指记叙性文体有情趣、意趣；所谓"理"是指记叙性文体要耐人寻味，引人思考；所谓"智"是指记叙性文体要展现"智谋"。①在记叙性文体的内容方面，还应注意区分侧重记人、叙事、写景、状物等文体所对应的不同要求及表现技巧。

记叙性文体中的小说、散文、通讯、传记、回忆录等又各有其自身的特点，这些特点都是中学生写作时需要加以训练方能习得的。仅以小说为例，小说一般以人物、情节、环境为基本要素（现代派小说有人物虚化、情节淡化倾向，但这不是中学生写作的主要类别）。20世纪60年代兴起、80年代传入中国的叙事学给当代小说创作带来了深刻影响，围绕小说各基本要素的创作技法在叙事学中几乎都有涉及，因此探讨中学生小说写作，教师应适当教给中学生必要的叙事学知识。与其他一般性记叙文体相比，小说人物塑造更加注重典型性与个性化，因此，除了使用人物描写的一般方法（肖像、动作、语言、神态、心理），应更多训练间接描写和直接描写相结合、细节描写与环境烘托相结合、主要人物与次要人物相结合的写作方法，力求使人物刻画更加细致、传神。小说情节更加注重跌宕起伏和矛盾冲突，小说情节的安排更注意多种情节的结合，如核心情节、辅助情节、衍生情节等。小说的环境描写在交代背景、渲染气氛、烘托人物、推动情节、深化主题方面有着不可忽视的重要作用，写景的多寡、位置、目的都是小说写作时需要注意的

---

① 雷其坤：《中学作文高效教学》，华东师范大学出版社2011年版，第49—61页。

技巧，这些都需要教师指导学生加以训练。

第二，议论性文体的写作技法训练。

议论性文体主要包括实用文体中的议论文和文学文体中的议论散文。

实用性议论文的写作技法训练主要围绕议论文"论点、论据、论证过程"三要素进行。比如，论点要鲜明、准确、概括，最好放在开头部分，分论点与中心论点要有因果联系；论据包括事实论据和理论论据，论据应典型、新颖，表述精炼、简洁；论证基本结构为"提出问题—分析问题—解决问题"，在此基本结构之下又有很多具体结构形式，如总分式、递进式、并列式、对比式等；论证会用到很多方法，比如，例证法、喻证法、引证法、对比论证等，中学生议论文大都会用到事例论证，这就需要处理好叙议的比例与结合问题。议论文按论证方式不同还可分为立论与驳论两大类，两大类议论文的写作要求也会略有不同。除了训练议论文"三要素"，议论文语言表达技巧也不容忽视。议论文语言表达总体要求是准确、严密、简洁，但中学生所写议论文不同于政论文，因此，在总体要求下，一般也应注意训练其有文采地表达，使用多种修辞、多种句式让语言亮起来。

议论散文是以议论为主要表达方式，用于发表作者思维成果，情趣与理趣兼具的散文。它既有一般议论文鲜明的论点、丰富的论据和严谨的论证的特点，又有散文飘逸的结构、丰富的情思和跳跃的语言。因此，议论散文和一般议论文不同的是，它不但以理服人，还要以形动人，以情感人，是中高考写作中学生使用较多却又难于把握的一种文体。中学生写作议论散文，比较突出的失误在于不能很好地将"理"与"情"结合，或者行文过于抽象干瘪，或者行文过于主观随性。因此，议论散文写作训练应该在一般议论文和散文两种文体写作训练基础上，谋求形神兼备与情理兼具。大致说来，它应该是一般议论文的骨架，加上散文的笔法。即从内容说，其议论应该是对形象性很强的具体事物、人物、事件、社会现象等的分析解说，有述有评，边述边评。从语言表达说，它在注重表达的准确、严谨之外，更多讲究散文表达的自然流畅、意蕴丰富和形象可感。

# 第三节 语文写作教学的优化策略

## 一、培养学生对作文的兴趣

在语文教学中，作文教学占据了很大一部分内容。但当前的作文教学状况并不理想，教师虽然在课堂上做了全面的规划，对作文进行命题、选材、谋篇等的指导，可谓是面面俱到，而且还要对学生的作品进行细致修改和评价；学生却对作文教学感到厌倦甚至恐惧，不愿意进行作文写作，有的即使完成了作文写作也是空话、假话连篇，起不到应有的教学效果。如此一来，教师和学生之间缺乏有效沟通，难以在教学中达成同步，学生缺乏作文写作兴趣，教师则疲惫不堪，严重影响了作文教学的质量和效果。为此，教师必然要针对作文教学做出调整，使作文教学体现应有的意义。

首先，在课堂教学中，学生的主体地位应该被教师所尊重，教师应构建出合理的教学情境，使学生能够被激发出学习热情，融入教学氛围中，从而能够发现作文教学中的乐趣，自主地完成作文写作。

第一，使学生情绪提升，获得写作素材。教师可以根据学生的特点为学生设计特殊的作文课，如对心理的测试。学生在测试过程中往往会出现情绪的急剧变化，如紧张到放松，惊诧到自然等。通过这样的作文课，学生亲自体会了自己的情绪改变过程，从而在写作中拥有了更多的素材。

第二，教师成为学习的典范。教学中，教师应该积极与同学生进行互动，形成亲密的关系，能够身体力行地甘当"靶子"。这将会成为学生的学习榜样，激发出学生写好作文的热情。

其次，教导学生勤动笔写作。经常动笔写作，能够为学生积累写作经验，久而久之就可养成自主写作的习惯。教师布置的练笔写作任务，很多学生是不喜欢的，甚至不愿完成，这不利于学生培养自主写作的习惯。因此，教师应该结合自身的经验，总结培养学生练笔兴趣的方法，消除学生对练笔写作的反感。

再次，教师应重新定位自己，拉近与学生之间的关系，成为他们的朋友，与他们共同完成教学中的任务。教师应该对学生的稚嫩有所包容，帮助他们解决所遇到的困难与烦恼。当师生间的关系变得亲密后，就会变得轻松许多，从而能够成为彼此倾诉的对象。此时，教师就可以和学生一起完成练笔任务，学生也会改变原本的抗拒心理。在练笔时，教师对学生的要求应放宽，先确保所写内容的真情实感，对于具体布局、词句等则可以慢慢培养。写作功底并不是短时间就能培养起来的，需要长时间的积累，只有让学生对写作感兴趣，才能专心地投入其中，培养出自身的文学素养。如果教师一直处于高高在上的位置，和学生缺乏平等的沟通，以强硬的态度布置练笔任务，自然不能让学生形成练笔的兴趣，进而会影响练笔写作的效果。

最后，教师也应多为学生组织一些写作实践活动，让学生能够积极参与到社会生活中，从生活中发现写作的素材。教师应教授学生观察生活的方法，随时关注和记录各种题材，定期开展交流会，让学生对这些题材进行交流和探讨，抒发自己的看法和意见，久而久之就能积累大量写作素材。教师可将自己对生活的发现与学生交流，以自己的诉说与提问引发学生倾诉的欲望。教师还可以通过征求学生的意见，把某些练笔作品作为示范，这样能够对学生起到鼓励的效果，增强他们的自信心，还能激发其他学生的兴趣与好胜心，从而积极投入到练笔写作中。教师也可以要求学生将练笔作为一种与他人沟通的形式，如写信，写给老师、写给父母或写给自己的好朋友等，既能沟通彼此间的情感，还能提高练笔能力。另外，教师还可以采取编写故事的教学方法，以实际生活作为根据，对生活中的某些真实事情进行重新整理和加工，从而改写出新的故事。这种改写的方式可以让学生更加关注生活，产生练笔的兴趣，同时也能对学生的联想思维进行锻炼，提升学生独立思考的能力。

兴趣是最好的老师。当学生真心投入到练笔写作中时，就不会再厌倦写作，更不会将其当作负担，而是能够同教师相互沟通，一起探索写作的奥秘，享受写作带来的乐趣。叶圣陶认为，作文是拿"合理与完好的思想、情感而做原料。思想、情感的具体化完成了的时候，一篇文字实在也就已经完成了，余下的只是写下来与写得适当不适当的问题而已"①。所以在作文教学中，教师应该帮助学生建立想说话的愿望，并有话可说，如此，作文教学也就可谓成功了一大半。

## 二、吸引学生的注意力，激发创作欲望

学生的语文能力中，必须要具备写作的能力。写作是对事物的认知和感受，是思维活动的再创造。通过写作，学生能够对事物进行详尽观察，并细致分析，引发思维想象，产生审美情感，最后完成语言表达。所以写作能力是不可缺少的。

在很长一段时间内，中学作文教学都没有形成良好的教学模式，教师虽然尽心尽力地对学生进行从命题设计、布局谋篇、遣词造句等的指导，而且还要对学生的作品进行修改和评价，但依然难以提升学生的写作激情和兴趣，并将写作作为一种负担，产生厌恶甚至逃避心理。这样的作文教学是不理想的，教师应该改变传统教学的模式，转换教学思路，避免给学生带来压力和恐惧，只有提升学生的写作兴趣，才能让学生产生创作的欲望。

很多学生在写作时不得其法，虽然教师传授了写作的技巧和方法，但学生不能在生活中积累素材，导致写作时缺少材料，更没有真情实感，这造成作文无话可写，空话或假话连篇，有的学生甚至为了获得高分而胡编乱造。这样的作文创作，不仅毫无作品价值，而且也不能给学生的创作带来进步，甚至还会影响学生的心理健康，不利于学生未来的发展。

因此，教师应该在作文教学课堂上采取全新的教学方式，让学生提高作文写作兴趣。同时，教师也要培养学生的表达能力，学会对语言的布局和安排，做到文笔流畅，语义自然。学生也要多多参与生活实践，加强对生活事

---

① 叶圣陶：《作文论》，文心出版社2017年版，第1页。

物的观察，从中发现各种美好的情感、事物等，为作文创作积累素材。

在《语文课程标准》中提到，写作要有真情实感，力求表达自己对自然、社会、人生的感受、体验和思考。多角度观察生活，发现生活的丰富多彩，能抓住事物特征，有自己的感受和认识，表达力求有创意。[1]因此，在作文教学中，教师要培养学生的写作兴趣，提升其写作技巧，用真话、实话来创作，同时也要发挥想象，对作品进行创新。只有不断完善自身的写作能力、表达能力、思维能力、想象能力，做到实事求是、求真务实，才能让作文创作更进一步。这一切的源头是要培养出对写作的热情和兴趣。

### 三、教师评价体现新课标精神

在传统作文教学中，教师对学生的作文进行评分时，往往不能从陈旧的观念中跳出，批改时依然采取老旧的标准，这会导致学生的思想遭受束缚，无法发挥想象进行创新，从而形成了许多"空、假、虚"的病态作文。有些教师为了提升作文教学效率，加快学生创作的进程，就根据相关创作类型制作了作文"模板"，让学生根据"模板"进行创作。这样的方法在短期内能够加快学生的创作速度，但不利于学生的长期发展，因为其限制了学生思维的发展，遏制了学生发挥想象的空间。在教学中，教师可以为学生制订有效的教学计划，设定科学的教学目标，然后根据合理的教学内容帮助学生学习作文创作知识。语文学科具有人文性，文章并不是文字、词句的堆砌，需要内在的情感和感悟来牵引和支撑，这样才能体现出作品的艺术审美。每个人的生活方式不同，因此会有着不一样的情感体验，在创作时也会将不同的感悟融入作品中。所以，不能利用"模板"限制学生情感和思维的发挥。

在《义务教育语文课程标准（2011年版）》中，强调了写作的评价，"要重视学生的写作兴趣和习惯，鼓励表达真情实感，鼓励有创意的表达，引导

---

[1] 中华人民共和国教育部：《义务教育语文课程标准（2011年版）》，北京师范大学出版社2012年版，第16页。

学生热爱生活，亲近自然，关注社会"①。教师应该重视写作过程和方法，同时关注情感与审美，鼓励学生进行创新，并在生活中通过不同的方式积累写作素材，教师也要对此给出科学的评价。

---

① 中华人民共和国教育部：《义务教育语文课程标准（2011年版）》，北京师范大学出版社2012年版，第30页。

# 第六章　中学语文口语交际教学设计

　　和书面表达相比，口语交际在人们日常生活中占据了大部分内容。为了适应社会的需要，必然要掌握口语交际的能力，语文口语交际教学就显得尤为重要。本章论述了语文口语交际教学的内涵，并规划了口语交际教学设计，同时给出了优化语文口语交际教学的相关策略。

## 第一节　语文口语交际教学的内涵

### 一、口语交际教学的意义

　　口语交际在现代社会的重要性日益凸显。因此，对于学校教育来说，培养学生的口语交际能力显得十分重要。"西方的语文教育，对听说能力的培养是极为重视的。"[①] "香港特区最新公布的《中学中国语文课程指引》在读写听说这一最重要的'学习范畴'里，将聆听、说话放到了与阅读、写作同等的地位。台湾地区2001年实施的《语文学习领域本国语（国语）课

---

　　① 倪文锦、欧阳汝颖：《语文教育展望》，华东师范大学出版社2002年版，第360页。

程暂行纲要》，还详细而明确地列出了聆听能力和说话能力的‘分段能力指标’。"[1]我们新颁布的语文课程标准，也顺应时代的要求将口语交际教学摆在了重要位置。

具体说来，口语交际教学具有如下意义。

**（一）有益于学生的智力发展**

口语交际是对交际双方多个方面的心理刺激，这些刺激往往有益于智力、品质等方面的完善和发展。

口语交际过程中，人的多种智力因素如注意力、观察力、思维力、记忆力、想象力等都参与其中，一并统一到顺利完成相关交流、沟通任务中。在这样的心理实践活动中，智力的各方面都会得到锻炼，得到不同程度的提高，为智力的发展创造良好的条件。我们看到，在口语交际活动中，为了保证交际的顺利进行，人的心理活动程度往往非常强，专注度也往往非常高。说者为了把相关内容说得让听者明白易懂，达到交流、沟通的目的，就必须排除干扰，集中注意力，进行快速准确地观察，快速准确地接受、解读信息，快速准确地选词、造句、组文，快速准确地运用对方能理解的语言将自己想要表达的内容用恰当的手段传递出去。这其中，说者思维的条理性、逻辑性、敏捷性、灵活性等思维品质都会得到充实、提升。听者要能听懂说者的内容，也必须具有一定的注意力、记忆力、分析概括能力、理解想象能力等。这些能力没有一项不与智力有关。

相比较而言，在"听说读写四个语言学习的基本项目中，听说能力的训练对促进智力发展的作用尤为明显。原因是口头语言的信息传递，最大的特点是瞬时性；语言稍纵即逝，与读写相比，信息的接收、编码、储存、分析、转换、输出的速度要求更快更高。因此更能培养学生高度的注意力、理解力、表达力，从而促进智力的发展"[2]。

**（二）有助于提高学生读写能力**

在学校语文教育中，相比较而言，比较普遍的是读写教学被置于极其

---

① 倪文锦、欧阳汝颖：《语文教育展望》，华东师范大学出版社2002年版，第359页。

② 倪文锦、欧阳汝颖：《语文教育展望》，华东师范大学出版社2002年版，第361页。

重要的地位，而口语交际教学在很大程度上被忽视了。但是，"忽视实际需要的口语，必然会回过头来，削弱书面语言的能力，其结果是两败俱伤，全面降低语言能力"①。为什么会如此？因为口语和书面语有着密切的关系。

"尽管口语和书面语之间存在着种种差异，这两种语篇形式都有共同的目的，即描述和分析世界上的万事万物；都使用同样的基本语言系统，即两者都使用同样的词汇系统、语法系统来表达意义。两者在结构上的差别在于这样的事实，即某种结构更多或更少地存在于口语或书面语，但是没有一种结构只出现于口语或书面语。对于两者间的每种差异，恐怕用'典型性'才比较合适：这种结构较之那种结构更典型地出现在书面语里，但不是绝对的。在这两极之间有许多重合之处，可以说，没有哪一种书面语结构不能在口语里找到。"②可见，口语并不是次于书面语的语言形式。科学研究发现，口语为儿童正确理解书面词汇提供了意义基础，如果儿童缺乏口语基础，势必会大大影响他对书面语的理解。书面语的根源主要在口语，加强口语交际教学可以丰富读写教学的内容，对提高学生的读写能力有帮助。

**（三）有助于培养具有现代适应能力的人**

从口语交际角度看，适应现代社会包括两个方面的内容。

（1）适应高度信息化的社会

当今社会已步入信息化时代。现代即时传声科技手段的普遍使用使得信息交流的速度得到空前的提高。在当今社会，人机对话已成为很普遍的事情。例如，文字的录入可以以人的语音来进行，指挥一些机器也可以用人的语音来操控。至于人与人之间用手机之类的通信工具通过语音来交流沟通则早已成为很惯常的事。可以想象，随着社会信息化程度的持续加深、提高，口语交际的意义将进一步得到彰显。

---

① 张志公：《张志公语文教育论集》，人民教育出版社1994年版，第130页。
② 谢徐萍：《口语与书面语的关系探讨及其对英语教学的启示》，载《南通大学学报》（教育科学版）2005年第2期。

（2）适应交往日益频繁的社会

现代社会，人与人之间的交往日益频繁，生活、工作、学习无不需要借助口语交际来进行，学校、工厂、企业等单位都需要有较强口语交际能力的人才。具备较强的口语交际能力，才能较好地同公众进行良好的沟通，树立良好形象。沟通不畅，则可能影响到生活、工作的质量。另外，口语交际还有助于缓解甚至消除心理压力，增进人际沟通，从而提高生活质量。

## 二、口语交际教学的原则

### （一）主体性原则

口语交际教学活动的主体必然是学生，是围绕培养学生的良好口语交际品质、增强和提高学生的口语交际能力来展开的教学活动。一方面要重视解决整个班级的学生在口语交际中存在的普遍问题，另一方面更要重视解决每一位学生在口语交际中存在的问题。在口语交际教学活动中，学生与学生之间，学生与教师之间，其地位是平等的，双方都是主体性存在，一方不能以任何形式剥夺另一方的主体地位。阅读可以是个体的事，写作也可以是纯个体的行为，都可以不与另一方进行交流、沟通，但口语交际不可能是一方的自言自语，绝对不是一种孤芳自赏的行为，必须以另一方的主体存在为自己存在的根据。因此，在口语交际教学活动中，应该坚持主体性原则。

### （二）交际互动原则

口语交际首先要体现交际的特点。互动性是交际的根本特点，没有互动，就没有交际。在口语交际教学中，谁也不能是"万绿丛中一点红"，不能把其他学生作为一种陪衬，大家必须恰当地运用口头语言、副语言等进行有效意义上的相互交流、相互沟通。在口语交际教学活动中，学生没有动起来，如没有说话、没有身体的运动等，就不能称其为口语交际教学课；如果学生相互间没有进行互动，就不能称其为合格的口语交际教学课；如果学生相互间的口语交际活动仅仅停留于形式上的口语交际互动，没有进行心灵上的交流、沟通，就不能称其为优秀的口语交际教学课。口语交际教学中的互动，一方面要从形式上体现出身体的运动，另一方面要从内容上体现出心灵的互动，两者缺一不可，紧密结合。

**（三）实践性原则**

《普通高中语文课程标准（实验）》指出："应重视指导学生在各种交际实践中提高口语交际能力，选择他们感兴趣的、贴近生活的交际话题，采用灵活的形式组织口语交际教学，而不必过多传授口语交际知识。还应鼓励学生在各科教学活动以及日常生活中锻炼口语交际能力。"[①]学生口语交际能力的获得必须通过口语交际实践。学生的口语交际实践过程是一种探索的过程，在这样的过程中，学生会犯错误，会走弯路，会出现"高原现象"[②]，不可能是一种直线上升式的前进，必然是一种螺旋式的发展。因此，教师要尽可能理解、宽容学生的不足，正确对待学生的口语交际实践问题。

**（四）综合性训练原则**

口语交际教学当然要训练学生的口语表达能力，使学生能听善说，这是很自然的事。然而，如果我们的工作仅仅局限于此，则不能算是完成了口语交际教学的应有任务。口语交际教学，一方面要训练学生的口语表达能力，另一方面也要训练学生结合口头表达灵活地、恰当地运用体态、手势、面部表情等工具进行交际的能力。口语交际教学不是纯粹的听说教学，言语得体却举止粗鲁，则必然妨碍口语交际的顺利进行。比如，说一句"您好"，却左顾右盼，目中无人，则使人心情不愉快；遇见长辈打招呼，话语得体，却一副趾高气扬的样子，不能让对方感觉到被尊敬、被尊重。口语交际教学，应当将民族传统和现代社会中的一些礼节融入进去，务必使言和身紧密配合，达到口语交际的最高境界——言身合一。言不必说，我们非常重视怎么教学生能说话、会说话等，却对怎么教学生用"身"说话不重视。用"身"说话，仿佛是一件无师自通的事情，不需要教。但实际上，学生对于在口语交际的时候应有的礼仪、礼节不熟悉、不理解，也就不知道应该怎样做才能表示自己谦恭有礼。因此，对礼仪礼节进行学习和训练是很有必要的。教

---

① 中华人民共和国教育部：《普通高中语文课程标准（实验）》，人民教育出版社2003年版，第17页。

② "高原现象"指在知识与技能的学习过程中，进步暂时停止甚至成绩下降的一段时期。

师在口语交际教学中，可以在训练学生的口语能力时训练其用"身"达礼的能力。

### （五）针对性训练原则

口语交际教学的优势在于学生在小学入学时，其口语能力已经可以顺畅地处理其日常生活事宜了，这种情况与他们天生就具有的潜质紧密相关。我们知道，文盲虽然不能进行书面语交际，但其口语交际能力在没有接受学校教育的情况下也可能很强大。那么，学校的口语交际教学就应该根据学生的情况进行针对性的训练，不教他们当前已会的，也不教他们以后自然就会的，只教他们不会又应该会的，并对此展开训练。比如，一些方言区的学生没有接触过普通话，就需要在口语交际教学中进行训练；出色的演讲能力、应对自如的辩论能力往往也不是自然形成的，这也需要在口语交际教学中进行训练，使学生慢慢体悟；羞怯、内向、不善言辞、不愿和人交际，这同样需要在口语交际教学中进行训练，以尽快消除交际中的不利因素；没有礼貌、言语粗鲁、行为粗鄙是一些学生在交际中存在的大问题，非常需要在口语交际教学中逐步消除掉。学生在口语交际中有许多普遍存在的问题，需要在口语交际教学中加以解决。

### （六）强化训练原则

"罗马不是一天建成的"，用这句话来形容口语交际良好品质的形成和较强能力的获得是适合的。首先，学生良好的口语交际品质的形成非常艰难，极其不容易。学生自身身体的不成熟、人生阅历的缺乏等是一个重要方面，要使学生在不同情况下针对不同的人、针对不同的事、根据不同的交际目的等都能够做到彬彬有礼、和颜悦色、充分体谅和理解对方，不是几年的口语交际训练课就能够达成的。其次，较强的口语交际能力的形成也是非常不易的。一项口语交际技能的形成可能要花费多年的时间。期望一节口语交际活动课就能使学生掌握普通话的正确发音，就能把握口语交际的特点，是十分不现实的，必须经过反反复复地强化训练才可能完成。强化训练，一方面是指训练的强度必须满足品质、能力形成的需要，另一方面是指训练的过程要紧凑，安排要缜密。

# 第二节 语文口语交际教学设计

会话重叠——选自于西班牙一位英语教师的教案案例[①]

**教学目的**

通过这一教学，让学生深刻感受"会话重叠"与"会话打断"这两种日常口语交际现象，并让学生反思自身，改善自己的口语交际习惯，学会相关交际技巧，应对会话中出现的交际冲突。

**活动步骤**

1. 辨析相关概念。

将学生分成小组，让他们给"会话打断"和"会话重叠"下定义，并让他们辨析两者的区别。如果学生难以辨析，教师可以启发学生想象在真实的交际中，人们如何涉及"会话打断"和"会话重叠"，以及他们如何反应。

2. 活动步骤。

（1）教师和学生共同讨论，选择一个会话主题（例如：体罚、公共场所吸烟）。主题的选择范围宽泛，可以是关于日常生活的，也可以是社会热点话题，但必须能激发起学生的兴趣。

（2）了解学生的不同意见，把全班学生分为人数相当的两组，将意见相同的学生放在一组，编为A、B两组。

（3）给两组同学5—10分钟时间准备辩论。

（4）从A组中选两名学生甲、乙，从B组中选两名学生丙、丁，让甲和丙参加第一轮辩论赛，让乙和丁参加第二轮辩论赛。

---

[①] 陈申：《语言文化教学策略研究》，北京语言大学出版社2001年版，第180—181页。

第一轮：甲和丙在教室前面对面坐下，两位学生就所选主题展开讨论。要求他们不能在相同的时间内讲话，必须等到对方说完以后才可以发言。同时，请全班同学专心听，注意发言者的互动过程。

第二轮：让乙和丁也面对面坐下，同样让他们就主题展开讨论。但要求他们尽可能在同一时间内抢着发言，不等对方把话说完，想说立刻就说。同时，请全班其他学生观其言行，注意双方互动。

3.反思与评价。

让全班学生围成一个圆圈坐下，共同讨论以下问题：

（1）两次对话有什么不同？想象一下，参加第一次会话的两人会有什么体会？参加第二次会话的两人又有什么体会？

（2）反思自身，当你同朋友交谈时，你是如何表现自己的？当你同教师、上级和家庭成员对话时，又是什么样的？是像第一组，还是更像第二组？

（3）你认为你会这样对话的原因是什么？是由于你本人的个性所决定的吗？或者是因为别人的个性？

## 二、语文口语交际教学设计案例点评

王荣生教授分析过这个案例，他对这种口语交际活动称赞有加。他认为，这个课例"既没有'教'会话打断（或不打断）的'技能'（这些技能学生已经具有），也没有'教'如何避免（或坚持）会话重叠的'技能'（这些技能学生已经具有），当然也不是仅仅'教'会话打断和会话重叠这两个'概念'。这堂课的课程内容，是促使学生反思会话打断和会话重叠这两种行为，通过反思，唤醒学生'自觉地'谋求改善自己的日常口语交际。"①现在，有很多的口语交际课侧重于"教"学生如何进行口语交际，学生在课堂上学习了相关口语交际的方法，却苦于无法将这些技巧和策略运用到实践中，自然也无法亲身感受这些方法的好处。与之相反，这个案例

---

① 王荣生：《口语交际的课程内容及活动设计（上）》，载《语文学习》2004年第11期。

十分注重"感受"。教师在上课开始时，让学生根据自我经验对"会话重叠""会话打断"做一个简单的解释，这是让学生对这两个概念有个初步的感知。接着，教师设计了两个对照组——甲、丙组和乙、丁组。甲、丙组对应的是"会话重叠"组，乙、丁组对应的是"会话打断"组。学生通过观察这两组同学的表现，并将自己代入角色之中换位思考：如果我是"会话重叠"组的同学，我当时会有什么样的体会？如果我是"会话打断"组的同学，我当时又会有什么样的体会？经过现场的亲自感受，学生能在内心引发强烈的共鸣，能对两个概念有更为深刻的感受，并能进行深度的自我反思：我平时在和同学讨论时，是用的哪种方式呢？我采用的方式是否欠妥，是否需要改进呢？除此之外，这种设计模式充分体现了"学生为主体，教师为主导"的思想，无论从选题还是到活动，或是到反思，所有的环节设计都是从学生出发，所有的感受都是学生亲自体会到的，所有的反思都是学生自己感悟出的，学生从中获得的都是直接经验，能长久地存在于学生的记忆当中。

### 三、语文口语交际教学设计案例蕴含的核心知识点

核心知识一：口语交际的基本特点。

口语交际即口头言语交际，是指交际者在特定的环境里，出于某种特定的社交需要，运用标准口头语言，辅以态势语言，来传递信息、交流感情、表达情感的一种活动。

从整体上说，口语交际由交际双方、话语、交际情境这三个因素组成，缺一不可。它不仅是一种双向互动的用口语快速交流的过程，也是人们思想、情感、品格、修养的直接综合表现。

口语交际作为语文教学的五大板块之一，在语文教学中占据着至关重要的地位。《义务教育语文课程标准（2011年版）》对口语交际这一板块总的要求是："具有日常口语交际的基本能力，学会倾听、表达与交流，初步学会运用口头语言文明地进行人际沟通和社会交往。"[①]但在实际教学中，很

---

① 中华人民共和国教育部：《义务教育语文课程标准（2011年版）》，北京师范大学出版社2012年版，第7页。

多老师常常忽略口语交际教学，或者只是一笔带过地简单讲讲。其实，口语交际在日常生活中发挥着举足轻重的作用，有关资料表明，在人们日常的语言活动中，听占45%，说占30%，读占16%，写占9%。[①]口语交际教学十分强调学生的参与性，这不同于"老师讲、学生听"的常规教学，因此，其自身展现出了一些独有的特点。

第一，口语性。

"口语交际"，顾名思义，即"用口语进行交际"。因此，"口语性"是口语交际最为本质、最为明显的特征。口语交际是以语音为载体的，因此，我们在进行口语交际时，要注意调整语调的高低、语音的轻重、语速的快慢、语气的变化、节奏的抑扬、顿连的长短等，使我们在交际过程中能更为生动准确地传达信息。口语交际由于"口语性"这一特点，使人们在进行口语交际时，反应必须快速、敏捷，能迅速地理解交际对方所表达的意思，并做出恰当、准确的回答。

第二，复合性。

口语交际的复合性表现在两个方面。首先，口语交际是一个复杂的过程，它需要多系统参与。人们在进行口语交际时，要充分调动思维、情感、态度等各种系统，使其相互配合。其次，口语交际的复合性还体现在交际双方互为主客体的对话关系方面，进行口语交际的双方扮演着双重角色，他们既是发话者，同时又是受话者。

第三，综合性。

口语交际活动要求交际者拥有很强的综合能力，交际者不仅要拥有较强的倾听和口语表达能力，还需要拥有敏锐的洞察力、形象的思维力、快速的应对能力以及较强的记忆力等。因此，我们在进行口语交际训练的同时，也是在培养自身的综合能力。

第四，动态性。

口语交际是一个动态的过程，交际中的具体时间、对象、话题、气氛，

---

① 钟文佳：《汉语口语学》，西南师范大学出版社2004年版，第133页。

都是由参与者共同调整的，是不断发生变化的。同时，交际双方还会根据对方不同的反馈信息，随机调整交际策略，以顺利地将交际进行下去。

第五，情境性。

口语交际的情境性体现在其受时间和空间的限制。口语交际是发生在一定的时间和空间里，不同的口语交际对应的情境也有所不同，没有适用于所有场合下的口语交际方法。因此，我们要明确交际对象和交际任务，根据不同的情境进行不同的口语交际。在交际过程中我们要认真观察现场，时刻洞察对方的心理反应和变化，及时调整自己的表达方式和表达内容。同时，这也要求交际双方在进行口语交际时，要尽量以准确、清晰、洪亮的声音有效地完成口语表达。

第六，实践性。

口语交际能力是日常社会生活必不可少的一种能力，它是人们在日常生活实践中获得的，这就决定了口语交际必定具有很强的实践性。作为一种特殊的语文教学，《义务教育语文课程标准（2011年版）》对于口语交际教学这一板块的要求也是同社会生活密切联系的，要求学生在经过口语交际训练后，能够"学会倾听、表达与交流，初步学会运用口头语言文明地进行人际沟通和社会交往"[①]。

第七，简散性。

口语交际用语不像书面语那样，讲究语法的严密、结构的完整，交际双方在进行口语交际时，言语形式常常表现为简略（一般多用短句、省略句）和松散（用语结构松散，说话时停顿多，关联词少，话题随机变化，语流时断时续）。

核心知识二：口语交际教学设计原则。

第一，目标分解原则。

设计口语交际教学的第一步是设计教学目标。在设计教学目标时，教师应遵循"整体—局部—整体"的原则，教师首先要从整体这一角度来构思

---

① 中华人民共和国教育部：《义务教育语文课程标准（2011年版）》，北京师范大学出版社2012年版，第7页。

口语交际教学设计：在这一学段，学生的口语交际能力应该达到什么程度？然后再将这一整体目标细化分解为小目标：在这一学期，学生的口语交际能力应该达到什么程度？在这段时间，学生的口语交际能力又应该达到什么程度？那么，这节课呢？在完成这一个个小目标后，最终便可达到最初所设定的大目标。同时，教学目标的设计还要遵循由易到难、由少到多的原则，使学生通过前一阶段的教学与训练，一步步达到更高的要求，逐步完成每一阶段的教学与训练。

第二，课内外相结合原则。

课堂教学时间有限，我们不能期待学生在经过短短的45分钟教学后，便能显著地提升自己的口语交际能力，口语交际能力的训练主要依靠学生的课外练习。学生在课堂上进行口语交际训练后，必须将所学的方法和策略进行实战演习，在日常生活中经常训练自己的口语交际能力。毕竟口语交际能力的实践性非常强，假如只是懂得口语交际的知识和方法，不将其运用到实践之中，这些所习得的知识也只不过是"纸上谈兵"。因此，教师在课堂教学结束后，一定要让学生在课后勤加练习，布置相应的课后任务，并制订相应的评价方式督促学生练习。

与此同时，学生在口语交际实践中，会进行思考，并产生一些问题。将这些问题带到课堂上，便可作为新一轮口语交际的主题。来自生活中的，并且是学生自己提出的主题，必定能激发学生足够的兴趣。可想而知，这样的口语交际教学必定能大大提升学生的参与度，并给学生留下极为深刻的印象。

第三，知识迁移原则。[①]

教育心理学中的"迁移法则"告诉我们，只有将知识进行迁移，才能构建一个完整的知识体系。口语交际作为语文教学的五大板块之一，它同其余四大板块有着密切的联系。教师在设计口语交际时，应该联系其他板块教学，进行综合性设计。比如，在阅读教学中，教师可以让学生进行口语交际

---

① 徐杰：《小学语文教师在阅读教学中对学生进行口语交际教学与训练的策略研究》，东北师范大学硕士学位论文，2010年。

训练，让学生讨论问题、回答问题等。学生在进行了口语交际训练后，不仅能提高自己书面语言的表达交流能力，还能加深对文章的理解，这样听、说、读、写相互促进的学习会为学生语文综合素养的提高奠定一个良好的基础。

第四，形式多样化原则。

教师在设计口语交际教学时，要尝试多种形式，不能长期沿用一种形式，因为这样容易使学生产生疲劳感，从而厌学；同时，教师在课堂上设计不同的口语交际形式，可以让学生习得不同的口语交际方法，满足学生口语交际的不同需求。因此，在课堂上，教师要尽可能采取灵活的形式、不同的教学方法，使学生学会根据不同的口语交际情况选择不同的口语交际方法，达到当时想达到的表达交流目的。

第五，思维性原则。

一个人思维的高低决定了他说话的逻辑性、条理性，而口语交际的速度反映了思维的速度。俗话说"言为心声"，语言能力同思维能力是互相促进的，又是互相制约的。因此，教师在设计口语交际活动时，要考虑到活动是否能有效培养学生的思维能力；在进行口语交际时，教师要注意引导学生观察事物，诱发他们的想象、联想，教师还要时刻关注学生的口语表达情况，帮助他们厘清思路，使其能清楚简洁地表述观点。

第六，趣味性原则。

俗话说，"兴趣是最好的老师"。有趣的课程设计能大大激发学生学习的积极性，从而更好地习得更多的知识。教师在设计口语交际活动时，要充分考虑活动的趣味性。在确定主题时，教师可以将主动权交给学生，让学生选择口语交际活动主题。在设计活动时，教师可以同学生一起进行设计，在环节设计上，师生要积极开动脑筋，设计出新颖有趣的环节。

第七，示范性原则。[①]

苏联教育家苏霍姆林斯基曾指出："教师的语言素养在极大程度上决定

---

① 李小燕：《初中生口语交际能力培养摭探》，重庆师范大学硕士学位论文，2011年。

着学生在课堂上脑力劳动的效率。"教师的一言一行都会对学生发生影响，耳濡目染，潜移默化。因此，教师就必须身体力行地为学生做好榜样。教师要不断补充语文知识，提升自己的语文素养，在备课时，要精心设计教学语言；在上课时，美化自我语言，用诗意语言来进行教学。久而久之，必定能促使学生模仿教师的语言，从而提升自己的口语交际能力。

第八，训练适度原则。

教师在设计口语交际时，还要注意把握好训练的尺度。既要让学生在练习中熟练掌握所学，而又不至于失去学习与训练的积极性与兴趣，也就是要做到"少讲多练"。如何做到"少讲多练"呢？教师教学时要耐心教授，在练习时要严格把关。在教学时，教师要让学生熟悉口语交际的礼仪规范，掌握口语交际的规范语言，了解口语交际的规律，理解口语交际的意义。教师还要耐心指导学生反复进行相关的练习，细心指导学生在练习中改正错误，规范学生在口语交际中的言行。在练习时，教师要详细说明要求，并制订相关的评价标准，及时地记录下学生的表现，并提醒学生加以改正。

核心知识三：口语交际教学设计方法。

第一，活动主题来源。

（1）来源于阅读教学

教师在进行阅读教学时，可以从中挖掘到很多可以用于口语交际的话题。教师一定要善于利用书本资源，在指导学生阅读课文的同时，要善于提出开放性强、有价值的问题，从而引发学生对此进行讨论。

（2）来源于日常生活

日常生活中处处需要口语交际，口语交际的主题可以从学生日常生活中去挖掘，学生可以从中感受真实的气氛，并能很快地融入情境之中。教师为学生布置一个日常生活的场景，设置一个真实的情境，让学生融入其中，自然地进行口语交际。在这样的情境中，学生能充分地调动自己的思维，并能自然流露出情感和话语。这种源于日常生活的口语交际，实用性也很强，学生在其中所学的知识能直接运用到现实生活中，并在实践中不断完善自己的口语交际技能。

（3）来源于社会热点话题

社会上的热点话题也十分适用于口语交际。学生平日里也经常关注新闻，对一些热点事件也有自己的想法，只是有时候苦于找不到倾诉的对象。那么，课堂上的口语交际便是学生们"针锋相对"的地方，学生可以在课堂中尽情地表述自己的观点，并听取别人的观点，从而进行深度思考。讨论热点话题，不仅可以培养学生关注新闻的习惯，而且可以开发学生的思维，提升他们的表达能力。学生在"听—说"这样的活动中，不断思考和反思，可以引发他们进行深度思考，提升他们的思维能力。

第二，口语交际的教学模式。

口语交际活动按课程类型划分，可以分为两种模式：阅读教学中渗透口语交际能力的培养，另一种是独立的口语交际活动。

（1）在阅读教学中进行口语交际教学

教师在阅读教学中常常会自觉或不自觉地用到口语交际教学，教师在让学生朗读课文、回答问题、进行讨论时，其实就是在进行口语交际教学。在学生进行不同的口语交际时，教师要随时进行相应的指导。

对朗读方面的指导。在学生进行朗读时，教师要认真倾听，并注意从字音、发音技巧、面部表情等方面加以指导。教师不仅要注意学生是否发音正确，同时，还要引导学生融入课文所营造的氛围之中，在字里行间恰当地读出作者的情感。

对回答问题方面的指导。在阅读教学中，教师通常使用答问训练来提升学生的口语交际能力。教师在课堂上应多向学生提问问题，并注意学生是否回答正确。如果回答错误，也要及时作出纠正，让学生掌握真正的回答方式，学会答问的技巧。教师还要帮助学生锻炼"听准"和"答清"的能力。在提问时，学生往往没有听明白提问问题的具体类型和含义，也就无法做出准确回答。因此，教师要为学生制订专门的训练计划，使学生能够准确判断提问问题的类型，把握问题的大意，使学生能够"听准"，进而做出有条理、有依据的解答，实现"答清"。

对讨论方面的指导。讨论也是阅读教学中必不可少的一个环节，学生在进行讨论时，能充分调动思维，组织语言，进行沟通交流。这相比于朗读和回答问题而言，更有难度，也是训练学生口语交际能力的重要方式。但是，讨论并不意味着没有章法地随意说话，在学生进行讨论时，教师应该要求学生做到：①不能任意转换讨论的话题；②用事实说话，用客观材料支撑自己的观点；③认真倾听同学的发言，不能随意打断别人的发言。

（2）独立的口语交际活动

另一种常见的口语交际活动是独立展开的，是专门为了训练学生的口语交际能力而设计的课程。口语交际课程一般会在每个星期开设一节课，教师会在这门课程开始之前规划好这门课程的教学目标，并将其细化分解成一个个小目标，每节课选取一个主题、一个方式进行口语交际活动。

① 口语交际能力训练。在进行完整的口语交际活动之前，教师会先训练学生进行口语交际活动的相关能力，包括倾听能力和表达能力两方面。

倾听能力训练，主要是训练学生的倾听能力，共分为四个阶段的训练，分别是听问训练、听写训练、听辨训练、听评训练。这四个阶段的训练难度是逐级增加的，对学生的要求越来越高。如图6-1所示。

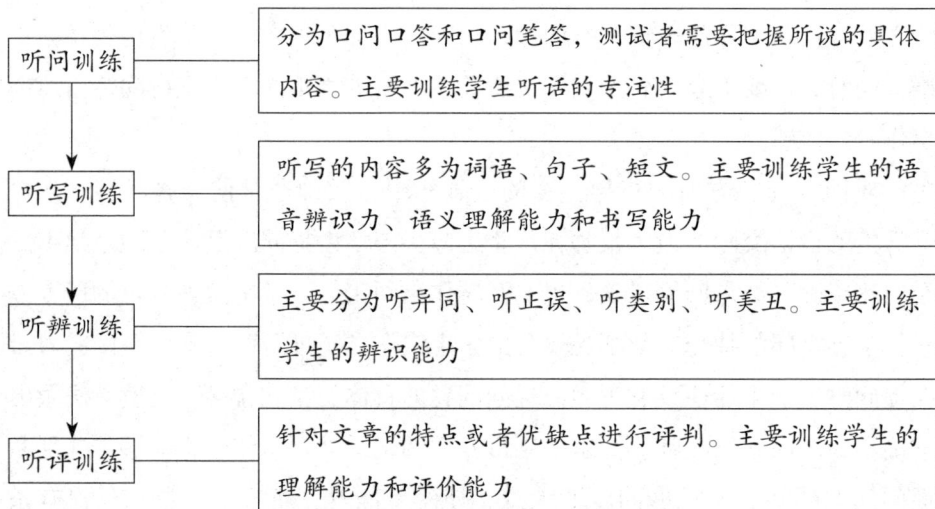

| 听问训练 | 分为口问口答和口问笔答，测试者需要把握所说的具体内容。主要训练学生听话的专注性 |
| --- | --- |
| 听写训练 | 听写的内容多为词语、句子、短文。主要训练学生的语音辨识力、语义理解能力和书写能力 |
| 听辨训练 | 主要分为听异同、听正误、听类别、听美丑。主要训练学生的辨识能力 |
| 听评训练 | 针对文章的特点或者优缺点进行评判。主要训练学生的理解能力和评价能力 |

图6-1　倾听能力训练的四阶段

学生在完成倾听能力训练后，便可以进行表达能力方面的训练了。表达能力训练共分为五个方面，分别为普通话训练、朗读训练、复述训练、体态训练、演讲训练。

在普通话训练方面，教师要让学生认读拼音字母表，反复训练拼读字音，对一些容易混淆的音要反复巩固和加强。在训练结束后，教师要制订一套完善的方案来测试学生普通话的掌握情况。

在朗读训练方面，教师要对学生有两点要求：一是要读对字音，并且能流利地朗读课文；二是要恰当地表达情感，在朗读时要同文中的情节和人物产生共鸣感，在朗读不同的文体时，学生还要采取不同的朗读方式。

在复述训练方面，教师给定学生材料，并给予一定的时间，学生在读取资料后，经过整理资料和组织语言，再把读到的或者听到的复述出来。复述分为详细复述、简单复述和创造性复述，对于不同的复述方式，教师对于学生的要求也不同。详细复述要求学生能完整地将整个故事复述出来，尽量不要遗漏信息；简单复述只要求学生能复述出材料的大致内容即可；创造性复述要求学生不仅能复述出文章的大概内容，并且能够进行二次创造，添加新的内容。

在体态训练方面，共分为两方面：一是静态语训练，二是动态语训练。静态语包括界域语、姿势语、服饰语；动态语包括肢体语（包括手势语、触摸语等）和表情语（包括目光语和微笑语等）。教师在课堂上向学生讲解各种体态语的含义，在不同的场合、与不同的对象进行交流时，应该如何合理地使用体态语，并进行相应示范。

在演讲训练方面，教师要对学生有更深层次的要求。学生在演讲时，不仅要就某一问题发表自己的意见，引起全场共鸣，并且还要加入一些态势语，以充分地表达内心的情感。演讲对学生的综合能力要求很高，要求学生必须要有好的口才、敏捷的思维、广博的知识、合理的逻辑，因此，当学生能够很好地进行演讲时，就意味着他们口语交际能力已经相当强了。

②口语交际活动方式。口语交际活动可采取的形式多种多样，课堂的

氛围相对于传统课堂也更为活泼，师生可以根据所选的话题选取适当的活动方式。口语交际中经常使用的活动方式有小组讨论活动、编演课本剧、组织辩论会、生活场景模拟、专题汇报会等。下面，我们简单谈谈前三种活动方式的设计方法。

小组讨论活动。研究表明，小组讨论活动可以帮助学生学会人与人之间的人际交往，提高社交能力，同时，还能在此过程中同他人分享观点，进行思维的碰撞。在进行小组讨论时，我们会对学生进行分组。美国的克拉申（Stephen D. krashen）将分组分为如下六种：重组型、一人中心型、任务组合型、两人组、小组、大组。[①]教师在课前，针对活动内容，选取合适的分组方式。重组型用于思想交流会，课上可允许全班同学为了讨论某一个问题而灵活走动，采纳群言，充分利用所有的资源；一人中心型适用于读书分享会，是让一位同学独自在台上进行汇报，其他同学在他的带领下发表自己的观点，这有利于培养学生的组织管理能力以及配合意识。其余四种分组方式则可根据活动范围的大小适当采用。在小组讨论活动中，教师要明确分工，组织讨论。教师可以指定几名同学担任组长、记录员和程序员。组长主要负责维持课堂秩序，记录员记录下同学的精彩发言，程序员要明晰活动进展程序，保证活动顺利进行。

编演课本剧。教师在完成一篇课文的教学后，可以与学生一起尝试将课文改编成剧本，即课本剧。课本剧可以一个人完成，然后集体修改，也可以凝聚集体的智慧一起来改写课本剧。编演课本剧不仅可以让学生快速理解课文的故事情节，还能给学生留下深刻的印象，体会人物的情感。学生在表演课本剧时，还能锻炼自己的记忆力和口语交际能力。教师在排演课本剧时，要组织分配好角色，尽量给予每个学生机会。学生在表演时可以适当地根据自己的性格创造出某些桥段，使得课本剧更加形象生动。

组织辩论会。辩论会要求学生针对某一个话题，进行思想交锋，以驳倒

---

① ［美］克拉申、泰勒：《自然法：课堂中的语言习得》，外语教学与研究出版社1983年版，第125-126页。

对方的观点。辩论会能很好地训练学生的逻辑思维能力和口语交际能力。辩手在辩论时，不仅要罗列自己的观点，在自己的观点不被对方驳倒的同时，还要想方设法去寻找对方观点中的漏洞。教师在组织辩论会时，要向学生明确以下两点内容：一是要让学生端正态度，在课前一定要大量搜集资料，做好充分的准备；二是明确开展辩论赛的主要目的是锻炼他们的口语交际能力，而不是和对方拼个你死我活，要保持好课堂秩序，在对方发言时，要认真倾听对方的观点，维持好一个友好的辩论氛围。

核心知识四：口语交际活动的评价方法。

由于口语交际的口语性和复合性，我们在对学生的口语交际能力进行评价时，可以采用多元的评价方式。根据评价功能、评价主体、评价方法、评价形式这四个维度，我们整理了如下评价方式。

第一，按评价功能分为：诊断性评价、形成性评价和总结性评价。

（1）诊断性评价

诊断性评价是在活动开始前，对学生已有的口语交际能力进行简单评价。在经过诊断性评价后，教师可以有针对性地设计教学活动。例如，教师在对学生的朗读能力进行诊断性评价后，能大致了解学生整体的朗读水平，知道学生在哪些方面有所欠缺，以制订更好的活动方案。

（2）形成性评价

在口语交际中，最常用的方式就是形成性评价。形成性评价是对学生活动过程的一种评价，考察的核心是交际能力，考查的对象是学生的参与意识、言语表达能力、思维能力和情意态度。教师通过观察学生表现，与学生进行交流，了解学生的口语交际能力，并进行适当的点拨。

（3）总结性评价

总结性评价是在学期末对学生整个学期表现的一种综合性评价，通常采用的方式是听力测试、口语测试和书面测试。听力测试主要包括听记、听答、听说、听写、听评等形式；口语测试主要有回答问题、复述、转述、口头作文、组织演讲辩论等方式；书面测试主要是以课程标准和教学大纲为依据，设置相应的场景及任务，让学生以文字的形式表达出来。

第二，按评价主体分为：自我评价、外部评价。

（1）自我评价

自我评价，即口语交际者自己对自己的表现进行评价。这种评价方式可以促使交际者对自己的交际行为进行反思，并进行相应的改善。

（2）外部评价

外部评价，是指教师、学生共同对交际者行为进行评价。这是最常用的评价方式。教师和学生在评价时要注意两点：一是要遵循激励性原则，对于交际者的行为，主要是进行鼓励性评价；二是评价时不能局限于表面，评价要深入、具体。

第三，按评价方法分为定量评价、定性评价。

（1）定量评价

定量评价一般用于总结性评价中，通过一些口语交际题目，让学生进行作答，给予学生相应的分数。

（2）定性评价

口语交际中以定性评价为主，主要用于形成性评价之中，通过观察学生倾听、表达和交流的能力，对学生的表现客观地进行描述，对学生的每一点进步与不足，找出切实可行的建议，以激励、引导学生不断提高口语交际水平。

第四，按评价形式分为客观性评价、表现性评价。

（1）客观性评价

客观性评价适合测量事实性知识和解决结构性很强的问题的能力，是对于知识和技能的有效测量。[①]

（2）表现性评价

表现性评价，是指通过观察学生在完成实际任务时的表现来评价学生已

---

① 吴平：《初中语文课堂口语交际活动教学及评价探究》，华东师范大学硕士学位论文，2009年。

经取得的发展成就。表现性评价更适合于评价提出问题、收集、组织、分析和处理信息等结构性不强的问题。表现性评价的使用范围主要在两方面：一是口头表述、课堂演讲和辩论，二是模拟表现。

# 第三节　语文口语交际教学的优化策略

## 一、寻找使口语交流更加有效的方法

语文教学中的口语交际课，能有效提升学生的口语交际能力，是教学中的重要内容。但在实际的语文教学中，口语交际课并没有受到教师的重点关注，很多教师只是根据教材中设定的说话练习为学生进行简短的口语训练，往往不会专门为学生提供有效的口语训练，这将对学生的口语交际能力的提升产生影响。很多教师本身缺乏口语训练的有效方法，而且进行口语训练会占据更多的课堂时间，阻碍教师讲授其他知识的进程，所以教师会经常忽略口语训练，不注重对学生口语交际能力的培养。因此，需要对传统的教学思想和教学模式进行革新，使口语训练受到教师的重视，这样才能在课堂教学中为学生提供应有的口语练习时间。只有教师和学生共同努力，才能够让口语交际教学获得良好的发展。

首先，在游戏中训练学生说话。

教师可以在教学中由浅入深地开展一些游戏，让学生兴趣盎然，在愉悦中接受训练。具体的游戏方式有：

创设情景。设计日常生活中实际的情境，在课堂内即兴表演。如，买东西、打电话、在餐馆吃饭、同学聚会等。在这些情景中，又可以具体划分出不同内容，如，"买东西"中可以再设"商场买衣服""书店买书""超市买零食""面包房买生日蛋糕""街头买钥匙扣"等活动。由于内容与学生生活贴近，学生在这项活动中可以自由发挥，随意想象，只要符合情理即可。

故事接龙。全班分成几大组，从同一句话开始编故事，小组内的每个成员至少说半分钟以上，题材不限，神话、科幻、武侠、言情、寓言等。设置"语言最优美奖""情节最曲折奖""结局最出人意料奖"等。此项活动在集体合作的基础上又突出个人表现，让优秀的学生更精彩地发挥，让落后的同学也能找到进步的阶梯。

新闻发布。周末时采集报刊、电视中的奇闻要事，下周上课时随意请一两个同学发布。这个活动难度不大，只需剪接、组织一些材料，关键是为了让学生在生活中也感受普通话的存在。

击鼓传花。在活动之前，由学生提供10个左右的自由话题，要求思考成熟，准备好。音乐开始，花儿也开始传递，花落谁手，自然由谁说话，并确定下一个说话者的话题，如此传递下去。这种游戏改变了老师点将的呆板和举手说话的局限，同时有备而说也增强了自信心。

自由聊天。让学生天南海北地侃大山，唯一的规则就是说普通话。老师随时加入监督，学生也相互注意，谁违反规则就来一次轻松的惩罚。此举是为了让学生适应普通话的语调，流畅自然地说话，而不是背书式或朗读式地说话。

即兴演讲。选择一些学生感兴趣的话题，同一话题要求每组内要有一个同学参加，来一场小型的演讲比赛，根据学生层次，设定不同发言是否流畅、情态是否自然、有无激情等。

你问我答。轮流邀请同学作嘉宾，其余同学向他提问学习、生活、为人之道等方面的问题。这个活动可以锻炼学生的心理承受能力，增强他们的临场反应能力。

简易辩论。模仿辩论赛的模式，简化一些程序，只要求学生围绕主题，针对矛盾展开辩论。此举是为了训练说话的缜密性。

当然还有许许多多的训练口语的方式，有些还在教学中因境而设，因人而生。采取这些方式是为了促使学生愿说、会说，至于在能说，即说话的艺术性方面涉及不多，也是出于学生素质的局限。教师在选择游戏时还须设定一些目标，合则游戏会流于形式，学生不仅没有受益，反倒会养成懒惰的习惯。在有着游戏气氛的课堂，学生除了认真以外，还有一种由衷的快乐与才华的展现、观点的认同。正如苏霍姆林斯基所说："要使我们的每一个学生选择这样一条生活道路和这样一种专业，它不仅是供给他一块够吃的面包，而且能给予他生活的快乐，给予他一种自尊感。"①在游戏中去获取知识，在知识中获得快乐，既提高了技能、增长了智力，又愉悦了身心、陶冶了情操。

其次，辩论中锻炼学生口语："狼"专题学习活动。

在一堂"狼"专题学习活动的课改汇报课上，教者提出了这样一个问题：我们人类应该怎样对待狼？讨论以后，形成了两种观点：一是应该保护狼，二是应该猎杀狼。教师把学生分成正方和反方，要求同学们派出代表进行辩论，其余的同学站在自己支持的一方，在辩论赛结束后做出评判。两个代表队各四位同学，站到讲台两边，选出一辩、二辩、三辩、四辩，教师当主持人，进行辩论。出人意料的是，赞同保护狼的全是男生，赞同猎杀狼的全是女生。教师一声"开始"，双方就展开了激烈而有序的辩论，下面的同学全神贯注，听课的教授、专家以及众多的教师听得津津有味。男生"四辩"总结陈词时，讲了狼的十项优点，当讲到狼爱情专一，不像有些自称为人的动物拈花惹草时，全场哄然大笑，继而掌声雷动，气氛达到高潮。接着，选下面的同学来发表自己赞同或反对的理由。这样以讨论形式展开的辩论，既注重了知识、能力，渗透了情感、态度、价值观，又全员参与，充分调动了学生的学习积极性。事实上，在平时的教学中，只要教师充分挖掘教材，是不难形成观点相反或相对的竞争局面的。辩论越激烈，讨论就越深入、越成功。

我们还可以随着课堂教学环节的推进，在阅读讨论中训练学生的口语能力，讨论也能因此向纵深发展：并不是一次讨论、一个问题的讨论就能解决课堂教学的主要问题，所以在围绕主要问题的前提下，展开一连串的追问，进行有层次、有梯度的讨论，就显得非常有必要。

---

① ［苏联］苏霍姆林斯基：《给教师的建议》，杜殿坤编译，教育科学出版社1984年版，第330页。

当今的时代是一个现代传声技术飞速发展的时代，口语交际再也不受时间和空间限制。一个人如果听别人说话而不能快速做出反应，就难以运用现代化信息手段，势必会在生活中遇到很多困难。口语交际能力的培养已是刻不容缓，势在必行。交际不是单纯地听和说，它是在具体的情境中人与人之间的动态的、多变的信息交流过程，学生要能很好地与别人沟通和交流，必须具备一定的表达能力和理解对方意图、及时调整自己的表达内容和方式、从容应对的能力。在《义务教育语文课程标准（2011年版）》中明确地提出了培养学生口语交际能力的目标，这个目标的提出适应了时代发展的要求，也是向教师和学生发出的新挑战。

## 二、挖掘教材中有利于口语交际训练的内容

口语交际需要现场发挥，会有不同的交际对象，具有很强的流动性。因此，对口语交际的教学会更有难度。在传统的教学中，教师通常只是简单讲解口语交际的相关知识，但很少涉及口语交际的具体方法和技巧。学生在学习后，不能深刻理解口语交际的具体内容，因此，无法在实际的交流中灵活运用。这是因为学生在教学中没有获得口语交际的方法和技巧，缺乏参考，在交际活动中就不能合理运用交际知识，导致交流效果不理想。

在当前的语文教学中，口语交际教学不受重视，因此缺乏相应的教学保障，其课时经常被阅读、写作等课程占据。为了保证口语交际教学的良性发展，需要为口语交际教学提供教学保障，最有效的方式就是增加口语交际教学的课时。口语交际教学发展时间短，缺乏科学的理论基础，虽然逐渐受到学界的重视，但教学体系不够完善，没有科学、完整的教材，在课堂上无法进行专门的训练，成为阅读、写作等教学内容的陪衬。口语交际训练缺少细化目标，更没有合理的评分标准，这些都会影响口语交际教学的有效开展，导致教师只能根据自己的主观评判制订教学内容，弱化了口语交际训练在语文教学中的地位。除了要不断丰富口语教学资源外，教师亦可利用课堂资源，与课本保持同步，就地取材，给学生提供多样的话语环境，便于学生积极主动地参与学习。

　　语文总结起来就是"听、说、读、写"四个部分。在中学阶段，一定要为学生打好基础，重点培养学生的语言能力。语言是一种交流工具，需要通过说话来体现其功能；语言也是人类发展的基石，如果没有语言，就无法交流，更不能锻炼思维能力和创造能力，这对一个人的发展是不利的。语言能力比较强的人，其领悟力往往更高，在社会竞争中也往往更有优势。

　　语言同心智有着密切的关系，正所谓"言为心声"，心里想着什么，就会通过语言进行表达。因此，在口语交际教学中，教师应做好口语训练的设计，帮助学生建立敢说话、想说话的信心，同时也要鼓励学生说真话，用流利通顺的语言表达自己的真实想法。对于学生言语中所带有的幽默和机智，教师应给予表扬，因为这是语言训练中智慧的结晶，是可遇不可求的。

　　课堂教学进行的口语交际训练，既要同课文同步，同时也要同实际生活密切相连，对社会和生活保持高度关注，才能让语言充满活性。如果语言训练仅仅围绕教材进行，脱离实际生活的锻炼，就会让语言变得死板，难以发挥出语言训练的优势，更不能使学生培养出出色的口语交际能力。呆板的语言训练不会激发出学生的学习兴趣，这需要教师改进教学方式，引入生动的教学训练情景，吸引学生的注意力，从而提升他们的语言兴趣，使口语训练获得成效。

　　教师可以采取多种方式为学生展开训练，如朗读、背诵、讲故事、讨论会等。还可以结合教材中的内容，创设生动的场景，让学生感受到其中所带有的乐趣，从而激发出想要表达的欲望。教师应该将学生放在主体地位，提升其学习的自由度，打破僵硬的传统教学模式，使学生在教学中畅所欲言，发挥想象，敢于表达自己的想法，养成良好的说话习惯。教师也要鼓励学生阅读大量课外读物拓宽视野，充分利用学校的图书馆和班级的图书角，积累丰富的知识，让自己的语言更加丰富多彩，从而能够在口语交际中出色发挥自己的语言能力。

# 第七章　中学语文综合性教学设计

在语文课堂教学中，教师不仅要传输给学生相应的语文知识，同时也要指导学生掌握有效的语文学习方法，培养学生自主学习的能力，并对学习方法进行创新，使知识学习同学习方法得到有效结合，进而在听、说、读、写等方面得到全面发展。本章分析了语文综合性教学的内涵，给出了语文综合性教学的设计，最后对优化语文综合性教学的策略进行了探索。

## 第一节　语文综合性学习的内涵

### 一、综合性学习的意义

对于什么是语文综合性学习，《义务教育语文课程标准（2011年版）》没有明确界定，只是在"教学建议"中阐释："综合性学习主要体现为语文知识的综合运用、听说读写能力的整体发展、语文课程与其他课程的沟通、书本学习与实践活动的紧密结合。"①学界对此争议颇多，莫衷一是，主要

---

① 中华人民共和国教育部：《义务教育语文课程标准（2011年版）》，北京师范大学出版社2012年版，第24页。

有以下几种代表性观点。

熊梅认为："综合性学习也称综合性课程、学科交叉课程。综合性学习作为一种相对独立的课程组织形态，它是超越了传统单一学科的界限而按照水平组织的原则，将人类社会的综合性课题和学生关心的问题以单元的形式统整起来，通过学生主体的、创造性的问题解决学习过程，有机地将知识与经验、理论与实际、课内与课外、校内与校外结合起来，以提高学生综合解决问题的能力，促进知情意行和谐统一的发展。它强调从外在的内容形式转化为内在实际的结果，实现从内容到形式、从手段到结果的统一。"[①]

郑国民认为："语文综合性学习是一种立足于语文课程之上，通过学生自主地开展语文实践活动以促进其语文素养的整体推进和协调发展的学习方式。"[②]

刘森认为："语文综合性学习是以语文学科为依托，以语文学科与其他学科、学生生活与社会生活之间的联系为主线，以问题为中心，以活动为主要形式，借助综合性的学习内容和综合性的学习方式促进学生发展语文素养的一种课程组织形态。"[③]

李芒认为："综合实践活动课程的实质是综合性学习（Integrative study）。综合性学习指的是不过分强调学科的界限，为了完成某一课题，以学生的兴趣和爱好以及学校和地区的实际情况为基础，通过学生主体性的、创造性的体验解决问题，从而获得学习效果的一种学习活动。"[④]

上述观点具有以下共性：强调综合性学习突破了语文的学科界限，强调语文学科内容的整合，加强语文学科与社会、与学生生活的沟通与联系，确立学生在学习中的主体地位，通过自主、合作、探究等学习方式，促进学生语文素养的整体提高。综合各派观点，语文综合性学习是在拓宽学生视野、

① 熊梅：《当代综合课程的新范式：综合性学习的理论与实践》，教育科学出版社2001年，第69页。
② 郑国民等：《中学语文教学研究》，中国广播电视出版社2004年版，第263页。
③ 刘森：《当代语文教育学》，高等教育出版社2005年版，第239页。
④ 李芒：《论综合实践活动课程与教师的教学能力》，载《教育研究》2002年第3期。

丰富知识、形成能力、发展潜能的目标指引下，加强语文学科内外的联系，重视学习过程，注重激发学生的创造潜能，整合学生的语文知识和能力，使他们在广阔的空间和实践中学语文、用语文。

## 二、语文综合性学习的特征

### （一）综合性

"语文综合性学习的本质是综合性言语实践活动，综合性是其突出个性。语文综合性学习通过各种层次的综合、整合，把语文课堂扩展为整个现实生活世界，把语文学习变为学生的真实生活，把以往彼此孤立的、缺乏生机的听、说、读、写环节，转变为学生充满活力的言语生命实践。"①综合性是它的核心特点，其主要表现在以下几个方面。

（1）语文学科内的综合

多年来，受应试教育的影响，语文教学重读写，轻听说，听说读写处于割裂的状态，不利于语文知识的整合和运用。语文综合性学习非常注重识字写字、阅读、写作和口语交际四个方面的综合，在《义务教育语文课程标准（2011年版）》中明确提出，"用口头或图文等方式表达自己的观察所得""用口头或图文等方式表达自己的见闻和想法""用书面或口头方式表达自己的观察所得""尝试运用语文知识和能力解决简单问题"。②语文综合性学习注重听说读写各种要素的综合，注重学生听说读写能力的整体发展，旨在引导教师在语文综合实践活动中让学生生动活泼地学习语文，听说读写互相穿插、融合，形成有机的整体，使学生的听说读写能力获得整体的发展。

语文新课程改革强调知识和能力、过程和方法、情感态度和价值观三个维度相互渗透，相互融合，促进学生语文素养的整体提高。语文"综合

---

① 潘新和：《新课程语文教学论》，人民教育出版社2005年版，第393页。

② 中华人民共和国教育部：《义务教育语文课程标准（2011年版）》，北京师范大学出版社2012年版，第9、12页。

性学习"的目标中也包括了"情感态度和价值观"的内容。例如，"学习辨别是非善恶""体验合作与成功的喜悦""关心学校、本地区和国内外大事"等。

（2）跨学科综合

面对教育领域因科技的迅速发展而产生的种种变化，打破传统的学科界限，在学科之间架起桥梁，促进课程内容的整合已是大势所趋。《义务教育语文课程标准（2011年版）》提出："拓宽语文学习和运用的领域，注重跨学科的学习和现代科技手段的运用，使学生在不同内容和方法的相互交叉、渗透和整合中开阔视野，提高学习效率，初步养成现代社会所需要的语文素养。"①语文教材中的很多综合性学习专题，主题内容宽，需要多学科配合，综合运用多学科的知识和能力才能完成。比如，部编版七年级上册的综合性学习专题"追寻人类的起源"，要求学生了解人类从何而来，规定学生"试从其他学科的教科书，或从其他途径，搜集从猿进化到人的资料，完成下边的人类起源、进化表"。这里就涉及生物学、考古学、历史学等相关学科的知识。跨学科综合要求语文教师要有博而专的学识涵养，学生要有一定的知识和能力的积淀，另外还需要各科教师及教学力量的支持才能保证跨学科教学活动的顺利进行。

（3）与生活的综合

陶行知先生曾说过："教育的根本意义是生活之变化。生活无时不变，即生活无时不含有教育的意义。"②也就是说生活与教育互相渗透，彼此关联。综合性学习反对传统语文教育脱离生活，以"本"为中心，非常注重教学内容与生活、社会的联系。在课程目标里有这样的表述，"结合语文学习，观察大自然、观察社会""在家庭生活、学校生活中，尝试运用语文知识和能力解决简单问题""策划简单的校园活动和社会活动"……为了贯彻

---

① 中华人民共和国教育部：《义务教育语文课程标准（2011年版）》，北京师范大学出版社2012年版，第4页。

② 陶行知：《陶行知全集》（第二卷），湖南教育出版社1985年版，第633页。

课程理念，语文教材中很多综合性学习专题贴近学生的生活，例如，"感受自然""我爱我家""献给母亲的歌""寻觅春天的踪迹"等，内容包括学生学习和生活的各个方面。

**（二）自主性**

教师和学生都是教学活动的主体，但是长期以来，语文教师已经习惯于把知识以定论的方式传授给学生，不尊重学生的主体地位，学生只是一个被动的"接收器"。综合性学习一改传统语文教学中学生被动受控的局面，在促进听说读写整体发展、与其他学科沟通、加强与生活联系的过程中，突出学生的自主性，尊重学生的参与精神，主要内容由学生自行设计和组织活动，特别注重学生探究能力的培养。例如，初中二年级的"综合性学习·写作·口语交际"专题"到民间去采风"一共包括五个板块：一是家乡素描，二是认识方言，三是乡土发现，四是节日探寻，五是思考讨论。前三个板块要求学生走出学校，深入田间地头、街头巷尾调查家乡，认识方言，了解民俗文化，然后进行整理，从口头和书面两个方面向班上同学传达自己的调查情况，向媒体投稿，引起人们的关注。第四、第五板块则在此基础上，以小组为单位，探寻节日的起源，搜集资料，各小组合作完成一份报告，在班上交流讨论。本专题所有的活动，把听说读写，语文与历史、地理、文化，学校与社会很好地沟通整合起来。活动最大的亮点在于"主动倡导学生进行自我潜能的开发，关注自身学习的兴趣点、探究的兴奋点，积极引导学生广泛搜集信息、自主学习探究，并且在教师指导、小组互助之下，主动分享自己的学习成果。从真正意义上实现'学习成果由师生共享'，进而在自主探究中提升学生对于自身发展、国家社会的思考深度和认识水平"。[①]

**（三）实践性**

在多学科的整合与沟通中体现语文知识与能力的实际运用，促进学生语文素养的提高，是综合性学习的目标和价值所在。因此，在第一学段要求

---

① 谢方方：《初中语文综合性学习现状与实施策略研究》，湖南师范大学硕士学位论文，2011年。

在活动中"用口头或图文等方式""表达自己的观察所得""表达自己的见闻和想法";第二个学段要求"在家庭生活、学校生活中,尝试运用语文知识和能力解决简单问题";第三个学段要求"策划简单的校园活动和社会活动,对所策划的主题进行讨论和分析,学写活动计划和活动总结";第四个学段要求"关心学校、本地区和国内外大事,就共同关注的热点问题,搜集资料,调查访问,相互讨论,能用文字、图表、图画、照片等展示学习成果"。[①]四个阶段的综合性学习,按照学生知识和能力发展的规律,突破书本的界限,"以'做'为着力点,把'教'与'学'同'做'结合起来,尝试建立语文综合性学习评价体系。引导学生在学习过程中,培养主动探究、团结合作、勇于创新的精神,培养学生的动手能力、创新能力和搜集信息、处理信息的能力,从而全面提高学生的语文素养"[②]。

（1）重探究,重应用

语文综合性学习在自主活动中,积极倡导自主、合作、探究的学习方式,激发想象力和创造潜能,把学生在课内学到的东西运用于实践,真正做到在实践中学语文、用语文。"综合性学习"的学习目标要和学生的实际生活相联系,设计的活动应该是"为解决与学习和生活相关的问题""自己身边的、大家共同关注的问题""学习生活中感兴趣的问题"等。

现代社会对公民的语文素养提出了更高的要求,语文学习不再刻意追求语文知识的系统和完整掌握,更加重视将课内学习积累的语言材料应用于实践,让它变得更加丰满,在实践的过程中,培养学习的应用意识,加强"学"和"用"之间的联系。

（2）重过程,重参与

"知识不是需要学生接受的现成的东西,而是要学生思考的对象;它不能被作为必须达到的目标来束缚人,教育是通过促使人思考知识来解放

①　中华人民共和国教育部:《义务教育语文课程标准（2011年版）》,北京师范大学出版社2012年版,第9、12、14、18页。

②　朱家芳:《"教学做合一"思想对初衷语文综合性学习教学的指导作用》,载《语文教学通讯》2012年第6期。

人，使人变得自由。"①但是，传统的语文教育受"工具理性"的影响，重讲授，轻探究；重结果，轻过程，造成学生的探究能力、实践能力、创新能力的相对低下。语文新课程改革为了改变这种现状，特意把"过程和方法"作为语文课程的"三维"目标之一。"综合性学习"作为语文课程改革的亮点，课程目标不是指向某种知识或能力的达成度，而是提出一些学习的活动及其要求，主要指向"过程"，特别注重探索和研究的过程。

关注过程，就应该关注学生的参与意识、合作意识、参与程度，这些也是"综合性学习"顺利进行的重要保证。《义务教育语文课程标准（2011年版）》针对第一学段，要求对提出的问题"共同讨论""热心参加校园、社区活动"；针对第二学段，要求"在活动中学习语文，学会合作"；针对第三个学段，要求"对所策划的主题进行讨论和分析，学写活动计划和活动总结"；针对第四个学段，进一步提出"体验合作与成功的喜悦"。②学生在综合性学习过程中的表现，也是综合性学习的重要评价指标。

（3）重方法，重体验

在全球化背景下，终身教育已成为时代的潮流，终身教育就是"活到老学到老"。怎样才能实现终身教育，促进学生终身学习呢？培养学生良好的学习习惯，掌握学习的方法，才有利于终身学习和发展。综合性学习实施的各个环节都非常关注学生学习方法的掌握。

综合性学习在促进听说读写整体发展、语文课程与其他课程沟通、书本学习与生活实践相结合的过程中，非常关注学习方法的掌握。在"课程目标"中要求学生采用观察、搜集资料、调查访问、相互讨论等方法完成活动。学生掌握这些方法的途径主要通过点拨、示例，在实践中体验，不需要讲授有关方法的原理。

---

① 柳夕浪：《从研究对象到研究主题的艰难转换——"教师研究"的意蕴》，载《教育学文摘》2010年第3期。

② 中华人民共和国教育部：《义务教育语文课程标准（2011年版）》，北京师范大学出版社2012年版，第9、12、14、18页。

# 第二节　语文综合性教学设计

## 一、语文综合性教学设计案例

漫步三苏故里[①]

眉山市东坡区实验初级中学2008届3、12、13、14、15、16、17班部分学生，指导教师：刘清泉、杨泽英、肖伶俐、叶红。

**学习指导设计**

1. 学习指导目标

（1）漫步三苏故里的三苏祠、苏坟山、中岩寺和连山，了解苏洵教子、程夫人勉夫教子和苏轼姊弟青少年时期的故事，苏轼的爱情、婚姻、书法和绘画的传说故事、诗词作品等，以弘扬三苏文化。

（2）尝试使用并掌握专题探究性学习的方法，如收集、处理信息资料等。

2. 学习指导重点

在广泛阅读的基础上定向搜索信息的方法，对搜集到的相关信息进行加工处理和综合汇报的方法，重点了解苏轼的成就。

3. 学习指导难点

主持人的主持活动。

4. 学习指导时间

6个月。

5. 学习指导的过程

（1）2006年1月，布置参与活动的7个班学生阅读、搜集三苏的资料。

---

① 根据四川眉山市东坡区实验中学刘清泉《"漫步三苏故里"说课》整理而成。

（2）2006年4月上旬，确定各小组的学习专题和参与综合汇报活动的骨干学生，各小组12人，共48人。

（3）2006年4月下旬，开始综合汇报排练，短剧表演请音乐老师指导。

（4）2006年5月20日，到三苏祠、苏坟山、中岩寺和连山实地进行综合汇报拍摄活动，步骤如下。

① 漫步三苏祠（指导教师叶红）

主持人小蕾、小简介三苏祠的大门；

主持人小蕾、小琨简介程夫人教育子女"不取非分之财"；

短剧表演《瑞莲池畔》（猜谜语），"瑞莲"的传说；

主持人小蕾、小琨简介苏洵教子读书，小组学生齐诵《夜梦》；

短剧表演《诗句加字》；

主持人小蕾、小琨简介老竹径、抱月亭和园林；

小倩的舞蹈《东坡诗韵》。

② 漫步苏坟山（指导教师肖伶俐）

为苏洵、程夫人坟墓献花；

主持人小榛、小珑简介苏坟山；

短剧表演程夫人勉夫的故事《苏洵与程夫人》；

主持人小榛、小珑简介老翁井的传说，小凯诵读《老翁井诗》；

短剧表演《程夫人教子（讲范滂传）》；

主持人小榛、小珑简介王弗墓；

小杨的四川龙门阵《康熙游苏坟山》。

③ 漫步中岩寺（指导教师刘清泉）

主持人小琪、小超简介前妻王弗，短剧表演《唤鱼联姻》；

刘清泉诵读《江城子·十年生死两茫茫》及赏析；

主持人小琪、小超简介后妻王闰之；

主持人小琪、小超简介侍妾王朝云；

小组学生齐诵《南歌子·云鬓裁新绿》及赏析；

短剧表演《不合时宜》；

主持人结语。

④漫步连鳌山（指导教师杨泽英）

主持人小迪、小欣和小程介绍"连鳌山留题"的传说；

主持人小迪、小欣和小程介绍苏轼的书法传承以及苏轼、黄庭坚关于书法的对话；

苏轼的书法、绘画作品鉴赏（小琪、小梅、小曦、小峰）；

苏轼绘画短剧《画扇断案》；

书法爱好者现场展示；

主持人结语。

⑤各小组录像交流

综合汇报实录。①

时间：2006年5月20日。

地点：三苏故里——三苏祠、苏坟山、中岩寺和连鳌山。

（1）漫步三苏祠：2008届14、17班"漫步三苏祠"小组（指导教师：叶红）；

（2）漫步苏坟山：2008届13、15班"漫步苏坟山"小组（指导教师：肖伶俐）；

（3）漫步中岩寺：2008届3班"漫步中岩寺"小组（指导教师：刘清泉）；

（4）漫步连鳌山：2008届12、16班"漫步连山"小组（指导教师：杨泽英）。

## 二、语文综合性教学设计案例点评

这是一次文化类主题的综合性学习，从实施情况看效果很好，参与学生受益匪浅。整个学习活动跨越班级，规模庞大，指导教师4人，参与学生

---

① 此处实录具体内容略，详见"爱课程"网络课程平台。

374人，学习时间为6个月；内容丰富、具体；形式多样、形象、生动；成果展示打破了以"班级课堂"为中心的模式。本次综合性学习主要具有以下特点和价值：（1）充分开发和利用当地特有的课程资源。本次活动开发和利用了眉山丰富的三苏文化资源，引导学生深入了解三苏，特别是苏轼其人其事，以弘扬三苏精神，建设三苏故里。（2）运用了自主、合作、探究的学习方式。四个兴趣活动小组的学生分别搜集与小组学习主题相关的多方面的素材，并进行整理、选择、整合、使用，采用导游、歌舞、诵读、鉴赏、讲故事、短剧表演等多种形式进行综合汇报。整个学习活动充分体现了以学生为主体、以教师为主导、以活动为载体、以小组为基础的理念。（3）综合目标达成度高。本次学习活动，学生们要运用调查、访问、参观、阅读、上网、复制等多种方式搜集关于苏轼的资料。学生们对搜集到的资料还要进行分类、筛选、整理、编写、剪辑等复杂的处理工作。为了进行小组学习成果汇报和交流，并使这种汇报和交流生动活泼且富有创造性，学生们需要从形式到内容进行设计、组合、排演、练习、修改等工作。在活动过程中，学生们对语文学习的认识得到提高，语文学习的兴趣得到激发，语文学习的操作技能得到锻炼，语文学习的自我管理意识得到增强，整体语文素养得到全面发展。

### 三、语文综合性教学设计案例蕴含的核心知识点

核心知识一：语文综合性学习的基本特点。

综合性学习是语文课程中一种相对独立的教学形态。它以语文课程的内部整合为基点，强调语文课程与其他课程的整合，强调语文学习与生活的整合，强调语文学习与实践的整合，强调多种学习方式的整合，以促进学生语文素养的整体推进和协调发展。[①]综合性学习与语文教学中的阅读教学、写作教学、口语交际教学区别较大，其价值也在于弥补阅读、写作、口语交际等单项语文实践活动的不足，以综合性为基本特点，促进语文能力的全面发

---

① 靳彤：《语文综合性学习：理论与实践》，中国社会科学出版社2007年版，第24页。

展，实现语文素养的整体提高。

第一，综合性。

综合性是语文综合性学习与生俱来的特征，也是语文课程设置综合性学习的价值所在。它包括知识和技能、过程和方法、情感态度和价值观三维课程目标的综合，听、说、读、写等语文能力的综合，语文能力与其他能力的综合，语文学科与其他学科的综合，课内与课外的综合，教科书与实际生活的综合等方方面面。应当注意的是，无论什么程度、什么角度的综合，语文素养都是语文综合性学习的立足点。

第二，活动性。

"活动"是语文综合性学习的基本呈现方式，即学生的实践，在实践活动中获取直接经验。在解决实际问题上，直接经验往往比间接经验有效，通过实践活动获取直接经验，可以帮助学生建构积极的学习态度，解决知识体系与实践能力的结合问题。综合性学习有别于其他语文教学形态的优势也在于此，语文综合性学习应当给学生提供充分的自主活动空间，提供充分的语文实践机会。在语文综合性学习的设计与实施中，学生自主的实践活动是第一位的，要在活动中建构知识，形成并发展能力。

第三，体验性。

综合性学习的过程是学生自我体验的过程，这种体验是个性化的。语文综合性学习是以学生自身的体验为特色的教学形态，它关注的不是学习结果，而是学习的过程与方法。这要求教师不仅要尊重学生独具特色的体验结果，更要尊重学生极具个性化的体验过程与体验方法。正如《义务教育语文课程标准（2011年版）》中所说："要尊重和保护学生学习的自主性和积极性，鼓励学生运用多种方法，从不同的角度进行探究。要充分注意学生解决问题的思路和方法。对有新意的思路和表达以及有特点的展示方式，尤其要给予足够的重视。"[①]在综合性学习中，教师应倡导学生用适合自己的方式

---

① 中华人民共和国教育部：《义务教育语文课程标准（2011年版）》，北京师范大学出版社2012年版，第32页。

学习，在学习过程中帮助学生分析、认识自身的特点，帮助学生选择并优化符合其认知特点的学习方式，直至形成个性化、真正高效且终身受益的学习方式。在这个过程中，教师不再是权威，而是学习伙伴、参与者、建议者，其作用主要是给学生以正确方法、价值观和心理的引导。语文综合性学习活动中的教师，应当具有"学生课程代理人"[①]的意识，要了解每一个学生的特点、优势，不仅要尊重学生的兴趣，更要尊重学生不同的学习风格与学习方式。

第四，开放性。

综合性学习的开放性，主要表现为学习时空的开放及学习内容的开放。学习内容的开放性是指要能打破教科书的局限。各版本语文教科书设计的综合性学习内容，不一定符合各地的教学实际。一方面，因为我国是一个大国，各地经济发展水平不一，导致教育发展的不平衡，教师素质、教学硬件设施等方面的地区差异、城乡差异很大；另一方面，我国幅员辽阔，各地的社会、经济、自然等情况有很大差异，这使各地的课程资源存在很大差别。因而，语文综合性学习的设计与实施应当建立在当地教育的实际水平基础之上，充分利用当地的课程资源，不局限于课本。教师应当引导学生利用当地的民风民俗、自然资源、地方文化，因地制宜地进行设计和开展学习活动。综合性学习内容的开放性，还体现为学习时间和空间的开放性时间上，虽然每一次语文综合性学习都有大致的时间进度，但学生可根据自己的能力来安排自己的具体进度、计划，同时，也不必拘泥于课堂的45分钟。空间上，也不再局限于教室，而是走向更广阔的领域：校园、社区、家庭、整个社会都是学习的场所，只有这样，才可以实现学生的全面发展。即使在教室，陈设也可以根据需要自行安排，不再那么形式化、固定化。

第五，参与性。

教育应该使每个学生都得到健康的发展。语文综合性学习要求全体学生都参与，而不是个别学生参与，要使每个学生都通过语文综合性学习，形

---

① 美国心理学家加德纳认为未来的学校需要"学生课程代理人"，其责任是帮助学生根据的智能类型、目标和兴趣，选择特别适合自己学习方法的课程。

成和发展语文素养。全员参与还有另外一个含义就是共同参与。在共同参与的过程中，学习者要了解合作伙伴的个性，学会交流与合作，彼此之间要尊重、理解以及宽容，表达自己的想法或接受别人的意见。[①]

核心知识二：语文综合学习设计原则。

第一，学生中心原则。

综合性学习的体验性与自主性决定了语文综合性学习的设计必须遵循学生中心的原则。如果说阅读教学中教师、学生都可以成为教学的中心，而语文综合性学习只能有一个中心——学生。从主题确定、制订计划、实施计划、反馈调节、阶段总结、成果交流与展示，整个活动均由学生自己完成，教师在其中是参与者、建议者，绝不能牵着学生往前走。学生在语文综合性学习中自己掌握学习的走向，无论结果对错，都能够给学生带来启发，让其获得提高，这就表明开展综合性学习取得了成功。也就是说，综合性学习设计本身就应是学生自主、合作完成的，以"教"为中心的设计在综合性学习中是不存在的。

第二，能力递进原则。

语文能力是语文素养的核心。语文能力是多方面的，传统的听、说、读、写的能力依然是语文能力的核心。在此基础上，语文新课程根据时代对人的需求，对其内涵予以了丰富。如听、说能力中对交际能力的强调，读、写能力中对信息处理能力的强调等。语文能力的整体发展是综合性学习的目标，这种整体的发展不是混沌的，在学习活动的设计中应当进行分解，并且要根据学生各项语文能力的现有发展水平，递进式地安排计划，通过一次次的学习活动，学生的各项语文能力得以一步一步有效提高。

第三，阶段反馈原则。

语文综合性学习有较长的周期性，一次综合性学习至少耗时一周，有些甚至需要一个月左右的时间，进行学习活动设计时，教师应注意与评价相结合。在学习活动的不同阶段设计不同方式的评价，或采取其他的有效方式

---

① 郑国民：《语文综合性学习的理论基础与基本特征》，载《语文建设》2002年第4期。

了解学生学习活动的进展情况及学生各方面的表现，及时予以指导，以保证活动的有效进行。语文综合性学习强调对过程的指导，学生在过程中学会学习，优化学习策略，提高元学习能力，这也要求在学习活动的各阶段及时反馈、及时指导。

第四，合作学习原则。

"合作"是新课程改革的关键词，也是语文综合性学习的关键词。合作学习在语文综合性学习中，一方面体现为学习理念与目标：学会与人合作、交流、沟通，培养团队精神、合作意识；另一方面体现为学习方式：以小组为单位的学习方式。[①]进行综合性学习设计时，要注意学生学习的基本单位就是小组，以小组合作学习为主要学习方式，同时也要注意小组间的合作、班级之间的合作、师生之间的合作、教师与教师之间的合作。

第五，语言活动中心原则。

在语文综合性学习时，应展开跨学科的学习。语文综合性学习和其他教学形态相比，整合特征更加突出。但要制订语文综合性学习的核心内容，这就是对语言的学习，而且要通过实践来不断锻炼语言能力，提升学生语言能力也是语文综合性学习的主要目标。因此，在语文综合性教学中，教师要以培养学生语言能力为要务，为学生创建适宜的教学情境，使学生学习语言的环境更加丰富多彩。语言环境的丰富性主要体现在语言活动的频繁和语言活动的综合运用等方面。在语文综合性学习中，语言活动应贯穿始终，需要综合开展听、说、读、写的语言活动练习，而不能偏废任何一种。对于听、说、读、写的语言活动，不可以依照传统教学方式开展，更不能单独训练，而应该综合运用。虽然不同学生在综合性学习中会在某一方面更具优势，如更擅长表达或更擅长写作等，但不能忽视其他方面的学习，应以强项带动弱项，获得语言能力的整体提升。

第六，周期性原则。

在语文综合性学习中，由于需要对学生多方面能力进行培养，因此需要

---

① 钟启泉：《新课程师资培训精要》，北京大学出版社2002年版，第148页。

投入更多的精力和时间，往往需要几周时间才能达成。所以这样的综合性学习活动不能经常安排，否则会降低教学效果，不利于学生语言能力的培养。学校应定期展开语文综合性学习，每个学期安排两次即可。好的语文综合性学习实践活动，能够对其他教学形态中存在的不足进行弥补，从而整体提升教学效果。开展语文综合性学习活动时，学生应做好学习计划，制定学习目标，在各个阶段达成目标，才能发挥出语文综合性学习的优势。

核心知识三：社会现实问题类语文综合性学习设计。

第一，语文综合性学习的主题设计。

主题性学习是语文综合性学习的基本特征，即每一次综合性学习活动都围绕一个主题展开。主题设计可以以教科书为依据，也可以利用当地课程资源和当时的社会热点问题进行主题设计。一般来说，语文综合性学习的主题大体有两类：文化类和社会现实问题类。在实现语文学习目标的同时，不同主题类型的综合性学习在目标和活动方式的设计上也应有不同的侧重点。如初中阶段，文化类主题的可以以积累和初步了解文化研究的基本过程为侧重点，以研究性学习为方式展开；社会现实问题类主题可以以"提高对自然、社会现象与问题的认识"[1]和初步了解调查研究的基本过程为侧重点，以调查、访问为主要方式展开。学习活动展开前，教师应充分考虑所选主题的内容与特点，引导学生自主设计恰当的活动方案。

第二，基于问题解决的语文综合性学习的基本特征。

基于问题解决的语文综合性学习的目标指向是，运用听、说、读、写的综合语言能力解决现实生活的实际问题，或者说，在解决现实生活实际问题的过程中培养听、说、读、写的综合语言能力。

基于问题解决的语文综合性学习最为突出的特征是真实情境的建构，这也是社会现实问题类综合性学习应当具备的基本特征。这里所说的真实情境即生活中的"此情此境"，就是要把学生引向社会、引向社区、引向大自然，让学生发现现实生活中有价值的真实问题，从自己的视角予以关注，在

---

[1]　中华人民共和国教育部：《义务教育语文课程标准（2011版）》，北京师范大学出版社2012年版，第24页。

实际问题情境中学会发现问题、分析问题，并且创造性地解决问题。这里的真实情境应具备这样一些基本特征：其一，有一项或一项以上的真实任务。学生在这个学习情境中都有一项或一项以上的与现实生活相关的真实任务，在这项任务的完成过程中与社会接触，与他人沟通、合作，直至完成任务，解决问题。其二，有丰富的能力培养因素及丰富的问题"因子"。这个真实情境要有利于问题解决能力的发展，要有丰富的问题"因子"，等待学生去发现、分析、解决，形成其问题解决能力。其三，有充分的语文实践活动。《义务教育语文课程标准（2011年版）》指出，"语文课程是实践性课程，应着重培养学生的语文实践能力，而培养这种能力的主要途径也应是语文实践"。[①]基于问题解决的语文综合学习是在日常生活的实践中开展学习活动，其情境应有充分的听、说、读、写等语文实践活动，通过这样的语文实践活动才能完成学习任务，才能有效培养实际需要的语文实践能力。

第三，基于问题解决的初中语文综合性学习设计。

基于问题解决的语文综合性学习是根据问题解决的线性过程进行的子模式建构。基于问题解决的语文综合性学习在进行教学建模时，要按照"发现问题—分析问题—解决问题"这一线性结构构建一个由五种子模式组成的语文综合性学习模式群；不同年级采用不同的子模式开展学习活动；不同的子模式有不同的目标侧重点，对学生发现问题、分析问题、解决问题的能力各有侧重地进行培养。应当看到的是，问题解决过程是一个完整的体系，各个阶段不可能截然分开，任何一种子模式都是一个完整的问题解决过程，但在不同的学期、不同的子模式中，关照的重点是可以有差异的，即在不同的模式中选择问题解决过程的不同阶段予以强化。初中各学期采用各有侧重的不同的子模式，这种子模式群的建构也便于教学的组织实施，也有利于总目标的阶段化、具体化；也可以避免模式的呆板化、形式化。

下面介绍一个以社会现实问题为主题的语文综合性学习设计——基于问题解决的初中语文综合性学习模式设计。

---

① 中华人民共和国教育部：《义务教育语文课程标准（2011版）》，北京师范大学出版社2012年版，第3页。

**表7-1 基于问题解决的初中语文综合性学习模式学期实施表**

| 模式名称 | 适用年级 | 特点 |
|---|---|---|
| 活动组织模式 | 初一上学期 | 该模式以策划、组织活动为主要实施方式，以培养学生的组织能力、合作能力、与人交流的能力为主要目标。 |
| 观察体验模式 | 初一下学期 | 该模式以观察、体验为主要实施方式，以培养观察和发现问题的能力为主要目标让学生仔细观察生活、体验生活，发现生活中的问题。 |
| 调查分析模式 | 初二上学期 | 该模式以调查、走访、多途径查阅资料等为主要实施方式，发现生活中的问题，并分析其形成的原因，试着探讨解决的方法，以培养对环境的适应能力和分析问题的能力为主要目标。 |
| 问题解决模式 | 初二下学期 | 该模式在调查、走访的基础上发现问题、分析问题，形成有效解决问题的方案，并以合作的方式组织实施，直至有效地解决问题，以培养解决问题的能力为目标。 |
| 研究学习模式 | 初三年级 | 该模式综合运用多种方式，对某一问题有较深入的研究，能提出有创意的想法或结论，以培养学生问题解决能力和创造力为目的。 |

核心知识四：基于档案袋的语文综合性学习评价设计。

开展语文综合性学习，需要采集大量的信息，这些信息形式多样、种类复杂，需要花费许多时间进行整理。如果在完成学习任务后，能够让学生学习并掌握学习方法，获得语言能力的提升，并能够有效解决生活中遇到的问题，那么这次语文综合性学习就是有效的。因此，语文综合性学习评价应该具备多元性、立体性、过程性等特点。以档案袋为载体的语文综合性学习多元评价设计，可以实现以评价促发展，通过评价全面了解、帮助并促进学生的发展，其评价内容、评价方式、评价主体均是多元的。

第一，以档案袋为载体的整体评价设计。

以档案袋为载体的整体评价设计指以档案袋为载体，以学习过程为线索，综合运用多种评价方式，构建多主体的多元评价网络。

（1）档案袋中的材料

"档案袋"在这里既是语文综合性学习的评价工具，也是语文综合性学习的学习工具。档案袋在综合性学习活动中逐步形成、完善，最终成为记录学生成长、发展的记录袋。同时，也成为评价的主要依据、记录评价的载体。

档案袋以每一次综合性学习为单位，即每次综合性学习，每个学生都有一个档案袋。

档案袋中应具备以下档案材料：本次综合性学习活动的主题（由教师、学生共同确定）及目标要求（由教师提供），活动计划即教学设计（教师提供初步方案，师生共同讨论确定），活动过程中搜集、整理、撰写的各种形式的资料（学生提供），评价表，等等。

（2）综合性学习过程与评价方法及主体

档案袋评价方案的目的不在于评价本身，评价方案本身是本次综合性学习活动的一个环节，通过这一环节一步一步把学习活动向前推进，并且通过评价帮助学生及时发现问题并进行调整、完善。该套方案根据不同评价方式各自的特点，结合语文综合性学习的要求，将多种过程性评价方式应用于学习活动的各个阶段，以学习过程为线索，让评价成为学习的一部分。在学习中评价，在评价中学习，真正实现评价的促发展功能。

表7-2为我们展示了以档案袋为载体的整体评价设计。

表7-2　综合性学习评价设计

| 学习过程 | 活动内容 | 评价方法 | 评价主体 |
| --- | --- | --- | --- |
| 起步阶段 | 师生共同讨论学习主题、教师提供目标要求及活动计划（教学设计），确定主题及活动计划。 | 主要采用苏格拉底式研讨评价、非正式性评价等评价方式。① | 教师、同学、自我 |

---

① 苏格拉底式研讨评定法，是在1982年提出的一种质性评价的方法，它把"班级参与"和"课堂讨论"中的表现作为学生学业成绩评定的一个部分，从根本上让学生更有效地思考，并为自己的见解提出证据。

| 学习过程 | 活动内容 | 评价方法 | 评价主体 |
|---|---|---|---|
| 实施阶段 | 按确定的活动有计划有步骤地开展综合性学习活动。 | 主要采用非正式评价、目标游离评价等评价方式。 | 教师、同学、自我、其他 |
| 总结阶段 | 总结、反思活动过程及方法，形成学习成果。 | 主要采用真实性评价、苏格拉底式讨论评价、目标游离评价等评价方式。 | 教师、同学、自我、家长 |
| 成果展示 | 多种形式展示本次学习活动的成果。 | 主要有表现性评价、档案袋评价等评价方式。 | 教师、同学、自我、其他 |

第二，以档案袋为载体的语文综合性学习评价策略。

以档案袋为载体的综合性学习评价，应将不同种类的评级方法综合在一起运用，还要注意这些评价方法的特点，这样才能让评价更加合理。

（1）策略一：真实性评价

在语文综合性学习中，主要使用的评价方式就是真实性评价。语文综合性学习是对听、说、读、写等能力开展综合学习的活动，通过综合性培养，让学生的语言能力得到提高。在实际的实践活动中，学生会遇到各种问题，要学会综合使用语文知识和技巧，以有效解决问题。使用真实性评价时，需要确保评价的客观性、明晰性和可操作性。

真实性评价要确保具备客观性的评价内容。评价内容是否客观，会对评价结果的信度产生影响。评价内容的客观性越高，则评价结果信度越高，而过于主观性的评价内容会降低评价结果的信度。过程性评价通常会附带一定的主观性，这就导致评价结论的可信度受到质疑。为了防止出现这样的情况，应尽量保证评价内容的客观性，这样就会让评价结论的信度得到提高。真实性评价和过程性评价相比，更容易保证评价内容的客观性，所以信度会更高。语文综合性学习显性目标达标内容，往往有较强的客观性，如听话时有礼貌，注意力集中，听清楚意思，能用书面语或口头语简洁地、条理清晰地发表自己搜集、整理的信息及自己的观点，等等，客观性都较强。因此，在评价语文综合性学习的显性目标时，就可以使用真实性评价，能够让评价信度更高。

在对语文综合性学习开展真实性评价时，也要具备明晰的评价标准。评价标准越明确、清晰，则评价的信度就越高。教师在开展真实评价前制订合理、明确的评价标准，使评价的指标和等级都符合要求，并对综合性学习活动的各项内容和所要达到的目标进行概述，作为评价的依据。

教师也要保证评价方式具备可操作性。在评价体系中，需要具备可操作的评价方式，否则就无法开展具体评价，导致评价体系失去价值。可操作的评价方式必须体现出评价的简便，能够让人轻松开展评价活动。由于语文综合性学习融合了多方面的知识内容，旨在提升学生的言语能力、交流能力、阅读能力、写作能力等，所以评价时难度就相对较高。如果不能提供简单的评价方式，就会导致真实性评价过程更加复杂、烦琐，不利于评价的顺利进行。评价作为语文综合性学习活动中的一部分，其作用是更好地发现学习活动的优缺点，让学生明确哪些方面存在继续提升的必要，因此，评价方式不能太复杂，否则就会给学习活动增加不必要的负担。

（2）策略二：表现性评价

在语文综合性学习中，可以使用表现性评价对学生的学习进行评价，一定要确保表现性评价的信度符合要求。

语文综合性学习具有很强的实践性，学生在活动中充分展示自己的语言能力、思维能力等不同能力，同时还使自己的学习习惯、学习方法等显露出来。为了全面评价学生的学习情况，可使用表现性评价。但使用这种评价方式时，需要注意提升评价信度，把握学生学习中的各项优势，进行综合性评价。

表现性评价是评价者对学生在学习中的言行举止等表现进行评价时使用的总结性评语，对学生的能力有整体性的概括，基本上囊括了所有的行为表现。但这种评价依靠的是评价者的主观判断，所以主观性比较高，评价信度较低。因此，评价者需要对学生在学习活动中的具体表现进行仔细观察，尽量用接近真实情况的描述语言来评价，以提高表现性评价的信度。

在语文综合性学习中，对学生学习能力的培养是综合性的，既要提升学生的知识储备，又注重培养学生的学习技巧；既重视对学生情感的提高，也对学生价值观的养成给予关注，因此，对学习活动需要针对整体展开评价。表现性评价能够保证评价的整体性，因此是比较适宜的评价方式。但在评价时，不能为了整体性而面面俱到，这容易造成评价的烦冗，要尽量把握优点部分，指出相对不足的地方，才能让评价更为可靠。

（3）策略三：苏格拉底式研讨评价

使用苏格拉底式研讨评价时，需要引导学生展开对话，尽量调动学生主动参与对话活动。因为这种评价方式针对的对象为学生的对话内容和对话表现，讨论是苏格拉底式研讨评价的重要观察内容。只有通过讨论，才能让学生的表现更为直观地展现出来，为评价提供依据。在对语文综合性学习进行苏格拉底式研讨评价时，需要把学生的交际能力、思维能力作为观察重点。全员参与和共同参与是语文综合性学习的特点，要求所有学生都参与到学习活动中，每个人都有展现自己能力的机会。而且学生在活动中可以相互协作、互相监督，彼此结成友好帮扶对象，共同进步，使学习任务得以完成，达成所制定的学习目标。采用苏格拉底式研讨评价时，教师要为学生提供讨论所需的环境，确保讨论过程中保持平等、民主，也要让每个同学都参与讨论，展现自己的能力。这种讨论以学生之间的对话为主，教师主要起到协调、引导作用。因此，苏格拉底式研讨评价在语文综合性学习评价中具有一定的价值。

（4）策略四：非正式评价

非正式评价是指教师在日常教学中与学生进行交流互动，从而加深对学生的了解，从而在有意识或无意识的情况下对学生所产生的评价或看法。[①]这种评价方式在教学评价中应用范围最广，通常是教师无意识产生的看法。在语文综合性学习中使用非正式评价，教师应尽量有意识地进行判断，从而减少无意识的成分。因为如果是无意识的评价，就会将个人的感情色彩融入其中，这会干扰评价的公正性。如果是积极的情绪，对学生的评价就是正向的，也会有利于学生的发展；如果是消极的情绪，就会产生负面的评价，也

---

① 高凌飚、黄韶斌：《教学中的非正式评价》，载《学科教育》2004年第2期。

会影响到学生的情绪和心理，这对学生的健康发展是不利的。所以，在使用非正式评价时，应尽量提升有意识评价的占比，减少无意识评价。

（5）策略五：目标游离评价

以目标游离评价为辅助形式，可以全面了解学生的学习状况。

陈玉琨认为，"目的游离模式不是一种完善的评价模式，它没有一套完整的评价程序"，"是针对目标评价模式把教育活动的目标即预期效应，与教育活动非预期效应（斯克里文称之为副效应）割裂开来这种做法的弊端而提出来的"，"把评价的重点由'方案想干什么'转移到'方案实际上干了什么'上来"。所以，有的批评者认为这种评价模式"简单地用评价人的目的代替了方案管理者的目的"[1]。这里所说的目标游离评价即是陈玉琨论及的由斯克里文提出的目的游离评价。一般认为，教学目标是教学评价的依据，教学评价的基础即是教学目标，而语文综合性学习评价中的目标游离评价，是指不依据教学目标而依据学生的实际表现进行的评价，它既有较大的随意性，也有较强的针对性。其随意性是就教学目标而言，其针对性是就学生的实际表现而言。抓住学生学习活动中最优的表现和最大的不足进行评价，以促其发展。目标游离评价是语文综合性学习评价体系中的辅助形式，一般由学生、教师以外的其他人进行评价，如家长或学习活动中被访问的对象等，它可以帮助教师了解学生在其视阈之外的学习状况，全面真实地评价学生。

# 第三节 语文综合性学习的优化策略

## 一、搭建引导综合性学习的桥梁

语文综合性学习使原有的课堂教学模式发生了改变，原本的教师讲授、

---

① 陈玉琨：《教育评价学》，人民教育出版社1999年版，第65页。

学生听讲的教学方式被打破，形成了学生主动参与、自主探索的教学模式。这种形式的教学方式会使教师脱离教学范畴，成为旁观者，可能会导致学生学习中缺失教师的指导。在这种开放性的学习模式中依然需要教师的参与，而不是放任学生不管。一些教师秉承开放性教学的意志，只在教学活动的开始和结束时做总结，其他时间任由学生自己发挥，教师绝不干涉。这样的教学模式会让学生过度自由，没有教师的正确指导和规范，导致综合性学习的质量要求难以达成。语文综合性学习虽然要保证学生的主体地位，但不是不需要教师参与，而且教师在其中还要承担引导者的作用。因此，教师要参与整个活动的开展过程，为学生指明有效的学习方法，使学生能够激发主观能动性，更好地与他人合作和探究问题；教师也要将自己在活动中的位置明确，成为学生学习中的"伙伴"，使语文教学的人文性得到发挥。

首先，精心设计学生的活动。综合性教学要以学生的活动为主线，激励学生主动参与、主动实践、主动思考、主动探索、主动创造。因此，教师要精心地设计各种活动，特别是以师生、学生互动的活动为主要形式，让学生充分动起来，个体与群体活动相配合，使学生的各方面能力得到充分的发展。

其次，走向生活，注重过程与体验。综合性学习是学生通过协作共同完成学习任务的集体活动，是培养团结合作精神的重要途径。在这个过程中，要联系生活，尊重学生的独特体验，不强求一致。这里，学生的自主性和教师的指导的关联作用并未消失，而是在如何发挥上出现了一些新的方式和特点，教师要指导学生对综合性学习进行评价。学生的生活是丰富多彩的，包括家庭生活、学校生活、社会生活等。富有挑战的生活不仅能激发学生的学习兴趣，而且还能让学生获得探究空间，促使学生在更复杂的水平上理解生活。

## 二、引导学生在语文综合性学习中进行成果交流

语文实践活动能增长学生的知识，拓展学生的视野，增强学生的能力，提高学生的综合素养。语文实践活动是将已有的语文知识技能在实践中应

用，又在应用中获得新知、提高能力的过程。作为教学活动的一部分，它与其他教学活动相辅相成，缺一不可。但在此实施过程中，教师感到最主要的困惑是让学生放手学习、研究后，失去了整齐划一的统一作业，学生无目标、无计划、无方法，也就无动力。所以，这种教学活动有可能潜伏着学生不学习的问题，这给进行语文综合性实践活动带来一定的阻碍。

问题的存在主要是学生不注意观察生活，对身边的事物留心不够造成的。教师应该教会学生如何在生活中进行观察，教会学生大量阅读，注重收集、阅读信息。给学生制定学习研究的目标，教给方法。定期在活动中让学生充分展示其成果，在交流中创造机会，使更多的学生通过各种途径获得学习的快乐与成功的愉悦，进而爱上学习本身。

首先，把时间和空间还给学生。综合性学习是希望将多门课程有机地结合在一起，让学生多方面能力得到培养，使学生成为全面发展的人。通过语文综合性学习，可以让学生掌握好基础知识，提升语文素养，帮助学生巩固自身，为学习其他学科夯实基础。培养学生的语文素养也有利于其未来的发展，甚至会影响其终身发展。在语文综合性学习中，学生的主体地位获得全面体现，获得了自主学习的空间和时间，使学习的主动性得到激发。只有学习空间独立、学习时间充裕，学生才能有更多的时间思考，彼此间进行合作，使学习质量得到提升。如果缺乏独立思考的时间，则交流与合作只能浮于表面，无法达成综合性学习的目标。

其次，让每位学生都拥有表现的机会。每个人都希望获得展现自己的机会，这对个人的发展是非常有益的。给学生提供主动表现的机会，使他们的信心得到鼓励，从而激发学习的热情，以全新的姿态去面对学习。通过展现自己的观点、理论，同学之间可以进行更深层次的交流，彼此分享经验和成果，互通有无，能够倍加享受分享的快乐。

# 第八章　中学语文教学评价探究

语文教学评价也被称为语文课堂教学评价，是语文课堂教学中的重要内容。在语文教学评价的过程中，教师需要关注学生在语文课堂学习中对语文知识的掌握，同时也要评判他们学习习惯、情感的发展，使学生在学习过程中的变化得到合理展现。本章探究了中学语文教学评价的相关内容，分别从学生角度、教师角度对语文教学评价展开分析。

## 第一节　语文教学评价概述

### 一、教学评价的类型及功能

所谓语文教学评价，就是根据一定的教学目标，在收集必要的语文教学事实、信息的基础上，运用科学的方法和手段对语文教学系统的整体或局部进行价值判断的活动。

#### （一）教学评价的类型

历来关于教学评价的种类，人们的看法很不一致。其实，所取的视角不同，评价的分类也就有别。根据不同的视角，教学评价可分为以下几类。①

（1）以评价主体为依据的分类

以评价主体为依据，可将教学评价分为他评价与自评价两类。

他评价是指作为非评价对象中的其他评价主体对评价对象的评价。他评价主要是学校、家庭、社区（包括同行教师、学生、领导、家长和社区代表）对学生学业成绩和教师授课质量的评价。

自评价是指评价对象作为评价主体对自我进行的评价。自我评价的过程有时是内隐的，通过反省、自查、检讨、总结等方式来进行；但有时也具有外显性，例如，给自己的教学工作评分，或写出自评报告，写自我鉴定等。

（2）以评价标准为依据的分类

依据评价标准的不同，可将教学评价分为相对评价、绝对评价和个体内差异评价三类。

相对评价是一种依据评价对象的集合来确定评价标准，然后利用这个标准来评定每个评价对象在集合中的相对位置的评价类型。在现实生活中，智力测验和标准化学绩测验是常见的相对评价的例子。相对评价应用广泛，尤其适合于以选拔为宗旨的教学评价活动。

绝对评价是一种在评价对象群体之外，预定一个客观的或理想的标准，并运用这个固定的标准去评价每个对象达到目标或标准的程度的评价类型。西方的目标参考测验，就是一种典型的绝对评价。由于标准客观，绝对评价特别适用于以鉴定资格和水平为宗旨的教学评价活动。

个体内差异评价是一种把每个评价对象个体的过去与现在进行比较，或者把个体的有关侧面进行比较，从而得到评价结论的评价类型。在教学实践中，个体内差异评价常用作改变"后进生"、改善教学手段的措施。

（3）以评价作用为依据的分类

依据评价所起的主要作用的不同，教学评价可以分为诊断性评价、形成性评价、终结性评价三类。

---

① 黄甫全、王本陆：《现代教学论学程》，教育科学出版社2003年版，第335-340页。

　　诊断性评价又称准备性评价，是为了使教学适合于学习者的需要和背景而在一门课程或一个学习单元开始之前对学习者所具有的认知、情感和技能方面的条件进行的评估。诊断性评价的根本目的是了解和掌握学生的基础和情况，以便制订排除障碍的教学方案，对症下药，因材施教。

　　形成性评价又称过程评价，是在课程研制、教学过程和学习过程中，对课程编制、教师的教学和学生的学习的动态状况进行的系统性评价。形成性评价的主要目的在于了解教学过程的即时情况和效果，为正在进行的教学活动提供反馈信息，以便及时调节，从而促使活动实现预期目标。

　　终结性评价又称结果评价，是在教学活动告一段落时，为了解并确定其成果而进行的评价。期中、期末考试及学业水平考试均属于终结性评价。终结性评价着眼于学生对某门课程在某一学段的整个内容的掌握，注重学生达到该课程教学目标的程度，评价的内容广泛，概括性水平较高。

　　**（二）教学评价的功能**

　　教学评价的功能是多重的，其主要功能有以下几点。

　　（1）诊断。通过在学期、学年或学程开始之前对学生进行检测，教师可以了解某个学生在特定阶段有关该学科的知识、能力已达到何种水平和存在什么样的问题，分析造成学生学习不利（或有利）的原因，从而据此确定教学措施，设计适合学生的教学目标和内容。

　　（2）反馈。评价作为一种反馈—矫正系统，用于在教学过程中的每一个步骤上判断该过程是否有效；如果无效，必须及时采取相应变革，以确保过程的有效性。

　　（3）激励。所谓激励，就是强化人的动机，改进人的行为。科学的评价结果有助于学生及时了解自己的学习情况，明白自己的长处，享受成功的喜悦；更能查找自己的不足，以便及时弥补。正确的评价，对教师的专业素养、业务能力、工作态度也是一种肯定，能强化教师的专业思想和教学信心。

　　（4）研究。评价所取得的资料、数据可以为学校、教师总结教学工作，研究、改进教学工作提供客观依据，也可以为教师、教育研究工作者、教育管理部门研究教学工作、认识教学规律提供材料，还可以为改进和完善评估机制、建立科学的评估方法系统提供理论依据。评价活动，本身就是一种严肃的科学探究活动。

（5）定向。实践证明，学生和教师在教学时间和力量上的分配，与考试中出现的各种知识、能力检测项目所占的比重密切相关。也就是说，评价标准的指向和侧重点引导着教学工作的路向和侧重点，师生围绕教学评价指标展开教学活动。我们常说的"高考的指挥棒作用"就是指评价的定向功能。

（6）选拔。古代的科举考试，其功能主要就是选拔。到了现代，选拔也仍然是评价的一项重要功能，因为我们还没有找到比考试更公正、更科学的选拔方式。教学评价中对学生测试所获得的信息，能够较为客观、准确地反映学生的学习水平，从而为高一级学校及社会选拔人才提供可靠的依据。

## 二、语文新课程评价的基本理念与要求

新课程改革提出了新的教学评价理念和要求。2003年颁布的《普通高中语文课程标准（实验）》和2011年颁布的《义务教育语文课程标准（2011年版）》，都明确地提出了关于教学评价的建议；2004年，教育部又专门颁发了《教育部关于积极推进中小学评价与考试制度改革的通知》，提出了中小学评价和考试改革的措施。作为在职的或未来的语文教师，很有必要了解和研究这些文件中提出的教学评价新理念和新要求。

新课程改革提出的评价理念和要求可以归结为以下几点。

（1）从评价的目的看，强调评价不仅仅是为了检测学生的学业水平和教师的教学水平，也不仅仅是为了甄别和选拔，更是为了将教学的情况反馈给学生和教师，以改进教和学，改善课程设计，更好地促进学生语文素养的全面提高和学生多方面的发展。《教育部关于积极推进中小学评价与考试制度改革的通知》明确指出："中小学评价与考试制度改革的根本目的是为了更好地提高学生的综合素质和教师的教学水平，为学校实施素质教育提供保障。充分发挥评价的促进发展的功能，使评价的过程成为促进教学发展与提

高的过程。"①《普通高中语文课程标准》中指出:"语文课程评价要综合发挥检查、诊断、反馈、激励、甄别、选拔等多种功能,不宜片面强调评价的甄别和选拔功能。评价不仅要关注学生外在的学习结果,更要关注内在的学习品质。注意通过评价引导学生学会学习,自觉提升语文学科核心素养。"②可见,注重评价的多方面功能,尤其是促进发展的功能是新课程所积极倡导的评价理念。

(2)在评价内容上,强调语文课程评价的整体性和综合性。《教育部关于积极推进中小学评价与考试制度改革的通知》指出:"对学生、教师与学校评价的内容要多元,既要重视学生的学习成绩,也要重视学生的思想品德以及多方面潜能的发展,注重学生的创新能力和实践能力;既要重视教师业务水平的提高,也要重视教师的职业道德修养;既要重视学校整体教学质量,也要重视在学校的课程管理、教学实施等管理环节中落实素质教育思想,形成生动、活泼、开放的教育氛围。"③当然,"通知"是就整个学校教育评价而言的,落实到语文这个具体学科,那就是"要体现语文课程目标的整体性和综合性,全面考察学生的语文素养。应注意识字与写字、阅读、写作、口语交际和综合性学习五个方面的有机联系,注意知识与能力、过程与方法、情感态度与价值观的交融、整合、避免只从知识技能方面进行评价。"④这里所谓"整体性"和"综合性",主要包括三个方面:从对象上看,评价应该把整个语文教学活动及其效果作为对象,包括课程设计、教材编制、教师的教、学生的学、教和学的效果等;从内容上看,语文课程是一个整体,评价语文课程的内容应该包括识字与写字、阅读、写作、口语交际

① 中华人民共和国教育部:《教育部关于积极推进中小学评价与考试制度改革的通知》,教基〔2002〕26号。

② 中华人民共和国教育部:《普通高中语文课程标准(2017年版2020年修订)》,人民教育出版社2020年版,第44页。

③ 中华人民共和国教育部:《教育部关于积极推进中小学评价与考试制度改革的通知》,教基〔2002〕26号。

④ 中华人民共和国教育部:《义务教育语文课程标准(2011年版)》,北京师范大学出版社2012年版,第27-28页。

和综合性学习，而不能像以往那样只重视阅读与写作的评价；从评价领域而言，它的范围不仅限于语文知识和能力，还要对语文学习的过程和方法、与语文学习有关的情感态度和价值观进行评价。

（3）在评价手段上，注重多样化和灵活性。《教育部关于积极推进中小学评价与考试制度改革的通知》指出："评价方法要多样，除考试或测验外，还要研究制定便于评价者普遍使用的科学、简便易行的评价办法，探索有利于引导学生、教师和学校进行积极的自评与他评的评价方法。"[①]《普通高中语文课程标准》中也指出："语文教师应根据实际需要，整合诊断性评价、形成性评价、终结性评价等多种评价方式，考查学生核心素养的发展情况。每种评价方式都有自身的优势和局限，教师应根据特定的评价目的选择使用。"[②]的确，教学评价的方式是多种多样的。过去，很多人曾把"考试"视为唯一的方法，这实在是对教学评价的极大误解。其实，对于语文教学来说，采用包括定量和定性的多种评价方法不仅是可行的，而且是必要的，因为语文课程具有工具性和人文性相统一的特点，语文知识、语文能力的学习可以量化，而情意的发展、精神世界的改善则更需要理解。因此，只有灵活运用多种方法，才能更为科学、准确地评价语文课程与教学。

（4）提倡评价主体多元化。过去的评价，评价主体单一，而且赋予了评价者太多权力，被评价者往往处于被动的地位，失去了"发言权"。新一轮课程改革力图扭转这一倾向，提倡让学生、家长、社区代表参与到评价中来，推动评价主体多元化。《教育部关于积极推进中小学评价与考试制度改革的通知》明确提出，要"重视学生、教师和学校在评价过程中的作用，使评价成为教育行政部门、学校、教师、学生和家长共同参与的交互活动"。[③]《普通高中语文课程标准》也指出："语文课程评价应面向全体学

---

① 中华人民共和国教育部：《教育部关于积极推进中小学评价与考试制度改革的通知》，教基〔2002〕26号。

② 中华人民共和国教育部：《普通高中语文课程标准（2017年版2020年修订）》，人民教育出版社2020年版，第46、45页。

③ 中华人民共和国教育部：《教育部关于积极推进中小学评价与考试制度改革的通知》，教基〔2002〕26号。

生，尊重学生的主体地位。""鼓励学生、家长、教师、教学管理人员等参与课程评价。……学校应创造条件，引导学生参与多种评价活动，建构学习与评价的共同体，学会持续反思、终身学习。"①这种评价观念，体现了一种更为全面的评价观。事实上，多个主体参与到教学评价中，不仅能够更为全面、更为深入地对评价对象做出评价，而且可以激发评价对象的积极性，培养他们的评价能力和反思能力，从而更好地促进教学的发展。

# 第二节　学生角度的学业评价

　　语文教学质量在很大程度上体现在学生的学习效果上。因此，语文教学评价的一个重要方面是对学生的语文素养进行评价。评价学生语文素养的方法有很多，但总的来说，可以分为两大类，即量的方法和质的方法。量的方法包括直接观察法、问卷调查法、测验法和间接观察法，质的方法包括无结构的参与观察法、访谈法、生活体验研究、写评语等。这里，我们以测验法之一，即考试作为量化评价方法的范例，以档案袋评价作为质性评价方法的范例，对两类评价方法在实践中的运用做下介绍。

## 一、利用考试进行语文学科量化评价

### （一）语文考试的分类

语文考试，从不同的角度出发可以分为不同的类别。

1.从测试的标准分，可分为标准参照考试和常模参照考试

标准参照考试，又称目标参照考试，它是根据测试目的事先确定一个标准，然后编制试题测验学生是否达到这个标准。这种考试有明确的及格标准，应试者可以百分之百通过，也可能一个也通不过。标准参照考试成绩的

① 中华人民共和国教育部：《普通高中语文课程标准（2017年版2020年修订）》，人民教育出版社2020年版，第46、45页。

衡量，可以只分"及格""不及格"两等，也可以在是否及格的基础上再进一步区分优劣，如可以用百分制来计算。高中学业水平考试、大学阶段每一门课程的结业考试都是这种类型。

常模参照考试，是以常模为参照点的考试。常模，是某个团体考生的平均成绩。可以找一个有代表性的团体（由不同地区、不同学校、不同类型的人组成）来测试，得到平均成绩，建立一个常模。别的考生成绩怎样，就和这个常模相比较。比常模高，成绩就好一些；比常模低，成绩自然就差一些。与标准参照考试不同，常模参照考试是没有及格线的。常模究竟以多少分为合适，不可凭空而定。

2. 从考试的要求分，可分为难度考试和速度考试

难度考试的目的在于测量考生解答难题的最高能力，作答的时间比较充裕，试题的拟订着眼于难度。难度考试的试题并不都是难度非常大的，它一般包含不同难度的题目，由易到难排列，其中有些题目几乎所有的考生都解答不了。

速度考试的目的在于测量考生的反应速度，或者某种技能的熟练程度，一般题目比较容易，但时间限制相当严格，所设计的题量可以使几乎所有的考生都难以完成，而以完成的解答正确的题目数量作为衡量成绩的标准。

3. 从测试的方式分，可分为笔试和口试

笔试是采用书面形式进行测试的一种考试方式，笔试在目前的平时测验和期末、毕业、升学考试中应用最广泛。其缺点是无法测出学生的口头表达能力和实际操作能力。

口试是考生用口头语言回答问题、接受检测的一种考试方式。口试一般包括答问、朗读、背诵、复述、口头作文等。口试费时较多，各个题目难度不一，评分的主观性较大，被试学生容易受条件、环境、心理因素影响，测试的最后结果在不同的主试者面前、在不同的环境和心理条件下有一定的差异，所以在运用时需慎重把握。

**（二）语文考试的质量标准**

衡量、分析一道试题或一份试卷的质量，有三项重要指标，即有效性、

可靠性、鉴别力；此外，还要考虑到是否便于实行，即便利性。

有效性在教育测量学中被称为"效度"，指考试是否真正能够测出所要测量的内容，以及有效的程度。效度是检验考试的一项非常重要的指标，它常常不能从表面现象得到反映。例如，用一段文字作为写作的诱导材料，而学生不能正确理解文字或文中某一重要部分的内容，作文势必会出现偏差，这时，试题所考核的首先就不是学生的文字表达能力而是阅读能力了。像这样的题目，其效度应该说是很低的。类似这种情况，命题时必须充分注意。

可靠性在教育测量学中称为"信度"。倘若一个实物量具非常精确，那么，它在测量同一物体时，其结果必定相同；反之，如果量具本身有误差，其测量的结果也会出现误差。同理，试卷的信度指的就是这一教育测量手段的可靠性。但是实践中没有任何一次考试可以完美无缺，误差是不可避免的，测试工作只能力求将误差降到最低。

鉴别力在教育测量学中称为"区分度"。区分度指试题对应试者水平差异的区分能力。如果统计结果证实，某题测试的结果，好的考生得分高，随着考生水平的降低，得分也随着降低，而且差异明显，则该题的区分度就高；如果好的考生和差的考生在该题的得分不明显，则该题的区分度就低；如果好的考生在该题的得分反而低于差的学生，则区分度为负值，该题对考试成绩的评定只能起干扰作用。

一份好的试卷应该使学生在答题时所用的时间既经济又有效。测验题目文字不宜过长，否则学生将花很多的时间阅读题目，而不是思考问题。试题要易于编制和评分。难于编制和评分的试卷使教师花费很多时间，影响工作效率。试题应简单明了，不一定花样太多。形式复杂的试卷在阅卷时也容易出错。

（三）语文考试的题型

考试题目一般可分为两大类，即客观性试题与主观性试题。

客观性试题是在试题内提供正确和错误的答案，由学生从中选择他认为正确的答案，其主要题型有正误题、配对题、单项选择题、多项选择题等。主观性试题则是学生答题可以自由发挥、正确答案可能不止一个、评卷依靠教师主观判断的试题，其主要题型有填空题、言语操作题、简答题、论述题、作文题等。

## 1. 正误题

正误题又称判断题。正误题一般是给出一个含义完整的命题，让考生判断这个命题的是非对错。这种题评分客观、容易、迅速，又能在较短的时间内考核较多的教学内容。这种题的缺点是容易产生较大的猜测误差，而且若设计不严谨和使用不当，会使学生过于集中于学习零碎的事实和着重于低层次的认知能力。

正误题的编制要注意两点：一是题目要有一定的迷惑性，要有思索的价值，不能是毫不费力地就能判断正误，否则，就失去了判断的意义；二是考核要有深度，要侧重考核学生对知识的理解，而不要单纯考核识记。

正误题还有一种形式，那就是让学生判断正误并说明理由。这种形式的好处是避免学生猜题，能够考查学生对问题的分析理解能力。

## 2. 配对题

配对题提供若干个题意和答案，要求学生将每个题意配上他认为正确的答案。配对题最大的优点是节省试题的空间，把若干个问题或题意与答案串起来，以配对的形式考核各种认知能力。这种题对于考核事实、时间、类别、作家与作品等辨认能力较为合适。配对题最大的局限性是难于编制一连串的性质相似、与教学目标紧密相关的题意和答案。这就要求编制者掌握设计技巧，如果设计不严谨，配对题就只会流于考核支离破碎的知识的记忆和联想，而忽视较高层次的认知能力。

## 3. 选择题

选择题是语文考试中运用频率较高的题型之一。它由题干和选项两部分构成。题干可以是一个完整的或不完整的陈述句，也可以是一个疑问句。题干还可以包括解题需要的整段整篇的文字，比如阅读理解中的选择题。选项则列出若干可供选择的答案，其中有一个或几个答案符合题意，要求被试学生选出正确答案。只有一项正确答案的叫"单项选择题"，答案不止一项的叫"多项选择题"。

　　单项选择题有多种编制方法：可以选正确项，可以选错误项；可以选绝对正确项，可以选相对正确项（最佳项）；还可以把相当于几道单项选择题的内容，或者需要几个思维层次才能做出的判断，经过累加组合，编排出一次性判断的形式。

　　语文具有模糊性、多义性，对某些问题的解答可以不止一种，可以有不同的答案或多个答案。多项选择题就是要求学生选出符合题意的多个答案。多项选择题对引导学生思辨事物的多样性和发展的多种可能性是很有意义的，特别是对文学作品的赏析，完全可以从不同的角度来理解、赏析，这样多项选择题较诸单项选择题，其适应范围就要大得多。而且，这种试题要求学生从多个答案中选择他认为正确的答案，学生不能自由发挥，可以避免学生不懂装懂，学生猜题的概率较之单项选择题来说也小得多。

　　4. 填空题

　　填空题的题干，其作用在于限定——不仅限定了答案的内容，而且限定了答案的表述方式。答题者必须确切地把握答案的要点，还要准确地加以概括，这就是多数填空题的测试功能。

　　5. 言语操作题

　　这种题一般是设计一种情境或给出一定的条件（比如给出几个词语），让学生根据这种情境或条件用语言表述、补充、仿写或修改。

　　6. 简答题

　　简答题是要求学生简要回答的题目，一般以提问的方式出现。简答题主要包括解释题、直接回答题、扼要说明题、简要叙述题等。编制简答题要注意从小处着手，从大处着眼，要有利于启发学生的思维，不要问一些没有价值的是非题。试题中不要包含答案本身，例如，"《小二黑结婚》的作者是不是赵树理？"简答题的形式应该多样，问题的阐述一定要清楚明了。

　　7. 论述题

　　论述题要求在把握要点的基础上做进一步的阐述，其复杂程度高于简答题。它要求学生不但要回答要点，还要进行分析，说明"为什么"。论述题的回答涉及三个问题：一是学生回答时要有理有据，用材料、事实证明自己的观点是有道理的，所以，引用的材料是否典型、丰富是回答论述题的一个关键；二是论述题的问题一般包容性较大，回答的内容多，这就涉及处理答案的层次、逻辑的问题，层次是否清楚、是否符合逻辑是评价论述题的又一重要指标；三是语言表述的问题，因为不管怎样说，这是语文考试，语言表达是否清晰、流畅、有说服力，理应成为论述题的评分因素。

8. 作文题

作文题是语文考试中不可或缺的一种题型，因为作文是一个人语文水平的综合反映。历年的作文题都是高考试题中得分比重最大的一道题：1994年之前，满分是50分；1994年之后，满分为60分。可见，作文题在语文考试中的地位是举足轻重的。作文题主要有三种形式：命题作文、提供材料作文、话题作文。

命题作文就是拟定题目，要求学生作文。命题作文的试题包括作文要求、注意事项、作文题目三部分，其中最为关键的是作文题目。拟定题目要注意以下三点：① 要根据测试的目的出题。不同测试目的的作文题，要注意程度高低的不同。② 作文的题目要贴近学生的生活实际，让学生有话可说。③ 要让应试者机会均等。像全国普通高考这样的大规模考试，考生来自四面八方，更要让城市的和农村的、发达地区的和落后地区的、汉族的和少数民族的考生都有均等的机会写作。比如，出一个题目"城市的交通秩序与居民生活"，这对于生活在城市里的考生来说不算什么，但是对于农村学生，尤其是偏远山区的学生来说，就是一个棘手的题目，因为这离他们的生活太远，这就不公平。

提供材料作文的首倡者是张志公。1962年，他在《谈作文教学的几个问题·关于命题》一文里，反对无对象、无目的的那种作文题目，主张"根据一种实际情况，明确一种具体目的，让学生去写文章"①。这大概就是提供材料作文的滥觞了。提供材料作文主要包括以下几种：供加工的材料，要求改写、缩写、扩写、续写等；供评说的材料，要求针对材料中的事实进行评

---

① 张志公：《谈作文教学的几个问题》，载《光明时报》1963年1月15日。

说、议论；供凭借的材料，要求学生针对材料所提供的情况、创设的情境进行作文。提供材料作文的关键是编选供作文用的材料。材料要合适，即作文题中提供的材料，在内容上要适合该题的需要。

话题作文题是近年来作文命题的新形式。以高考为导向，中考、高中学业水平考试、平常的期末考试、平时的检测也普遍采用话题作文的命题方式，话题作文一时成为"流行色"。比起命题作文和提供材料作文来，话题作文具有更大的开放性和自由性。话题作文的要素包括材料、提示语和话题。考试作文命题中的材料是创设一个写作的情境或平台，提示语则是材料与写作者之间的桥梁或触媒，引发写作者围绕话题展开思维和想象，提示语和话题应引起考生思维向多方向发散；应使学生立意呈多元趋势，让每个学生都能找到自己最擅长叙说的内容。话题作文的文体也是开放的，考生可以写成议论文、记叙文，也可以写成小说、散文、戏剧、寓言等。

**（四）语文考试结果的评定与分析**

语文考试本身并不是目的，它仅仅是为教学评价收集资料与信息而已。所以，施测后还必须对考试结果做评定和分析，以便掌握有关数据，据此进行评价。

1.语文考试结果的评定

评定考试结果，就是对考生的答卷程度做出数字的估量。其意义在于以分数、数据的形式，显示学生的学习水平。评定的结果，往往成为教学评价的重要依据，常常也为社会、学校、家长、教师和学生本人所关心，所以，必须高度重视。

评阅试卷是一项复杂细致的工作，其基本要求是客观、准确、公正。所谓客观，就是在阅卷过程中，要尽量避免主观因素的影响，特别是不能受情绪、好恶、心境的影响，实事求是地评阅试卷；所谓准确，就是严格按照参考答案和评分准则评判给分，尽量减少误差；所谓公正，就是对所有的考生一视同仁，不能有丝毫偏袒。尤其是作文的评分，标准不易掌握，分数出入较大。现在通行的做法是分项评分，即从内容、语言、结构等方面给作文评分，力求准确地反映学生的真实水平。在大型的阅卷比如高考阅卷中，因为评卷人员来自不同的地方，为了减少因人员差异而造成的误差，会对阅卷工作进行严格的部署、管理，比如，成立阅卷领导小组、对阅卷人员进行培训、对已阅的试卷进行复查、对评阅工作进行监控等。

在实际操作上，现在常用的评卷办法有人工评卷、电脑评卷、使用评分卡评卷等。人工评卷，主要有分题流水作业法和除头去尾平均法两种评卷办法。分题流水作业法，是评卷者每人负责评试卷中的一个题目或一组题目，一份卷子中的题目由不同的人评分，最后得出总分。这样做，专人专题，评卷人对所负责的题目比较熟悉，对参考答案、评分标准掌握得较好，又便于把不同试卷的答案做比较，效率也会比较高。假如某位评卷者稍宽或稍严，对于考生来说，也是机会均等。除头去尾平均法，是几个人共同评一份试卷，各自评分，然后把几个人的评分中的最高分和最低分去掉，把中间的几个分数相加求平均数，这个平均数就是这份试卷的得分。这种评分办法适用于试卷较少且题目是作文题或论述题的情况，在考生众多的大规模考试中是难以采用的。

考试成绩评分的办法主要可以归纳为两种类型：绝对评分和相对评分。绝对评分在我国现阶段运用较多，所得分数的高低，取决于学生对测验所要求的全部知识的掌握程度，答对了测验的全部试题，就评为满分；对测验内容毫无所知，就评为最低分（0分），一般以掌握了测验内容的60%作为及格分数。绝对评分的记分办法，一种是我们日常采用的百分制，另一种是苏式五级记分制。相对评分包括标准分数和等级分数两种。相对评分将同次参加考试的学生成绩进行比较，划出不同的等级，目前在我国使用较少。

2.考试结果的分析

在考试结果评定之后，还要对考试结果及试卷做出认真分析。因为分析考试结果及试卷，不仅是教师评价学生语文水平高低的重要途径，而且对改进整个语文教学工作也有着重要的价值。通过分析，可以明确考生答卷中存在的错误，找出具有普遍性的问题，从而给教学提供反馈信息，对教学工作起到检查、推动作用。

考试成绩的分析，一般包括考试质量的分析和教学质量的分析两个方面。分析的方法主要有两种：一种是定性分析法，另一种是定量分析法。这两种方法常常是结合运用、互为补充的。一般地说，分析试卷和试题的质量，应以定量分析，如难度、区分度、信度和效度的分析等为主，辅之以定性分析；分析考生解答中存在的具体问题，应以定性分析为主，辅之以定量分析。

试题的难度就是测验题的难易程度。难度值通常用答对该题的人数比例即通过率来表示。

定性分析的内容和要求，应根据实际情况确定。如要了解答卷所反映的教学问题，即可根据分析所提供的各道题的难度资料，抽出若干份不同程度的试卷进行分析，从而找出其中具有普遍性的问题。如果要研究差生学习中的问题，可抽出若干分数较低的试卷进行分析，从中发现倾向性的问题。

定性分析中，也常常采用定量的方法，进行必要的统计分析。有时为了做到正确有效，常常需要逐题分析；有时为了解决突出问题，也可以有重点地分析。此外，对试卷的分析也应与对考生和教师的调查了解结合起来。例如，召开座谈会、进行问卷调查，了解考生在试题解答中的某些具体想法。分析中，如果条件允许，还应该指导学生进行自我分析和评价，以加强和巩固考试的效果。

### 二、通过档案袋评定实施语文学科质性评价

《教育部关于积极推进中小学评价与考试制度改革的通知》提出应"建立每个学生的成长记录。成长记录应收集能够反映学生学习过程和结果的资料，包括学生的自我评价、最佳作品（成绩记录及各种作品）、社会实践和社会公益活动记录、体育与文艺活动记录，教师、同学的观察和评价，来自家长的信息，考试和测验的信息等"[1]。《义务教育语文课程标准（2011年版）》也指出，在评价中"应加强形成性评价，注意收集、积累能够反映学

① 中华人民共和国教育部：《教育部关于积极推进中小学评价与考试制度改革的通知》，教基[2002]26号。

生语文学习与发展的资料，可采用成长记录袋等各种方式，记录学生的成长过程[①]。采用"成长记录"的方式进行评价实际上就是质性评价，这种"成长记录"式的质性评价，最典型的方法莫过于"档案袋评定"。

**（一）什么是档案袋评定**

尽管档案袋评定的出现已经有十多年的时间了，但很难给它下一个确切的定义。从语义分析来看，档案袋的英文单词有"代表作选辑"的意思。从这个意义上，我们可以把语文教育评价中的档案袋评定理解为：汇集能够反映学生语文学习和发展的作业样本、资料，并据此展示和评价学生语文学习和进步的状况。

档案袋具有如下基本特征：① 档案袋的基本成分是学生作品，而且数量很多；② 作品的收集是有意而不是随意的；③ 档案袋应提供学生发表意见和对作品进行反省的机会。

**（二）档案袋的类型和构成**

从不同角度可将档案袋分为不同的类型。[②]

美国学者格莱德勒（Marygaret E. Gredller）以档案袋的功能为标准，将其分为理想型、展示型、文件型、评价型及课堂型五类。如表8-1所示。

表8-1　档案袋的五种类型

| 类型 | 构成 | 目的 |
|---|---|---|
| 理想型 | 代表作的产生和说明，系列作品及对代表作的分析和评定 | 通过一段时间的成长，帮助学生成为自己学习历史的思考者和非正式的评价者 |
| 展示型 | 主要由学生选出自己最好和最喜欢的作品，自我反思与自我选择比标准化更重要 | 给家长和其他人参加的展览会提供学生作品的范本 |

| 类型 | 构成 | 目的 |
|---|---|---|
| 文件型 | 根据一些学生的反映，教师的评价、观察等得出的学生逐渐进步的系统性、持续性记录 | 以量化和质性评价的方法，给学生的作品提供一种系统的记录 |
| 评价型 | 主要由教师、管理者、学区所建立的学生作品集构成，评价标准是预定的 | 向家长和管理者提供学生在作品方面所取得的成绩的标准化报告 |
| 课堂型 | 依据课程目标描述学生取得的成绩的报告，教师的详细说明和对每个学生的观察，教师的本质课程和教学计划及修订说明 | 在一定情景中与家长、管理者及他人交流教师对学生成绩的判断 |

在这五种类型中，最具代表性的是理想型，而理想型档案袋主要有三个部分构成：① 作品产生过程的说明，是主要学习计划产生和编制的文件记录，它的形式可有各种不同类型；② 系列作品，是学生在完成某一学习计划的过程中创作的各种类型的作品集；③ 学生的反思，通过反思，一方面为学生成长提供重要契机，另一方面也培养了学生自我反思和自我教育的习惯，它对学生在学习上的成长尤为重要。

比尔·约翰逊（Bill Johnson）则把档案袋分为最佳成果型、精选型和过程型。就最佳成果型而言，语言艺术学科档案袋的内容可以包括一系列写作类型的最佳作品——说明的、创作的（诗歌、戏剧、短篇故事等）、报刊的（报告、专栏作品、评论）、广告副本、讽刺或幽默作品等；精选型档案袋要求选入更广泛的学生成果，它要求学生提交他们感到最有难度的成果例证，其时间往往要持续一年以上，使之成为深刻反映学生成长的概要和高度揭示学生一般成绩的证据；过程档案袋则需要发展性成果证据，它要求学生一步一步地检查他们在一定领域中取得进步的成果。同样的，提交内容的类目也可由教师确定，但学生仍负责收集必要的成果。

**（三）档案袋评定对于语文教学评价的意义**

1.档案袋评定有助于促进学生自我反思、自我评价能力的发展，发挥评价的多种功能。过去的评价，过分强调评价的甄别、选拔功能，对学生特别是"后进生"的发展产生了很多负面影响。档案袋评定则通过其制作过程和对最终结果的分析，对学生语文学习水平的发展状况进行评价。这种评价注重通过有目的地收集学生的语文作品，展现学生的进步与成长轨迹，使学生体验到在语文学习中的进步和成功的喜悦，因而它除了具有传统的甄别功能外，还具有激励功能。更为重要的是，档案袋评定还要求学生在教师的指导下进行自我反思、自我评价。正是在这一过程中，学生的自我认识能力、自我判断能力、自我调控能力获得显著提高。而且，由过去的被动接受评价变成了评价主体，学生评价的能力得到了发展，学习的自觉性和主动性得以增强。可以说，档案袋评定对于促进学生在语文学习方面的发展是有多方面积极意义的。

2. 档案袋评定有助于综合、全面地评价学生的语文学习水平。过去的评价过分注重认知能力的评价，而忽略对学生其他素养进行评价，因而存在着片面评价的现象。而档案袋评定从多方面收集有关学生语文学习的信息资料，既包括学生平时的作业和诗歌、小说、戏剧、寓言等创作，也包括学生的测验成绩和考试情况；既包括学生的语文学习成果资料，也包括从这些资料中反映出的学习过程和方法、情感态度和价值观；既包括教师对学生语文学习情况的评价，也包括学生的自我评价；既包括学生的读写能力、口语交际能力的记录，也包括学生在语文方面的特长和爱好的记录。总之，语文学习档案袋能够全方位地展示学生语文学习的情况，这就能避免评价中出现片面化倾向。

3. 对于教师而言，档案袋的内容可以帮助教师及时、准确地掌握学生的学习情况，从而总结经验，发现问题，改进教学。传统的评价，往往重结果而轻过程，重成绩而轻问题。档案袋评价则改变了这一状况。通过档案袋，教师不仅可以看到学生最后的学习结果，还可以看到学生成长、进步的足迹；不仅可以了解教学在哪些方面效果明显，还可以了解在哪些方面存在问题；不仅可以了解学生的考试成绩，还可以了解学生的学习方式、兴趣和特长。这样，就有利于教师总结经验，发现问题，以便有针对性地展开后续教学。

### （四）语文学习档案袋的设计

虽然语文学习档案袋收集的材料是多种多样的，但并不是这些材料的简单堆砌。档案袋里该装些什么，如何使用档案袋，这都是要经过精心设计的，否则，档案袋就会流于形式，变成单一的作品文件夹。设计档案袋的主要步骤如下。

1.明确目的和用途

建立语文学习档案袋的主体是学生，因此，首先要向学生讲明建立档案袋的目的和用途。一般来说，语文档案袋的目的和用途有以下三点：第一，展示，即用档案袋展示学生的语文作品；第二，反映学生的进步，即让学生家长和教师等人看到学生语文学习水平发展的轨迹；第三，评价，即把档案袋当作一种学习水平的证明，从多方面评价学生的语文素养。

2.确定评价主体

档案袋的评价主体应该是多元的，教师、学生、家长、管理人员等都可以成为评价主体。其中，学生本人是最为重要的评价主体，这体现在很多方面，如他们可以选择将什么装进档案袋，可以对自己的学习档案进行自我评价，也可以对同伴的学习档案进行评价、比较等。

3.确定收集的语文材料

这是档案袋设计过程中具有实质性的一步，也是最为关键的一步。收集材料时，我们不可能将所有的语文学习材料都装进档案袋，这样做不仅没必要，反而会干扰评价。究竟应收集哪些材料呢？这取决于评价的目的。如果我们的目的是"展示"，那么只要收集学生认为最满意的语文作品即可。如果我们的目的是"反映学生的进步"，那么，就既要收集过程性作业，如一次作文从草稿到定稿过程中产生的成果；也要收集结果性作业，如朗读录音、考试试卷等。同时，学生的自我反思和自我评估的材料也可以放入其中。

4.反思评价，交流展示

建立语文学习档案袋的最终目的是为了让学生在现有的基础上主动谋求发展，因此，档案袋应尽量给学生提供发表意见和反思的机会。比如，一学期结束时，可以让学生根据档案袋中的材料反思：本学期我有哪些进步？还存在哪些不足？档案袋中我最满意的作品是什么？为什么满意？档案袋中还有不满意的作品吗？为什么不满意？今后在语文学习方面有何打算？……通过反思，学生就能对自己的语文学习有一个清醒的认识。

但只有反思还不够，还要对档案袋的内容进行评价。学生本人、同伴、教师、家长等都可以作为评价主体对档案袋进行评价。学生要将评价结果，如教师的评语、同伴的评语、学习获奖证明等装进档案袋中，作为资料保存起来。一学期结束，可以由教师和学生对整个档案袋的内容做定性评价。

最后，还可以将档案袋装订成册，选好时机进行展览。比如，全班定期举行"语文档案袋交流展览会"，让每位学生上台介绍自己的档案袋。听的学生可以提问和发表意见；介绍的学生可以答疑，甚至可以为自己辩论。再如，可以在期末的家长会上展示学生的档案袋，让家长看到学生在语文学习方面的成就和进步，同时也在展览中鞭策和激励学生。

# 第三节　语文教师角度的教学质量评价

## 一、语文教师授课质量评价的标准

评价教师的授课质量，首先要明确教师授课质量评价的标准。关于教师授课质量评价的标准问题，不同的学者有不同的看法。有学者提出，评价教师的授课质量，应建立媒介指标和终极指标两种指标体系；有学者提出把以下五个方面作为教师评价的准则：① 与学生形成良好的关系，并有使这一关系与教学任务联系起来的能力；② 激励学生积极参与教学活动的能力；③ 明确地表达自己思想的能力；④ 最大限度地利用有关资源的能力；⑤ 适应新情况的自我判断能力。[1]还有学者从教学最优化思想出发，提出教师授

---

[1] 陈玉琨：《教育评价学》，人民教育出版社1999年版，第137-138页。

课质量评价的八项指标：对新事物的感受、教育分寸、本学科的知识、发展学生的思维、培养学生的一般学习技能、培养学生对学科的兴趣、以个别方式对待学生、学科课外活动的组织。这些观点从不同的侧面出发谈论授课质量评价的标准，都有其合理性，可在教学评价的实践中予以借鉴。

为了理解和操作的方便，我们还是遵从现在大多数学校在实践中的做法，建议从教学目标、教学内容、教学过程、教学效果这四个维度来评价语文教师的授课质量。

**（一）评价教学目标**

教学目标是预期的学习结果，是教学活动的逻辑起点和最终落脚点，也是教学评价的依据和参照物。教学评价从根本上来说，就是揭示实际的学习结果和教学目标之间的差距。差距小，说明教学效果好；差距大，说明教学还需调整、改进。教学目标的质量准则包括以下几个方面。

1. 教学目标应明确。高质量的教学目标应表述准确、清楚明白、程度适中，为学生所理解、接受。教学目标不明确，就会导致教学迷失方向、教学过程混乱。教学目标还要很好地体现在教学过程中，为教学导航引路。

2. 教学目标应具有综合性。要根据具体内容，综合考虑知识和能力、过程和方法、情感态度和价值观三个维度的目标，将着眼点放在提高学生的语文素养、促进学生发展上，照顾到课时教学目标与语文课程总目标、阶段目标和单元目标的联系。

3. 教学目标应切合实际。教学目标不能过高，让学生可望而不可及；也不能过低，让学生感到"没劲"。高质量的教学目标是要让学生"跳一跳"才能"摘到桃子"。

**（二）评价教学内容**

任何教学都不可能没有具体的内容。教学内容是否正确、适宜，对其处理是否得当、得法，直接关系到教学的质量。因此，教学内容是课堂教学质量评价的重点。教学内容的质量准则包括以下几个方面。

1. 理解教材准确，教授的内容正确，没有知识性错误。

2. 处理教材恰当，能抓住重点，突破难点，让学生学有所得。

3. 教学信息适量，密度适中。教学的信息要符合学生的身心发展规律，以大多数学生能够全部接受为宜。

**（三）评价教学过程**

教学过程是否优化，是影响教学质量高低的又一重要因素。因此，有必要对教学过程进行专门考察，并在此基础上进一步分析教学过程与教学效果之间的因果联系。评价教学过程的质量准则包括以下几个方面。

1. 教学思路清晰。教学思路清晰主要表现为：教学程序安排合理、层次分明；教学环节组织自如；时间分割恰当，节奏快慢相宜；既有进展自然的逻辑性，又有思维发展的连续性；教学结构合理，疏密相间有度。

2. 注重教学交往互动，体现教学的对话性。现代教学观认为，教学实际上是师生间的交往对话，教师不是知识的权威，而是"平等中的首席"，是教学对话中的一个主体。所以，课堂教学是否转变了教师角色、是否体现了师生对话的教学观是衡量课堂教学质量高低的重要指标。

3. 积极倡导自主、合作、探究的学习方式。新一轮课程改革提出要转变学生的学习方式，由原来的被动接受转向自主、合作、探究。这一点对于语文教学来说尤其重要。只有学生浸濡在语言环境中，自己亲自操作、使用语言，才能提高语文能力和语言修养。否则，只靠教师喋喋不休地讲演，无论如何都是收效甚微的。所以，课上得如何，还要看学生的学习方式是否转变，教师是否在课堂上鼓励自主、合作、探究的学习方式。

4. 教学方法灵活。教学方法运用是否得当、灵活是一个教师教学思维、教学技能的反映。教学思维活跃、教学技能高超的教师总是能灵活运用多种教学方法处理教学内容，做到游刃有余，张弛有度。反之，缺乏教学经验的教师总是不能自如地驾驭各种教学方法，甚至在面临突发情况时不知所措。

5. 教学常规符合要求。这里所说的"教学常规"是指教师的语言、仪表、板书等方面应得体、有度。教师应做到仪态大方、亲切自然、教态从容、举止得体；板书应工整美观、文字规范；教学语言要生动优美、语速适当、抑扬顿挫、富有感染力、富于启发性。语文教师的语言尤其要准确、生动，体现较高的语文素养和文学修养。

**（四）评价教学效果**

教学效果是课堂教学诸种因素协同作用的最终结果，也是教师授课质量评价的重要内容。评价教学效果的质量准则包括以下几个方面。

1. 达成教学目标的程度。一堂课下来，要看学生在知识和能力、过程和方法、情感态度和价值观等方面是否已达到教学目标。如果学生已完全掌握了目标所规定的知识和能力，思想认识也有相应的提升，那么这堂课的效果就比较好；如果大多数学生还对所学的内容、所应掌握的知识似懂非懂，甚至不知所云，那么可以说这堂课是不太成功的。

2. 教学效率明显。教学效率主要是通过计算教学消耗与教学收益之间的比例来获得的。如果教师花最少的时间让学生获得了最大程度的提高，那么教学效率就高；如果教师让学生花费了很多时间和精力，最终结果却是所获有限，那么教学效率就低。

3. 学生继续学习动机的形成。好的教学效果，应该让学生在课程结束时处于这样一种状态：对后继学习有强烈的愿望，希望老师继续引导他们探索未知领域。

## 二、语文教师授课质量评价的基本方法

评价教师授课质量的方法有很多。在实践中经常采用的方法有教师自评、学生评价、同行评议、调查法等。但是，目前还没有任何一种方法已被证明对总结性的判断来说，已达到必要的信度要求。因此，多渠道地收集信息，有助于提高教师授课质量评价的信度。

**（一）教师自评**

教师自评法是由教师本人对照授课质量评价的内容和标准，对自己的课堂教学工作进行价值判断。评价的方式主要有三种。

1. 根据别人对自己授课情况的评价来评价自己。自我评价往往是以别人对自己的评价作为参照系的。例如，一个语文教师的课经常受到上级或同行的表扬，他就会信心倍增，在自我判断中持肯定态度；相反，如果有人经常

指出他的课存在问题，长此以往，他就会失去信心，看不到自己的长处。

2. 通过与他人的对比来评价自己。主体的自我评价还通过与自己地位、条件相类似的个体与群体进行比较而进行。比如，一个语文老师，如果他所在学校的语文教师水平普遍比他高，他就会把自己的水平定为一般；如果普遍比他低，那么，他就有可能把自己定为优秀。

3. 通过自我分析来实现自我评价。主体常常对自己的课堂教学行为进行自我分析。这种分析是把自己的教学行动和结果，与一定的"外在的价值尺度"和"内在的价值尺度"进行比较而得出结论。所谓"外在的价值尺度"，主要是为社会各界大多数人所认可的价值标准；所谓"内在的价值尺度"，主要是自身的发展目标和愿望等。

教师自评是教师授课质量评价中的一个重要方面，这不仅因为它是收集必要信息的一个重要途径，而且因为它也是教师自我诊断的一个重要方面。在一定的意义上，甚至可以说，教师自评的过程就是教师自我激励与自我提高的过程。然而，麦克尼尔（McNeil，J. D.）等人的研究表明，需要为教师的自评提供必要的训练。没有经过训练的教师，在观看教学录像时，只注意根据个人的态度、声调、仪表及教学辅助工具的运用来进行自评，往往不能对自己的教学行为做出深入的分析。[①]

**（二）学生评价**

学生评价，是指通过了解学生对教师授课的意见来评价教师的授课质量。

在教师授课质量的评价中，学生评价历来为人们所重视。阿里莫里（Aleamoli，L. M.）认为：① 学生是教学过程的主体，他们对教学目标是否达成、师生关系是否良好，都有较深刻的了解，对学习环境的描述与界定也较客观；② 学生直接受到教师教学效能因素的影响，他们的观察比其他突然出现的评价人员更为细致周全；③ 学生参与评教有利于师生沟通，从而

---

① 罗环：《教师自我评价指标体系构建的实证研究》，天津师范大学硕士学位论文，2008年。

有助于提高教学水平；④ 学生评教的结果可作为其他学生选课的参考。[①]基于这四点原因，他指出应鼓励学生参与评教。

学生评价教师授课质量的方式有三种：一是召开学生座谈会，二是对学生进行问卷调查，三是让学生填写意见表。不论是召开学生座谈会，还是进行书面调查，首先要让学生了解评价的意义、目的、内容、要求，引导学生按照所提问题逐项发表评价意见，要设法消除学生的疑虑，做到畅所欲言。

### （三）同行评议

在评价语文教师的授课质量方面，同行具有无可争议的发言权，因为他们对课堂教学、教科书及对语文教师的要求都比较熟悉，能够针对教学过程中的现象和问题提出有价值的意见和建议。

同行评议可以是书面的，也可以是口头的；可以是面对面的，也可以是背靠背的。书面评价多采用问卷法和综合量表评价法。

同行之间的情况比较熟悉，评价中可以给出比较切合实际的判断，但是也应看到，这种评价方法很容易受到人际关系的影响。因此，运用这种方法时，参加评议的人数不宜过少；评价的重点，应放在教师授课效果的好坏、业务水平的高低、教学常规是否到位上，通过较大范围地征求意见，给教师的授课质量以客观公正的评价。

### （四）综合量表评价法

在谈到自我评价、学生评价、同行评价时，都谈到了书面评价的方法，这里有必要对此予以专门说明。书面评价的方法有很多，有问卷调查法、书面分析法、综合量表评价法等。其中，综合量表评价法很有代表性，在正规的评价场合也用得最多。下面具体谈谈这种方法。

综合量表评价法是对教师授课质量的评价比较精细，采取的是数量化评价方式。这种评价法的程序包括以下方面：[②]

首先，编制专门的教师教学评价表。教师教学评价表的设计，主要涉及

---

① 朱军、范慧慧：《师生对学生评教指标的关注点——基于复旦大学问卷调查的分析》，载《复旦教育论坛》2012年第4期。

② 黄甫全、王本陆：《现代教学论学程》，教育科学出版社2003年版，第350页。

确定评价指标（项目）、指标权重、指标评分、评价标准等，各项内容都须明确，不可出现错误。

其次，教师公开授课，评价人员通过听取教师在课程上的讲解，结合自己的理解，为教师的授课质量进行评分。每个评价人员在评分时都是独立的，在评价表中给出自己认为合适的评价等级。

最后，数据处理。评价人员完成评分后，将所有的评价表进行汇总，并运用一定的统计方法对汇总的数据进行分析处理，得出被评价教师的得分或等级。

使用综合量表评价法将教师的教学活动进行分解，形成量化处理，按照具体的指标进行评分，所以结果相对准确。同时，评价人员需要根据相同的评价标准开展评分，客观性比较高。但综合量表评价法也有一定的不足，因为需要确定项目和权重，因此无法确保评分根据完全合理；评价人员对标准的理解，仍受个人经验和价值观的影响，难以保证完全客观。

# 参考文献

## 一、著作

［1］郑桂华. 中学语文教学设计. 北京：高等教育出版社，2019.

［2］宋秋前，包国华. 初中语文教学设计与实施. 上海：上海交通大学出版社，2018.

［3］贾国锋，张明琪，杨星丽等. 语文学科知识与教学能力（初中）. 北京：北京师范大学出版社，2018.

［4］张筱南. 中学语文教学设计与案例研究. 北京：科学出版社，2018.

［5］朱秀明. 语文课堂教学优化策略. 北京：群言出版社，2017.

［6］郑艳，朱宁波. 中学语文教学设计. 重庆：西南师范大学出版社，2017.

［7］靳彤. 中学语文教学设计. 北京：高等教育出版社，2016.

［8］陈勇，梁玉敏，杨宏. 中学语文教学论学程. 北京：科学出版社，2016.

［9］朱绍禹. 中学语文教学法. 北京：中华书局，2015.

［10］郑勇. 中学语文教学论析. 北京：中国书籍出版社，2014.

## 二、论文

［11］柏荣. 高中语文阅读教学的"问题链"设计浅析. 教育教学论坛，2020（03）.

［12］赵燕. 开展有效教学　优化初中语文阅读教学. 课程教育研究，2020（04）.

［13］史乐乐. 如何在初中语文教学中训练学生口语交际能力. 学周刊，2020（02）.

［14］崔健. 试论初中语文教学评价的多元化策略. 才智，2020（05）.

［15］吴超. 初中语文自主阅读教学设计探讨. 学周刊，2020（02）.

［16］李小彦. 中学语文教学对学生阅读能力的培养. 学周刊，2020（09）.

［17］杨红明. 语文教学中学生口语交际能力的培养摭探. 成才之路，2020（06）.

［18］胡循杰. 提高中学语文教学设计水平之我见. 语文教学通讯，2019（28）.

［19］鲁遐国. 初中语文阅读教学的有效性策略分析. 当代教研论丛，2019（12）.

［20］卢晓彤. 优化语文教学，提升综合素养. 华夏教师，2019（32）.

［21］吴存涛. 浅析初中语文写作教学的优化. 学周刊，2019（07）.

［22］冯杰英. 优化口语交际教学　提升语文核心素养. 福建基础教育研究，2019（09）.

［23］赵学. 浅谈初中语文读写结合教学优化策略. 新课程研究，2019（16）.

［24］赵办. 初中语文教学与口语交际能力的培养. 读与写（教育教学刊），2019（12）.

［25］徐玉霞. 语文写作教学的优化策略刍论. 成才之路，2019（06）.

［26］丁涛. 综合性学习模式在初中语文教学中的实际应用. 课程教育研

究，2019（37）.

　　［27］张爱华.语文阅读教学设计思路例谈.学语文，2019（04）.

　　［28］董建梅.新课程改革背景下初中语文写作教学有效策略探究.名师在线，2019（24）.

　　［29］杜红伟.初中语文课堂教学评价语言运用策略研究.亚太教育，2019（12）.

　　［30］刘亮升.初中语文综合性学习的教学尝试.学周刊，2019（28）.

　　［31］黄爱丽.基于语文综合性学习的作文教学策略.福建基础教育研究，2019（12）.

　　［32］吕小芳.初中口语交际与作文教学优化策略探究.兰州教育学院学报，2018（01）.

　　［33］徐世奎.初中应用文写作教学现状及优化策略.语文教学之友，2017（08）.

　　［34］赵娜.初中语文综合性学习优化策略初探——基于口语交际教学的探讨.内蒙古教育，2014（03）.

# 后 记

  中学语文教学是中学教学的重要组成部分，是提高中学生语文知识水平的重要方式，同时也能让中学生在阅读、写作、口语交际等多方面得到提升，有利于学生自身素养的培养与综合能力的发展。

  在中学课堂教学中，语文教学应得到应有的重视，但传统的语文课堂教学模式千篇一律，难以激发学生们学习语文的兴趣，更不能提高他们主动学习和创新性学习的能力。因此，在中学语文教学中，应做好课堂教学的设计，从阅读、写作、口语交际等方面展开合理规划，以全面提高学生的听说读写能力，使他们的综合性学习能力得到发展。

  为此，作者从前人的成果中汲取大量经验，同时在专家、同事等的帮助下，经过不懈努力，最后完成了本书的写作。本书分析了中学语文教学设计的相关内容，同时给出了优化教学的策略，集理论与实践于一体，具有一定的指导意义，可以作为提升中学语文课堂教学质量的参考资料。

  在本书付梓之际，对学界前辈与朋友表示诚挚的敬意，同时也要深深感谢给予支持的领导、同事、亲友等。只有不断地努力，才能让汗水浇灌的智慧花朵结出果实。希望作者的辛勤劳动能够为中学语文教学质量的提高做出贡献，使本书的价值得以彰显。